SISTEMAS DE GOVERNO

Semipresidencialismo e sua aplicabilidade no Brasil

TIAGO PAES DE ANDRADE BANHOS

Luís Roberto Barroso
Prefácio

Carlos Bastide Horbach
Apresentação

SISTEMAS DE GOVERNO

Semipresidencialismo e sua aplicabilidade no Brasil

Belo Horizonte

FÓRUM
CONHECIMENTO JURÍDICO

2025

FÓRUM
CONHECIMENTO JURÍDICO

Luís Cláudio Rodrigues Ferreira
Presidente e Editor

Coordenação editorial: Leonardo Eustáquio Siqueira Araújo / Aline Sobreira de Oliveira
Revisão: Pauliane Coelho
Capa: Formato Editoração
Projeto gráfico: Walter Santos
Diagramação: Formato Editoração

Rua Paulo Ribeiro Bastos, 211 – Jardim Atlântico – CEP 31710-430
Belo Horizonte – Minas Gerais – Tel.: (31) 99412.0131
www.editoraforum.com.br – editoraforum@editoraforum.com.br

Técnica. Empenho. Zelo. Esses foram alguns dos cuidados aplicados na edição desta obra. No entanto, podem ocorrer erros de impressão, digitação ou mesmo restar alguma dúvida conceitual. Caso se constate algo assim, solicitamos a gentileza de nos comunicar através do *e-mail* editorial@editoraforum.com.br para que possamos esclarecer, no que couber. A sua contribuição é muito importante para mantermos a excelência editorial. A Editora Fórum agradece a sua contribuição.

Dados Internacionais de Catalogação na Publicação (CIP) de acordo com ISBD

B216s Banhos, Tiago Paes de Andrade
Sistemas de governo: semipresidencialismo e sua aplicabilidade no Brasil / Tiago Paes de Andrade Banhos. Belo Horizonte: Fórum, 2025.
186 p. 14,5x21,5cm

ISBN impresso 978-65-5518-834-9
ISBN digital 978-65-5518-832-5

1. Sistemas de governo. 2. Semipresidencialismo. 3. Presidencialismo de coalizão brasileiro. I. Título.

CDD: 320
CDU: 32

Ficha catalográfica elaborada por Lissandra Ruas Lima – CRB/6 – 2851

Informação bibliográfica deste livro, conforme a NBR 6023:2018 da Associação Brasileira de Normas Técnicas (ABNT):

BANHOS, Tiago Paes de Andrade. *Sistemas de governo*: semipresidencialismo e sua aplicabilidade no Brasil. Belo Horizonte: Fórum, 2025. 186 p. ISBN 978-65-5518-834-9.

SUMÁRIO

I. O AUTOR

Tiago Paes de Andrade Banhos é um nome que emerge como uma promissora voz na esfera jurídica brasileira. Bacharel em Direito pelo Centro Universitário de Brasília (UniCeub) em 2018, sua trajetória acadêmica revelou desde cedo sua dedicação ao estudo do direito e uma apurada compreensão das complexidades inerentes ao sistema jurídico e político brasileiro.

Tiago aprofundou seus conhecimentos ao ingressar no programa de Mestrado na Faculdade de Direito da prestigiosa Universidade de São Paulo (USP), onde seu comprometimento e sua excelência acadêmica o conduziram à conclusão da dissertação que agora se transforma nesta obra, *Sistemas de Governo: semipresidencialismo e sua aplicabilidade no Brasil.*

Sob a orientação do Professor Carlos Bastide Horbach, Tiago desenvolveu uma pesquisa que não apenas reflete seu talento intelectual, mas também demonstra um engajamento profundo nas questões fundamentais que permeiam o campo jurídico e político brasileiro. Não é surpreendente, portanto, que sua dissertação tenha sido submetida à apreciação de uma banca examinadora de notáveis, composta pelo Presidente Michel Temer, pelo Ministro Alexandre de Moraes e pela Ministra Maria Elizabeth Rocha.

Que esta obra não apenas enriqueça nosso entendimento sobre o semipresidencialismo, mas também inspire novas reflexões e debates no cenário jurídico brasileiro. Estou certo de que o trabalho de Tiago Banhos apresenta uma contribuição significativa para as futuras discussões sobre o tema.

II. A OBRA

Em várias ocasiões, compartilhei minha proposta de atenuar o hiperpresidencialismo brasileiro por meio de um modelo semipresidencialista, inspirado nas práticas adotadas na França e em Portugal. Na minha proposta, o Presidente da República seria eleito por voto direto e conservaria competências importantes, mas limitadas. Essas atribuições incluem a condução da política internacional, a nomeação de embaixadores e ministros de tribunais superiores, a designação dos comandantes militares e, inclusive, a nomeação do Primeiro-Ministro, que, todavia, dependeria de aprovação do Congresso. Já ao Primeiro-Ministro caberia a condução do dia a dia da política, sujeito às turbulências próprias da função. Em caso de perda de sustentação política, poderia ser substituído pela vontade majoritária do Congresso, sem que isso importasse quebra da legalidade constitucional. Defendo essa ideia desde a proposta de reforma política que escrevi e publiquei em 2006. Penso que, se essa fórmula estivesse em vigor, teríamos evitado o trauma do impeachment recente.

Este livro caminha nesse mesmo sentido. Dividido em três capítulos, a obra conduz a uma análise detida do sistema de governo e do ordenamento jurídico-constitucional brasileiro, a fim de concluir se o semipresidencialismo é o modelo mais adequado para o nosso país.

O primeiro capítulo serve como alicerce, delineando os fundamentos do sistema semipresidencial de governo. Nessa etapa, o autor identifica os traços estruturais e as variações do sistema, oferecendo uma análise introdutória essencial para compreender a dinâmica política subjacente. Mais além, o autor apresenta as razões concretas que levaram à adoção do semipresidencialismo na França e em Portugal, expondo tanto os resultados positivos quanto as crises enfrentadas nesses cenários. Essa contextualização permite ao leitor vislumbrar tanto as potencialidades do semipresidencialismo quanto suas limitações diante das peculiaridades brasileiras.

O segundo capítulo direciona seu olhar ao sistema de governo brasileiro, realizando uma análise detalhada do presidencialismo, em especial após a Constituição de 1988. Um tópico especial é dedicado ao presidencialismo de coalizão, buscando determinar se esse modo de organização de forças políticas pode ser interpretado como uma aproximação ou um distanciamento do semipresidencialismo. Ao final dessa seção, o leitor é capaz de ponderar os argumentos favoráveis e contrários à eventual alteração do sistema de governo brasileiro.

No terceiro capítulo, Tiago dedica-se à análise comparativa entre as dinâmicas brasileiras e aquelas observadas na França e em Portugal. Esse exame minucioso visa avaliar se as disputas e realidades brasileiras apresentam semelhanças suficientes para justificar a adoção do semipresidencialismo. Por fim, enfrenta as objeções e eventuais condicionantes e alterações jurídicas necessárias para implementar esse modelo no Brasil, encerrando com sua visão sobre os meios e os instrumentos democráticos essenciais para a alteração do sistema de governo vigente.

A trajetória delineada por Tiago Banhos visa responder a uma série de questionamentos cruciais. O próprio autor as apresenta, de forma sistemática, da seguinte forma: (i) se as disputas concretas e reais observadas na realidade institucional brasileira justificam a alteração do sistema de governo em direção ao semipresidencialismo; (ii) se o semipresidencialismo é o sistema capaz de potencializar as virtudes e decantar as dificuldades vislumbradas no Brasil; (iii) se é viável, do ponto de vista jurídico-constitucional, a alteração do sistema de governo; (iv) se há necessidade de outras alterações constitucionais, prévias e posteriores, para alcançar os objetivos pretendidos; e (v) se há necessidade jurídica-constitucional e/ou prudência política na realização de plebiscito, bem como quando deveria entrar em vigor tal reforma constitucional.

Suas conclusões, que não revelarei antecipadamente, são habilmente apresentadas e revelam um cenário promissor. A obra estabelece os fundamentos necessários para uma compreensão aprofundada do modelo semipresencial, buscando abordar os desafios que precisam ser superados. Além disso, apresenta um guia valioso para aqueles que desejam participar de maneira informada e esclarecida nesse relevante debate. Este é um convite à reflexão e ao engajamento informado em um debate de extrema importância para o futuro de nossa nação.

III. CONCLUSÃO

Em meio aos desafios inerentes à estrutura política brasileira, é crucial uma análise profunda de seus elementos fundamentais, como o sistema de governo, o sistema eleitoral e o sistema partidário. A adoção do semipresidencialismo representa uma opção que exige nossa atenção.

A distância crescente entre a sociedade civil e a classe política demanda ação urgente e um diálogo franco sobre a necessidade de aprimorar nossas instituições. O trabalho de Tiago Paes de Andrade Banhos, delineado com maestria ao longo destas páginas, proporciona um ponto de partida essencial para esse debate indispensável. Que esta leitura seja não apenas informativa, mas também inspiradora, incitando cada um de nós a refletir e contribuir para a construção de uma base institucional mais sólida para o Brasil. Boa leitura a todos.

Brasília, 12 de dezembro de 2023

Luís Roberto Barroso
Presidente do Supremo Tribunal Federal. Professor Titular da Universidade do Estado do Rio de Janeiro – UERJ. Ministro do Supremo Tribunal Federal. Professor Titular de Direito Constitucional da Universidade do Estado do Rio de Janeiro – UERJ e do Centro Universitário de Brasília – UniCEUB. Mestre (*Master of Laws*) pela Yale Law School. Doutor e Livre-Docente pela UERJ. *Visiting Scholar* na Harvard Law School.

Em sua obra-prima *Guerra e Paz*, Tolstói descreve um encontro ficcional entre a personagem André Bolkonski e o general prussiano Karl Ludwig von Phull, um dos estrategistas da campanha russa ante a invasão napoleônica de 1812. Após sua breve interação com o militar germânico, o Príncipe André passa a refletir sobre o impacto da mentalidade do povo alemão nas estratégias adotadas nos campos de batalha: "Phull era uma dessas criaturas que uma confiança desesperada em suas ideias pode levar até o martírio e que só se encontram na Alemanha, porque somente os alemães baseiam sua segurança sobre uma ideia abstrata, a ciência, isto é, o pretenso conhecimento da verdade absoluta".

As batalhas, assim, eram compreendidas a partir de modelos teóricos e os movimentos das tropas eram orientados por dogmas científicos, que se impunham independentemente de fatores exógenos. A essa compreensão Tolstói, por meio das elocubrações de Bolkonski, contrasta as mentalidades e as estratégias bélicas de outros povos europeus, que enfrentariam a vida, e, por conseguinte, as batalhas, com diferentes visões. Uns confiantes em suas qualidades pessoais, outros na virtude de suas instituições; uns guiados por suas emoções, outros por sua ignorância.

Com as devidas adaptações, a análise que faz Tolstói das diferentes correntes da ciência militar pode ser transplantada para o exame das diversas escolas jurídicas, que observam o objeto normativo a partir de variadas aproximações, respondendo de modo peculiar às múltiplas controvérsias que se lhes apresentam.

No campo do direito constitucional, é possível encontrar, por exemplo, autores que desenham modelos abstratos de democracia e de efetividade dos direitos fundamentais com pretensão de universalidade: seriam aplicáveis em qualquer sociedade e satisfariam, indistintamente, as necessidades de todos os povos. Noutro extremo, há estudiosos que enfatizam os aspectos sociais do exercício do poder, os quais seriam determinantes e prevalentes, independentemente das normas vigentes no país. Existem, ainda, juristas que tentam explicar as questões do moderno constitucionalismo a partir de reflexões eminentemente históricas, em que o passado é o único elemento condicionante do futuro. Por fim, há os que, pragmaticamente, procuram aliar todas essas dimensões, propugnando a construção de modelos teóricos adaptáveis às realidades sociais e às variáveis históricas, de modo a produzir instituições mais eficientes e mais efetivas, consideradas as diferentes sociedades políticas.

Em seus quase 200 anos, a escola constitucionalista do Largo de São Francisco tem sido composta por juristas afiliados ao último grupo, o dos que buscam soluções jurídico-constitucionais próprias para a conformação da realidade político-social. Tanto é assim que, ao longo dos anos, os professores de direito constitucional da Faculdade desempenharam, para além de suas atividades estritamente acadêmicas, funções relevantes na organização do Estado brasileiro, num movimento que sempre permitiu mesclar as reflexões teóricas com as experiências concretas das relações de poder. Igualmente inúmeros são os egressos da Academia de Direito de São Paulo que, dedicados ao estudo do direito constitucional, souberam projetar para a vida real das instituições as teorias aprendidas nos bancos escolares.

Foi assim com José Antônio Pimenta Bueno, Marquês de São Vicente (1803-1878). Egresso da primeira turma formada no Largo de São Francisco, Pimenta Bueno, sem ter sido professor, destacou-se como o mais importante publicista do Brasil imperial, fixando em sua obra clássica, Direito Público Brasileiro e Análise da Constituição do Império, os parâmetros a partir dos quais foi interpretada e aplicada a Constituição de 25 de março de 1824.

Ao examinar, por exemplo, o tema do desenvolvimento da Constituição e do cumprimento de suas promessas, o Marquês de São Vicente, com a experiência de quem, além dos estudos teóricos do direito constitucional, foi magistrado, deputado e senador, ministro de Estado, membro do Conselho de Estado e presidente do Conselho de Ministros, condena a visão idealizada das instituições políticas:

"A demanda atual das sociedades civilizadas não é imaginária ou ilusória, é real, é a segurança do bem-estar que gozam e o progresso para uma maior prosperidade, é a ordem e o melhoramento; não pode mais ser substituída por uma idealidade".

De nada valeriam os postulados constitucionais de liberdade se não conectados com as reais necessidades da sociedade política, se não voltados ao enfrentamento concreto de suas vicissitudes e dirigidos a sua superação. Era preciso, na compreensão do constitucionalista do Império, "desenvolver o sistema constitucional" para "deduzir as consequências lógicas das promessas constitucionais, para que não permaneçam só em letras mortas".

Esse mesmo entendimento, que congrega a dimensão normativa da Constituição com os aspectos sociais, econômicos e históricos da sociedade política por ela regulada, está presente na obra de outro constitucionalista do Largo de São Francisco, que igualmente mesclou suas reflexões teóricas com a vida real das instituições brasileiras, tendo sido magistrado, deputado, ministro de Estado e ministro do Supremo Tribunal Federal e do Tribunal Superior Eleitoral: Cândido Motta Filho (1897-1977).

Na tese com que conquistou, em meados do século XX, a cátedra de direito constitucional da Faculdade de Direito da Universidade de São Paulo, o conteúdo político das constituições, Motta Filho enfatizava a dissociação, a "desarmonia", entre as normas constitucionais e a realidade política, o que conduzia, na sua visão, a uma ineficácia do Estado constitucional, impossibilitado de encontrar "solução para grande número de seus problemas dentro das linhas da constituição que adota".

Essa compreensão foi assim sintetizada pelo sucessor de Cândido Motta Filho na titularidade da cadeira de direito constitucional na São Francisco, Manoel Gonçalves Ferreira Filho:

"Muitos se olvidam de que só os princípios são eternos. As fórmulas destinadas a concretizá-los são infalivelmente marcadas pelas circunstâncias de tempo e espaço. Não podem servir para todos os países, qualquer que seja a sua cultura ou o seu grau de desenvolvimento. Hão de evoluir porque as sociedades se transformam, lenta ou rapidamente. Muito rápida e radicalmente no mundo em que vivemos".

O próprio Manoel Gonçalves Ferreira Filho, nos 35 anos em que exerceu a titularidade de direito constitucional na USP e nos anos subsequentes, em que continua a exercer sua liderança acadêmica como Professor Emérito, tem sido exemplo de constitucionalista atento à necessária interação entre os aspectos normativos dos textos constitucionais e as realidades políticas, sociais e econômicas, sempre avesso à defesa de rígidos modelos idealizados.

Ao longo desses anos, Manoel Gonçalves Ferreira Filho conjugou suas aulas na faculdade e sua vasta produção acadêmica com a vivência de homem de Estado, ocupando "importantes cargos políticos e administrativos na república brasileira, inclusive respondendo pelo Ministério da Justiça e exercendo, por um mandato, as funções de vice-governador do estado de São Paulo. Foi, em diferentes ocasiões, secretário de Estado em São Paulo e chegou a exercer o cargo de senador da República".

Com essa vivência, não é de se estranhar que as obras de Manoel Gonçalves Ferreira Filho sejam permeadas por reflexões que confrontam as teorias constitucionais com a realidade brasileira, demonstrando que adaptações se impõem ante as peculiaridades da vida nacional:

"A Constituição não pode ser, destarte, um plano ideal de transformações econômico-sociais [...]. Realmente, se a sociedade não tiver condições de fornecer os recursos suficientes para a efetivação desse plano, a Constituição não ganhará plena efetividade. Ficará, em boa parte, no papel e isso levará inexoravelmente à sua depreciação, se não à sua desmoralização.

Igualmente, na formulação dos arranjos institucionais, não deve repetir as formulações e doutrinas da moda ou tradicionais. Tem de levar em conta o quadro real em que serão aplicadas. Tem, inclusive, de inovar em face de soluções superadas. Não deve transformar em dogma o que não passa de arte".

Essa linha de compreensão dos fenômenos constitucionais orientou a produção de Ferreira Filho acerca dos sistemas de governo, desde que foi um observador privilegiado, ainda como estudante de doutorado na Universidade de Paris, dos acontecimentos de maio de 1958, que resultaram na instauração da Vª República francesa e na promulgação da Constituição de 4 de outubro daquele ano, texto consagrador do modelo semipresidencialista, cujas bases eram defendidas por Charles de Gaulle desde 1946, quando do famoso discurso de Bayeux.

Essa vivência permitiu que fosse Manoel Gonçalves Ferreira Filho pioneiro no tratamento acadêmico do sistema semipresidencial de governo no Brasil, como comprovam, por exemplo, sua conferência "Liberdade, bem-estar e democracia: contribuição para o modelo democrático brasileiro", de 1976; ou ainda os livros Ideias para a nova constituição brasileira, de 1987, e O Parlamentarismo, de 1993.

Neste último trabalho, escrito em função do plebiscito de 1993 e da revisão constitucional de 1994, o autor examina detidamente o modelo francês e o confronta com a realidade brasileira, chegando a propor um projeto de sistema misto para o Brasil, com uma minuta de emenda constitucional para tanto. Faz, ao final da obra, Manoel Gonçalves Ferreira Filho uma advertência:

"Claro está que essa mudança institucional não bastará por si só. Vários dos problemas brasileiros não têm solução a curto prazo, muito menos à mercê de um governo, conquanto bom. Há, por exemplo, de elevar a cultura política do povo e da elite, o que é obra da educação...

Mas, lembrando a sabedoria popular, se Roma não se fez num dia, toda caminhada começa por um primeiro passo. É preciso dar esse primeiro passo, contudo na direção correta."

Nos 30 anos subsequentes a essa obra, o tema do semipresidencialismo tem se mantido na ordem do dia dos debates constitucionais, especialmente na comunidade acadêmica franciscana. Dele trataram, além do próprio Professor Manoel, antigos alunos, como Michel Temer, e também professores do Departamento de Direito do Estado, como, por exemplo, Alexandre de Moraes, Ricardo Lewandowski e José Levi Mello do Amaral Junior. É importante mencionar, ainda, que os Professores Manoel Gonçalves Ferreira Filho, Elival da Silva Ramos, Nina Beatriz Stocco Ranieri e Monica Herman Salem Caggiano integraram o grupo de trabalho instituído pelo Presidente da Câmara dos Deputados, em 16 de março de 2022, para "analisar e debater temas relacionados ao sistema de governo semipresidencialista".

É nessa tradição, de análise do direito constitucional conectada com a realidade político-institucional brasileira e de pioneirismo no estudo do sistema semipresidencial, que se coloca a obra ora publicada, *Sistemas de governo: semipresidencialismo e sua aplicabilidade no Brasil*, de Tiago Paes de Andrade Banhos. Trata-se da versão editada da dissertação com a qual o autor conquistou o título de mestre em direito do Estado pela Faculdade de Direito da Universidade de São Paulo, após defesa perante banca composta pelos Professores Michel Temer e Alexandre de Moraes e pela Professora Maria Elizabeth Guimarães Teixeira Rocha.

Tiago, que igualmente participou do grupo de trabalho da Câmara dos Deputados sobre o tema, inicia seu estudo apresentando a dimensão teórica do semipresidencialismo a partir de seu autor seminal, Maurice Duverger, e também de outros juristas e cientistas políticos que com ele dialogaram ao longo dos anos, como Giovanni Sartori, Robert Elgie, Olivier Duhamel e Jean-Claude Colliard.

Na sequência, examina as duas experiências institucionais mais desenvolvidas de modelos semipresidenciais de governo, o francês e o português. Especialmente nesses tópicos se revela o talento de pesquisador de Tiago Paes de Andrade Banhos, que percorre com profundidade a bibliografia do semipresidencialismo na França e em Portugal, conjugando estudos contemporâneos à instituição do sistema nesses dois países com outros atuais, em que já é possível analisá-lo em perspectiva histórica. Não faltam nesse exame referências à dinâmica política e institucional que ensejou a adoção do sistema semipresidencialista e a que se desenvolveu após sua implantação, sobressaindo a contribuição de importantes personagens históricas, como De Gaulle, Pompidou, Mitterand e Chirac, na França; e Ramalho Eanes, Mário Soares e Cavaco Silva, em Portugal.

A teoria e as experiências francesa e portuguesa não são, portanto, tomadas pelo autor como dogmas a serem integralmente acatados, tal qual as táticas de batalha de von Phull, aplicadas a qualquer terreno, sob quaisquer condições. A teoria do semipresidencialismo está, na compreensão de Tiago Paes de Andrade Banhos, alinhada à escola constitucionalista do Largo de São Francisco, indissociavelmente ligada às condicionantes históricas e políticas dos países que adotaram tal sistema de governo.

Por outro lado, a discussão acerca da possível introdução do sistema semipresidencial de governo no Brasil somente é possível a partir da identificação das vicissitudes decorrentes do modelo atualmente vigente, as quais seriam o móvel de qualquer reforma constitucional a ser propugnada. Desse modo, Tiago Paes de Andrade Banhos passa a examinar o presidencialismo brasileiro, tal como adotado pela Constituição de 1988, dando ênfase à sua mecânica institucional. Nesse particular, a obra passa pelas importantes temáticas do presidencialismo de coalizão, do sistema partidário brasileiro e do sistema eleitoral, aspectos que comprometem a governabilidade; governabilidade essa que somente é alcançada com a associação do Presidente da República com o Congresso Nacional, em dinâmica muito próxima da observada em países de governo semipresidencial.

Finalmente, Tiago Paes de Andrade Banhos se dedica, no capítulo conclusivo de sua obra, a examinar as propostas de emenda constitucional relacionadas com a alteração do sistema de governo, focando as recomendações do antes mencionado grupo de trabalho instituído pelo Deputado Arthur Lira, em março de 2022. Tais propostas não deixam de ser confrontadas com as possíveis vicissitudes de sua adoção, fazendo a autor uma análise das mudanças estruturais necessárias à eventual implantação do semipresidencialismo.

Essa breve descrição do conteúdo do livro *Sistemas de governo: semipresidencialismo e sua aplicabilidade no Brasil* tem exclusivamente um duplo intuito: o de aguçar a curiosidade do leitor e o de demonstrar que Tiago Paes de Andrade Banhos, ao escrevê-lo e publicá-lo, honra a escola constitucionalista do Largo de São Francisco, inserindo-se em sua bicentenária tradição de excelência e de valorização dos elementos sociais, econômicos e políticos do direito constitucional.

Assim, na constante batalha dos constitucionalistas pelo aprimoramento das instituições brasileiras, terão eles na obra ora publicada um referencial valioso, baseado, sim, em teorias consistentes e em relevantes experiências estrangeiras, mas sobretudo calcado na compreensão da dinâmica das relações políticas no Brasil, cujas características hão de condicionar o sucesso ou o fracasso de toda e qualquer reforma constitucional.

Brasília, dezembro de 2023.

Carlos Bastide Horbach
Professor Doutor de Direito Constitucional da Faculdade de Direito da Universidade de São Paulo

INTRODUÇÃO

A temática referente aos sistemas de governo é, tanto na doutrina nacional quanto na doutrina estrangeira, uma das principais discussões do Direito Constitucional, haja vista a importância do estudo dos sistemas de governo na forma de organização e exercício do poder político do Estado, desempenhando papel central no estudo das instituições.

Assim, tem-se a definição dos sistemas de governo como elemento essencial na elaboração de qualquer Carta Política, sendo alicerce do ordenamento jurídico-constitucional. Desse modo, o debate acerca dos sistemas de governo é constantemente reavivado nos mais diversos países, fruto das modificações e das evoluções impostas pelas disputas políticas reais e concretas de determinada sociedade.

No contexto brasileiro, também se evidencia a importância dessa instigante temática para o aprimoramento e o desenvolvimento do arranjo institucional. Observa-se que o desempenho do presidencialismo vem sendo, desde a sua implementação, frequentemente debatido, oscilando entre aqueles que defendem o modelo presidencial brasileiro e aqueles que o criticam, sugerindo aprimoramentos ou, até mesmo, mudanças de sistema.

Partindo dessas premissas, a presente obra seguirá um itinerário que se inicia, *no primeiro capítulo*, com a análise das noções propedêuticas de um dos modelos comumente apresentados como alternativa ao presidencialismo no Brasil, qual seja, o sistema semipresidencial de governo, verificando seus traços estruturais, seu funcionamento e suas variações, sendo conduzido pelo seguinte questionamento: o que é o semipresidencialismo?

Em seguida, ainda no primeiro capítulo, serão abordadas as disputas concretas e reais que influenciaram a introdução do semipresidencialismo na França e em Portugal, bem como serão examinadas as suas mecânicas institucionais e as metamorfoses observadas nessas práticas constitucionais.

Essa análise derivará da compreensão das razões que incentivaram e motivaram a introdução do semipresidencialismo nesses contextos, bem como da verificação das características desses modelos semipresidenciais e de seus comportamentos nessas realidades.

Ainda nessa linha de investigação proposta, será verificado o desempenho do semipresidencialismo nesses contextos institucionais, questionando-se se, quando adotado, entregou os resultados positivos esperados. Além disso, serão analisadas as dificuldades em suas adoções na França e em Portugal e as crises já experimentadas nesses modelos semipresidenciais.

Assim, pretende-se, ao final do primeiro capítulo, ter um panorama compreensivo acerca de quais respostas institucionais o semipresidencialismo é capaz de oferecer e quais problemas o semipresidencialismo não é capaz de solucionar. Em síntese, objetiva-se analisar se o semipresidencialismo tem o condão de entregar resultados satisfatórios quando adotado na prática.

No *segundo capítulo*, o estudo passará a ter como foco central o sistema de governo brasileiro, realizando diagnóstico aprofundado das linhas estruturais e da mecânica institucional do presidencialismo no Brasil, especialmente após a Constituição de 1988. Também serão examinados o desempenho e o comportamento do modelo presidencial brasileiro na contemporaneidade.

A partir dessas constatações, o estudo examinará se as disputas políticas concretas e reais observadas na realidade institucional brasileira contemporânea justificam a alteração do sistema de governo, bem como se o presidencialismo de coalizão pode ser interpretado como aproximação ou distanciamento do semipresidencialismo.

Desse modo, pretende-se, ao término desse capítulo, ser capaz de sopesar os argumentos favoráveis e contrários à eventual alteração do sistema de governo brasileiro, verificando-se qual seria a direção adequada, manutenção do presidencialismo ou a alteração do sistema de governo, para potencializar as virtudes e decantar as dificuldades observadas no arranjo institucional brasileiro.

No *terceiro capítulo*, serão retomados os dois pontos fulcrais dos capítulos anteriores, contrastando-se o semipresidencialismo e a realidade institucional brasileira. Assim, esse capítulo terá como fio condutor a verificação da existência de similitude fática no Brasil com as disputas concretas e reais observadas na França e em Portugal, aptas a justificar a adoção do semipresidencialismo.

Além disso, serão verificadas as dificuldades, as objeções e as condicionantes para a implementação do semipresidencialismo no Brasil. Para tanto, será realizada minuciosa análise da viabilidade da introdução desse sistema de governo no arcabouço constitucional pátrio, bem como das características estruturais do modelo semipresidencial a ser eventualmente introduzido.

Em complementação, ainda no terceiro capítulo, serão analisadas quais seriam as eventuais alterações jurídico-constitucionais necessárias para devida consecução dos objetivos almejados com a sua adoção no arranjo institucional brasileiro.

Nessa abordagem, serão também examinados os meios e os instrumentos democráticos para eventual alteração do atual sistema de governo, especialmente a necessidade jurídica-constitucional e/ou prudência política da realização de consulta popular para introdução do semipresidencialismo no Brasil, bem como a extensão da *vacatio legis* para essa reforma constitucional e institucional.

Na *conclusão*, contrastados os diversos argumentos contrários e favoráveis à adoção do semipresidencialismo no Brasil, buscar-se-ia conectar todas as indagações condutoras da presente obra para, assim, concluir se: (a) as disputas concretas e reais observadas na realidade institucional brasileira justificam a alteração do sistema de governo em direção ao semipresidencialismo, (b) o semipresidencialismo é o sistema capaz de potencializar as virtudes e decantar as dificuldades vislumbradas no Brasil; (c) é viável, do ponto de vista jurídico-constitucional, a alteração do sistema de governo; (d) há necessidade de outras alterações constitucionais, prévias e posteriores para alcançar os objetivos pretendidos; e (e) há necessidade jurídica-constitucional e/ou prudência política na realização de plebiscito, bem como quando deveria entrar em vigor tal reforma constitucional.

CAPÍTULO 1

O SEMIPRESIDENCIALISMO

1.1 Semipresidencialismo: atributos caracterizadores, funcionamento e variações

A compreensão do semipresidencialismo como sistema de governo tem sido objeto de estudo de diversos autores do Direito Constitucional e da Ciência Política. Maurice Duverger,[1] Giovanni Sartori,[2] Robert Elgie,[3] Olivier Duhamel,[4] Jean-Claude Colliard,[5] Vital

---

1 DUVERGER, Maurice. *O regime semi-presidencialista*. São Paulo: Sumaré, 1993. Ver também: DUVERGER, Maurice. A new political system model: semi-presidential government. *European Journal of Political Research*, v. 8, n. 2, p. 165-187, 1980; DUVERGER, Maurice. *Xeque-mate*: análise comparativa dos sistemas políticos semipresidenciais. Lisboa: Rolim, 1979; DUVERGER, Maurice. Les institutions de la cinquième république. *Revue Française de Science Politique*, v. 9, n. 1, p. 101-134, 1959; e DUVERGER, Maurice; LIJPHART, Arend; PASQUINO, Gianfranco. A new political system. *European Journal of Political Research*, v. 31, n. 1-2, p. 125-146, 1997.

2 SARTORI, Giovanni. Semi-presidentialism. *In*: *Comparative constitutional engineering*. London: Palgrave Macmillan, 1994. p. 121-140. Ver também: SARTORI, Giovanni. *Engenharia constitucional*. Brasília: Universidade de Brasília, 1996.

3 ELGIE, Robert. *Semi-presidentialism*: sub-types and democratic perfomance. Oxford: Oxford University Press, 2011. Ver também: ELGIE, Robert. Semipresidencialism: concepts, consequences and contesting explanations. *Political Studies Review*, v. 2, n. 3, p. 314-330, 2004; ELGIE, Robert. A fresh look at semipresidentialism: variations on a theme. *Journal of Democracy*, v. 16, n. 3, p. 98-112, 2005; ELGIE, Robert. Duverger, semi-presidentialism and the supposed French archetype. *West European Politics*, v. 32, n. 2, p. 248-267, 2009; ELGIE, Robert. The perils of semi-presidentialism. Are they exaggerated?. *Democratisation*, v. 15, n. 1, p. 49-66, 2008.

4 DUHAMEL, Olivier. Une démocratie à part. *Pouvoirs*, n. 3, p. 17-26, 2008.

5 COLLIARD, Jean-Claude. The power in the semi-presidentialism. *Cuestiones Constitucionales*, n. 20, p. 85-102, 2009.

Moreira,[6] Carlos Blanco de Morais[7] e Jorge Reis Novais,[8] entre outros,[9] dedicaram obras ao tema. Assim sendo, este primeiro subcapítulo tratará das noções propedêuticas do sistema semipresidencial de governo, com ênfase em seus atributos caracterizadores, funcionamento e variações, conduzido pelo seguinte questionamento: "o que é o semipresidencialismo?".

O semipresidencialismo passa a integrar a discussão acerca dos sistemas de governo a partir da promulgação da Constituição francesa de 1958, tendo Maurice Duverger assumido papel central em sua conceituação e disseminação acadêmica. A inexistência de definição dogmática do semipresidencialismo, porém, não significava a sua ausência no plano da prática constitucional. Nesse sentido, Carlos Blanco de Morais, na perspectiva já explicitada por Duverger,[10] defende que "o semipresidencialismo remontaria já à Constituição alemã de Weimar,[11] de 1919, e teria tido refrações na Constituição finlandesa de 1919 e na reforma da Constituição austríaca, em 1929".[12]

A obra terá como referencial teórico as concepções de Maurice Duverger acerca do semipresidencialismo, tendo em vista seu

---

6 MOREIRA, Vital. *Variações sobre o semipresidencialismo*. Coimbra: Coimbra, 1993.

7 MORAIS, Carlos Blanco de. *O sistema político*: no contexto da erosão da democracia representativa. Coimbra: Almedina, 2017.

8 NOVAIS, Jorge Reis. *Semipresidencialismo*: Teoria geral e sistema português. Coimbra: Almedina, 2018.

9 Serão destacadas, apenas a título exemplificativo, as obras de Gianfranco Pasquino, Petra Schleiter, Ernst Veser e Horst Bahro. São elas: PASQUINO, Gianfranco. Duverger and the study of semi-presidentialism. *French Politics*, v. 3, n. 3, p. 310-322, 2005; SCHLEITER, Petra; MORGAN-JONES, Edward. Citizens, presidents and assemblies: The study of semi-presidentialism beyond Duverger and Linz. *British Journal of Political Science*, v. 39, n. 4, p. 871-892, 2009; VESER, Ernst. Semi-presidentialism – duverger's concept: A new political system model. *Journal for Humanities and Social Sciences*, v. 11, n. 1, p. 39-60, 1997; BAHRO, Horst; BAYERLEIN, Bernhard H.; VESER, Ernst. Duverger's concept: semi-presidential government revisited. *European Journal of Political Research*, v. 34, n. 2, p. 201-224, 1998.

10 DUVERGER, Maurice. A new political system model: semi-presidential government. *European journal of political research*, v. 8, n. 2, p. 165-187, 1980.

11 Carlos Blanco de Morais é acompanhado nessa conclusão por Jorge Miranda, que sustenta que a organização política estabelecida pela Constituição de Weimar possuía os atributos caracterizadores do semipresidencialismo. Isto é, (a)o presidente era eleito(a) por sufrágio universal (art. 41) e detinha poderes significativos, tais como a possibilidade de dissolução do Parlamento (art. 25); (b) o Poder Executivo era dual (art. 55), contrapondo-se ao Presidente um Primeiro-Ministro; (c) o Primeiro-Ministro era responsável politicamente perante o Parlamento (art. 54); e (d) o Primeiro-Ministro também era politicamente responsável perante o Presidente (art. 53). MIRANDA, Jorge. *Manual de direito constitucional*. Coimbra: Coimbra, 1988. t. 2. p. 126.

12 MORAIS, Carlos Blanco de. *O sistema político*: no contexto da erosão da democracia representativa. Coimbra: Almedina, 2017. p. 419.

protagonismo na definição dos atributos dogmáticos para a caracterização desse sistema de governo. Em sua visão, são necessários apenas três traços estruturais para configuração desse sistema de governo: (a) Presidente eleito de forma direta por sufrágio universal e com poderes significativos; (b) Poder Executivo dual no qual se contrapõe ao Presidente um Primeiro-Ministro; e (c) Primeiro-Ministro politicamente responsável perante o Parlamento.[13]

De todo modo, faz-se necessária a compreensão das definições propostas por outros autores. Carlos Blanco de Morais sustenta definição similar à adotada por Maurice Duverger, compreendendo que o semipresidencialismo tem como atributos caracterizadores: (a) a estrutura de dupla responsabilidade do Primeiro-Ministro, sendo responsável perante o Parlamento e perante o Presidente; e (b) a eleição do Presidente por sufrágio universal e que ele detenha poderes relevantes, destacando-se a competência para dissolver o Parlamento.[14]

Robert Elgie, por sua vez, propõe caracterização simplificada do sistema semipresidencial de governo, por compreender como necessários apenas dois traços estruturais: (a) Presidente eleito por voto popular; e (b) Primeiro-Ministro e Governo politicamente responsáveis perante o Parlamento.[15] Olivier Duhamel[16] e Jean-Claude Colliard[17] compartilham da mesma compreensão, descrevendo em suas obras que o semipresidencialismo é determinado pela combinação entre o critério central do regime parlamentarista, isto é, a responsabilidade do Primeiro-Ministro e do Governo perante o Parlamento, e a eleição do Presidente pelo sufrágio universal, atributo caracterizador do presidencialismo. Assim sendo, Elgie, Duhamel e Colliard descartam a necessidade de que o Presidente detenha poderes relevantes, elemento essencial nas definições dogmáticas defendidas por Maurice Duverger e Carlos Blanco de Morais.

---

[13] DUVERGER, Maurice. *O regime semi-presidencialista*. São Paulo: Sumaré, 1993. p. 75. Ver também: DUVERGER, Maurice. A new political system model: semi-presidential government. *European Journal of Political Research*, v. 8, n. 2, p. 165-187, 1980, p. 166.

[14] MORAIS, Carlos Blanco de. *O sistema político*: no contexto da erosão da democracia representativa. Coimbra: Almedina, 2017. p. 231.

[15] ELGIE, Robert. Semipresidencialism: concepts, consequences and contesting explanations. *Political Studies Review*, v. 2, n. 3, p. 314-330, 2004. p. 314.

[16] DUHAMEL, Olivier. Une démocratie à part. *Pouvoirs*, n. 3, p. 17-26, 2008.

[17] COLLIARD, Jean-Claude. The power in the semi-presidentialism *Cuestiones Constitucionales*, n. 20, p. 85-102, 2009.

Jorge Reis Novais conduz sua definição do semipresidencialismo a partir da miscigenação dos atributos caracterizadores propostos por Maurice Duverger, Carlos Blanco de Morais e Robert Elgie, concluindo que é necessário que o Presidente seja eleito por voto popular, tenha poderes significativos e o Governo tenha a confiança parlamentar para sua formação e subsistência.[18] A principal distinção dos traços estruturais defendidos por Jorge Reis Novais, quando contrastados com as compreensões de Maurice Duverger e Carlos Blanco de Morais, é não vislumbrar o Poder Executivo dual como requisito para o semipresidencialismo. Em sua visão, o fato de o Presidente exercer apenas papel de moderador não inviabiliza que aquele arranjo institucional seja regido pelo sistema semipresidencial de governo.

Giovanni Sartori traz definição com maior gama de requisitos, de modo que a configuração do referido sistema de governo se dá pela constatação de cinco características estruturais conjuntamente: (a) Presidente eleito por votação popular – de forma direta ou indireta –, com mandato determinado; (b) Poder Executivo dual, com compartilhamento dos poderes entre Presidente e Primeiro-Ministro, em uma estrutura com os três seguintes critérios de definição: (b.1) embora independente do Parlamento, o Presidente não tem o direito de governar sozinho ou diretamente e, portanto, sua vontade deve ser canalizada e processada pelo seu Governo; (b.2) inversamente, o Primeiro-Ministro e seu Gabinete independem do Presidente, uma vez que dependem do Parlamento; (b.3) a estrutura dupla de autoridade do semipresidencialismo permite diferentes equilíbrios e a oscilação de prevalências do poder dentro do Executivo, estritamente sob a condição de que subsista a autonomia potencial de cada componente do Executivo.[19]

Vital Moreira também combina mais requisitos para determinar a caracterização do regime semipresidencial: (a) o Presidente, o Parlamento e o Governo exercem função ativa no sistema político; (b) o Presidente e o Parlamento devem ser eleitos de forma direta, e o Governo é politicamente responsável perante os dois outros órgãos ativos do sistema político; (c) diarquia no Poder Executivo, com compartilhamento dos poderes entre o Presidente e o Primeiro-Ministro; (d) Presidente com poderes significativos no âmbito governativo, não

---

[18] NOVAIS, Jorge Reis. *Semipresidencialismo*: Teoria geral e sistema português. Coimbra: Almedina, 2018. p. 143.

[19] SARTORI, Giovanni. *Engenharia constitucional*. Brasília: Universidade de Brasília, 1996. p. 147.

se limitando a funções de representação ou cerimoniais; e (e) condução política exercida pelo Governo, sendo dirigido por Primeiro-Ministro nomeado pelo Presidente em consonância com a maioria parlamentar.[20]

A partir das definições dos atributos dogmáticos para a caracterização do semipresidencialismo defendida pelos autores citados, é possível concluir que se trata de um sistema de governo misto, agregando características do presidencialismo e do parlamentarismo, bem como predicados próprios.[21]

O semipresidencialismo herda do presidencialismo a eleição direta para Presidente e os poderes significativos que são destinados ao Chefe de Estado. Por sua vez, é do parlamentarismo que decorre o Poder Executivo dual, no qual se contrapõe ao Presidente um Primeiro-Ministro, e a necessidade de que o Governo tenha a confiança parlamentar para sua formação e subsistência. Em relação aos atributos próprios do semipresidencialismo, destacam-se a estrutura de dupla responsabilidade do Primeiro-Ministro e de seu Governo, sendo responsáveis perante o Parlamento e perante o Presidente, e o exercício do papel corretivo e moderador do Presidente, o que é ilustrado pela possibilidade de dissolução do Parlamento de forma autônoma, isto é, independentemente de concordância do Primeiro-Ministro e/ou do Parlamento.

Cabe anotar que o prefixo "semi-" que compõe a nomenclatura desse sistema de governo não significa necessariamente que todos os arranjos institucionais que preenchem os requisitos para sua definição estarão situados de forma equidistante dos sistemas puros de governo, ocupando, assim, posição central nesse espectro no qual o presidencialismo e o parlamentarismo estão nas extremidades. Assim, torna-se crucial verificar a amplitude desse espectro, analisando a movimentação pendular desses regimes, podendo se aproximar, em menor ou maior extensão, do presidencialismo e do parlamentarismo.

---

20 MOREIRA, Vital. O equívoco do "semipresidencialismo" (a controvérsia sobre o sistema de governo em Portugal). *In*: GOMES, Ana Cláudia Nascimento; ALBERGARIA, Bruno; CANOTILHO, Mariana Rodrigues (Coord.). *Direito constitucional*: diálogos em homenagem ao 80º aniversário de J.J. Gomes Canotilho. Belo Horizonte: Fórum, 2021. p. 468-469.

21 Manoel Gonçalves Ferreira Filho considera que a miscigenação das características dos sistemas puros de governo no semipresidencialismo é positiva, na medida em que são agregadas as características positivas existentes no presidencialismo e no parlamentarismo, e – ao mesmo tempo – são rejeitadas as negativas. FERREIRA FILHO, Manoel Gonçalves. A alternativa semipresidencialista. *Estadão*, Blog Fausto Macedo, 20 de julho de 2021. Disponível em: https://politica.estadao.com.br/blogs/fausto-macedo/a-alternativasemipresidencialista. Acesso em: 29 mar. 2022.

Ao analisar a questão, Vital Moreira aponta que a extensão da função governativa atribuída ao Presidente é o principal balizador dos modelos semipresidenciais nesse espectro que contrasta o presidencialismo e o parlamentarismo. Conclui que o Presidente, a partir da definição dos poderes que lhe foram conferidos, "ocupa um lugar algures entre o presidente num sistema de governo presidencial e o presidente num sistema de governo parlamentar".[22]

Também nessa perspectiva, Luís Roberto Barroso sintetiza que "a nota distintiva dos países que adotam o semipresidencialismo situa-se na maior ou menor atuação do Presidente na vida política".[23] Logo, a Constituição e a prática constitucional determinarão, a partir da distribuição dos poderes no Executivo dual, em qual posição do espectro aqueles modelos de semipresidencialismo estarão localizados. Em síntese, deverão ser observados os poderes destinados ao Presidente e ao Primeiro-Ministro/Governo e, a partir dessa verificação, analisar a preponderância de um sobre o outro.

É a partir dessa constatação que serão contrastados: (a) o semipresidencialismo com pendor presidencial, que tem como principal expoente a realidade institucional francesa; (b) o semipresidencialismo com pendor parlamentar acentuado, com destaque ao modelo austríaco; e (c) o semipresidencialismo de geometria variável, observado em Portugal.

O semipresidencialismo francês é um modelo de pendor presidencial, na medida em que a Constituição da Vª República, promulgada em 1958 e revisada em 1962,[24] e o costume constitucional conferiram ao Presidente amplos poderes que lhe permitem exercer papel central

---

22 MOREIRA, Vital. O equívoco do "semipresidencialismo" (a controvérsia sobre o sistema de governo em Portugal). *In*: GOMES, Ana Cláudia Nascimento; ALBERGARIA, Bruno; CANOTILHO, Mariana Rodrigues (Coord.). *Direito constitucional*: diálogos em homenagem ao 80º aniversário de J.J. Gomes Canotilho. Belo Horizonte: Fórum, 2021. p. 473.

23 BARROSO, Luís Roberto. A reforma política: uma proposta de sistema de governo, eleitoral e partidário para o Brasil. *Revista de Direito do Estado*, n. 3, p. 1-105, jul./set. 2006. p. 18.

24 É digno de nota que a Constituição francesa de 1958 já passou por 24 revisões constitucionais. De todo modo, a revisão de 1962 é a com maiores impactos ao objeto desta obra. Isso porque alterou o artigo 6º do texto constitucional originário, passando a prever a eleição direta e por sufrágio universal para o cargo de Presidente da República. A partir da nova redação, ampliaram-se de forma significativa os poderes do Presidente, na medida em que sua legitimidade passou a decorrer diretamente do desejo do povo francês. Além disso, deve-se destacar que a Constituição prevê, no artigo 89, a possibilidade de revisão constitucional. Entretanto, a revisão de 1962 foi a única das 24 já realizadas que não utilizou dessa previsão constitucional, tendo sido aplicado o rito previsto no artigo 11, ou seja, a submissão à referendo popular.

no arranjo institucional. Dentre os poderes destinados ao Presidente francês, destacam-se: (a) o exercício da presidência do Conselho de Ministros, bem como a competência para estabelecer a sua ordem de trabalho; (b) o poder de nomeação do Primeiro-Ministro e, em situações de confluência e em decorrência da prática constitucional, o poder de demissão do Primeiro-Ministro; (c) o poder de nomear e demitir os demais Ministros que compõem o Governo, poder que é amplificado em situações de confluência e consequente predominância do Presidente; e (d) o poder autônomo de dissolução do Parlamento.

Ao analisar a proeminência institucional do Presidente no semipresidencialismo francês, Michel Jobert esclarece que o Presidente exerce a finalidade precípua do Poder Executivo, enquanto o Primeiro-Ministro pavimenta o caminho para que possam ser alcançados os objetivos do Chefe de Estado. Em sua visão, a prevalência do Presidente é tamanha que se pode concluir que o Primeiro-Ministro deve sempre exercer papel secundário, às sombras do Presidente, mesmo que o Presidente o faça acreditar que compartilham de forma igualitária o Poder Executivo.[25]

Além disso, faz-se necessária breve digressão acerca do conceito de confluência, citado anteriormente, assim como do conceito de coabitação, pois a ocorrência desses fenômenos influencia diretamente na maior ou menor extensão do pendor presidencial. É digno de nota que as considerações feitas nesse momento sobre o arranjo institucional francês são apenas propedêuticas, não almejando exaurir todas as suas nuances, tendo em vista que serão devidamente aprofundadas no próximo subcapítulo.

A Constituição francesa de 1958 e a revisão constitucional de 1962, ao definirem os poderes destinados ao Presidente e seu papel central no arcabouço jurídico-constitucional, tinham como expectativa a ocorrência apenas da confluência. Isto é, a prevalência do mesmo grupo político ou partido nas eleições presidenciais e nas eleições parlamentares, de modo que o Presidente teria a maioria parlamentar e seria a figura central da nação. Nesse cenário, o Presidente exerce o que Carlos Blanco de Morais denomina de "garante do destino da França",[26] prevalecendo sobre o Primeiro-Ministro, que poderá, nesses ciclos de confluência, ser demitido a qualquer tempo e de forma discricionária pelo Presidente.

---

[25] JOBERT, Michel. Le partage du pouvoir exécutif. *Pouvoirs*, n. 4, p. 7-15, 1982.

[26] MORAIS, Carlos Blanco de. *O sistema político*: no contexto da erosão da democracia representativa. Coimbra: Almedina, 2017. p. 439.

Ao tratar dos períodos de confluência, Hugues Portelli demonstra que a leitura tradicional da Constituição francesa de 1958 é no sentido de que o Presidente também representa a maioria parlamentar, o que lhe permite ser proeminente politicamente em relação ao Primeiro-Ministro, combinando, assim, as suas prerrogativas presidenciais com a direção do poder governamental, a partir de um Primeiro-Ministro submisso ao Chefe de Estado.[27]

A coabitação, por sua vez, é fruto da prática constitucional, tendo ocorrido pela primeira vez em 1986, quando do mandato presidencial de François Mitterand, membro do *Parti Socialiste – OS*,[28] e da formação da maioria parlamentar de centro-direita[29] que alçou ao cargo de Primeiro-Ministro Jaques Chirac, do Partido *Rassemblement pour la République – RPR*.[30] Destarte, o Presidente Mitterand teve de se limitar aos poderes constitucionalmente previstos à chefia de Estado, tendo sido a chefia de governo conduzida pelo Primeiro-Ministro Chirac. Como se depreende do primeiro caso prático de coabitação no semipresidencialismo francês, é possível sintetizar esse fenômeno como a formação de maiorias distintas nas eleições presidenciais e parlamentares, reduzindo, assim, o espectro de poderes do Presidente e fortalecendo a figura do Primeiro-Ministro.[31] [32]

---

27 PORTELLI, Hugues. Arbitre ou chef de l'opposition?. *Pouvoirs*, n. 91, p. 59-70, 1999. p. 59.

28 O *Parti Socialiste –PS* tem como tradução livre ao português "Partido Socialista". Trata-se de partido com orientação política de esquerda.

29 A maioria parlamentar formada nas eleições de 1986 decorre da coligação entre o *Rassemblement pour la République* (RPR), partido de Jacques Chirac, e a *Union pour la Démocratie Française* (UDF).

30 O *Rassemblement pour la République* (RPR) tem como tradução livre ao português "Reagrupamento para a República". Trata-se de agremiação partidária com orientação política de centro-direita.

31 Além da coabitação entre o Presidente François Mitterand e o Primeiro-Ministro Jacques Chirac ocorrida entre os anos de 1986 e 1988, o arranjo institucional francês também foi submetido a dois outros ciclos de coabitação. São eles: (a) 1993-1995 - entre o Presidente François Mitterand e o Primeiro-Ministro Édouard Balladur; e (b) 1997-2002 - entre o Presidente Jacques Chirac e o Primeiro-Ministro Lionel Jospin. Os três ciclos de coabitação são abordados nas seguintes obras, dentre outras: PEYREFITTE, Alain. Les trois cohabitations. *Pouvoirs*, n. 91, p. 25-31, 1999; CARCASSONNE, Guy. Frein ou moteur?. *Pouvoirs*, n. 91, p. 97-107, 1999; e PONTHOREAU, Marie-Claire. Le président de la République. *Pouvoirs*, n. 4, p. 33-44, 2001.

32 José Levi Mello do Amaral Júnior e João Marcos Amaral abordam o fortalecimento da figura do Primeiro-Ministro em ciclos de coabitação a partir de citação de Favoreu, que seria, em tradução livre, a verificação de "um Primeiro Ministro muito ativo", principalmente quando comparado com o Primeiro-Ministro em situações de confluência. AMARAL JÚNIOR, José Levi Mello do; AMARAL, João Marcos. Multipartidarismo atomístico e (semi) presidencialismo de coalizão. *Revista de Estudos Constitucionais, Hermenêutica e Teoria do Direito*, v. 9, n. 3, 2017. p. 363; FAVOREU, Louis. (Coord.). *Droit constitutionnel*. Paris, Dalloz, 2017. p. 658-659.

Hugues Portelli, ao tratar da coabitação, aplica raciocínio simétrico ao utilizado em sua obra quando da análise dos períodos de confluência, já citado anteriormente. Dessa forma, sustenta que a perda do controle da maioria parlamentar por parte do Presidente tem como principal consequência a drástica redução do poder de direção governamental, limitando o Chefe de Estado às suas prerrogativas constitucionais.[33]

O fenômeno da coabitação, muito embora force situação de divisão assimétrica dos poderes em desfavor do Presidente, sendo também denominado de "Presidência diminuída", não é capaz de retirar o pendor presidencial existente no modelo semipresidencial francês. Isso porque o principal poder destinado ao Presidente pela Constituição de 1958 é o de dissolução autônoma e discricionária do Parlamento, poder esse que se mantém em ciclos de coabitação, de modo que o Presidente preserva competência estratégica e crucial no arranjo institucional.

Além disso, Éric Perraudeau demonstra que nem mesmo os três ciclos de coabitação observados na França foram capazes de dessacralizar a Presidência e retirar sua primazia perante os demais órgãos de poder. Aponta, ainda, que a eleição presidencial continua sendo a principal eleição da vida política, afirmação que é ilustrada pelo autor a partir da candidatura de Lionel Jospin à Presidência em 2002, imediatamente após o término de seu governo de coabitação com o Presidente Jacques Chirac. Logo, conclui Perraudeau que, não obstante a relevância do Primeiro-Ministro, o cargo presidencial é o de maior proeminência institucional na França.[34]

Feitas essas considerações sobre o semipresidencialismo de pendor presidencial francês, passa-se a analisar o modelo semipresidencial com pendor parlamentar acentuado. Essa variação é observada na Áustria desde a reforma de 1929 à Constituição de 1920, ocasião na qual os poderes do Presidente foram ampliados em relação aos conferidos pelo texto constitucional originário, que previa como sistema de governo o parlamentarismo.[35]

---

33 PORTELLI, Hugues. Arbitre ou chef de l'opposition?. *Pouvoirs*, n. 91, p. 59-70, 1999. p. 59.

34 PERRAUDEAU, Eric. Le système des partis sous la Vª République. *Pouvoirs*, n. 4, p. 101-115, 2001.

35 Serão abordadas apenas noções propedêuticas acerca do modelo semipresidencial austríaco, não existindo a pretensão de esgotar a temática.

Destaca-se que, na visão de alguns autores,[36] o sistema de governo austríaco não se enquadra no semipresidencialismo, e sim no parlamentarismo. Contudo, a compreensão adotada é a de que o modelo austríaco é semipresidencial, na medida em que cumpre com todos os requisitos propostos por Maurice Duverger para tanto. Isto é, (a) o Presidente é eleito de forma direta por sufrágio universal e detém poderes significativos; (b) o Poder Executivo é dual, no qual se contrapõe ao Presidente um Chanceler; e (c) o Chanceler é politicamente responsável perante o Parlamento.

Entretanto, o modelo semipresidencial austríaco tem características próprias que o inserem no pendor parlamentar, tendo em vista a prevalência do Chanceler em relação ao Presidente. Para a devida compreensão desse modelo, destaca-se a força conferida ao costume constitucional na Áustria, superando por diversas oportunidades a literalidade da Constituição. Essa afirmação passa a ser ainda mais compreensível a partir da demonstração de dois poderes que são conferidos ao Presidente pela Constituição, mas que nunca foram utilizados por iniciativa exclusiva dele: (a) o poder de uma dissolução do Parlamento por mandato de forma livre e autônoma;[37][38] e (b) o poder de demissão do Chanceler e dos demais Ministros por iniciativa própria.[39] Assim, conclui-se que o Presidente exerce, em maior escala, papel de árbitro e moderador nesse arranjo institucional, o que não lhe retira o caráter de semipresidencialismo, como já sustentado anteriormente.

Feitos os apontamentos em relação ao modelo austríaco semipresidencial de pendor parlamentar acentuado, o estudo passará a analisar o sistema de governo português, denominado pela doutrina lusófona como semipresidencialismo de geometria variável.[40] Neste momento,

---

36 KOJA, Friedrich. Le statut juridique et politique du Président Fédéral Autrichien. *Revista da Faculdade de Direito da Universidade de Lisboa*, v. 25, p. 227-246, 1984. p. 227 e ss. Ver também: ELGIE, Robert. The perils of semi-presidentialism. Are they exaggerated?. *Democratisation*, v. 15, n. 1, p. 49-66, 2008.

37 O poder presidencial de uma dissolução do Parlamento por mandato de forma livre e autônoma está previsto no art. 29 (1) da Constituição austríaca.

38 Registre-se que o poder de dissolução do Parlamento já foi utilizado pelo Presidente, mas apenas após ter sido provocado pelo Chanceler. MORAIS, Carlos Blanco de. *O sistema político*: no contexto da erosão da democracia representativa. Coimbra: Almedina, 2017. p. 459.

39 O poder presidencial de demissão do Chanceler e dos demais Ministros por iniciativa própria está previsto no art. 70 da Constituição austríaca.

40 MORAIS, Carlos Blanco de. *O sistema político*: no contexto da erosão da democracia representativa. Coimbra: Almedina, 2017. Ver também: RANGEL, Paulo. O modelo e a experiência semipresidencial na Constituição de 1976. *In*: GOMES, Ana Cláudia Nascimento;

serão abordadas as noções propedêuticas do modelo estabelecido em Portugal, uma vez que há tópico próprio dedicado ao semipresidencialismo português, no qual o arranjo institucional será devidamente aprofundado.

O termo inicial do semipresidencialismo em Portugal foi a promulgação da Constituição de 1976, que prevê todos os atributos caracterizadores propostos por Maurice Duverger para definição desse sistema de governo. Assim sendo, o Presidente é eleito de forma direta por sufrágio universal e com poderes significativos; o Poder Executivo é dual, no qual se contrapõe ao Presidente um Primeiro-Ministro; e o Primeiro-Ministro é politicamente responsável perante o Parlamento.

A revisão constitucional portuguesa de 1982,[41] contudo, trouxe mudanças significativas ao modelo semipresidencial estabelecido no país. A principal alteração foi a atenuação da responsabilidade do Governo perante o Presidente. Isso porque a Constituição de 1976 tinha a previsão de livre e autônoma demissão do Governo por parte do Presidente. Por sua vez, a nova redação limita o poder de demissão do Governo pelo Presidente às situações nas quais "se torne necessário para assegurar o funcionamento das instituições democráticas, ouvido o Conselho de Estado".[42] Carlos Blanco de Morais sintetiza essa restrição como "faculdade excepcional ou último recurso para uma crise grave ou insuperável".[43]

A partir da revisão constitucional de 1982, alguns autores portugueses passaram a vislumbrar que o sistema português deixou de ser o semipresidencial, na medida em que distanciou o Presidente da atividade de governo, tendo ele passado a exercer apenas papel de regulador do funcionamento democrático, mutação que transformaria o sistema em parlamentarista atípico.[44]

ALBERGARIA, Bruno; CANOTILHO, Mariana Rodrigues (Coord.). *Direito constitucional*: diálogos em homenagem ao 80º aniversário de J.J. Gomes Canotilho. Belo Horizonte: Fórum, 2021. p. 401-461.

41 Há que se destacar que a Constituição portuguesa de 1976 já foi objeto de sete revisões constitucionais – ocorridas nos anos de 1982, 1989, 1992, 1997, 2001, 2004 e 2005 –, sendo a revisão de 1982 a com maiores impactos à temática desenvolvida nesta obra.

42 Constituição da República de Portugal, artigo 195º, 2: "O Presidente da República só pode demitir o Governo quando tal se torne necessário para assegurar o regular funcionamento das instituições democráticas, ouvido o Conselho de Estado".

43 MORAIS, Carlos Blanco de. *O sistema político*: no contexto da erosão da democracia representativa. Coimbra: Almedina, 2017. p. 488.

44 A doutrina que sustenta essa visão tem como principais expoentes Gomes Canotilho, Vital Moreira e Melo Alexandrino. É digno de nota que Gomes Canotilho e Vital Moreira

Nesse sentido, Vital Moreira sustenta que essa conclusão decorre dos seguintes fatores: (a) o sistema de governo português passou a ter atributos caracterizadores do parlamentarismo; (b) a revisão constitucional de 1982 consagrou a ausência de compartilhamento da função governativa com o Presidente, bem como não dependência de confiança do Presidente ao Governo; (c) inexistência de Poder Executivo dual, na medida em que os poderes do Presidente que foram mantidos, e que não são inerentes ao parlamentarismo, devem ser interpretados como exercício do Poder Moderador, e não como diarquia do Poder Executivo.[45]

Muito embora seja reconhecida a importância da doutrina portuguesa e estrangeira que reconhece o parlamentarismo atípico como sistema de governo vigente em Portugal, esta obra acompanha as proposições de Carlos Blanco de Morais e de Paulo Rangel[46] no sentido de ser um regime semipresidencial com assimetrias. Isto é, as alterações decorrentes da revisão constitucional de 1982 não tiveram o condão de alterar o sistema de governo, visto que os atributos caracterizadores do semipresidencialismo foram mantidos.[47] Além disso, o poder discricionário e livre atribuído ao Presidente para demitir o Governo não é requisito essencial para qualificar o sistema como semipresidencial. E, ainda se fosse, estaria presente no arranjo institucional português, apesar de sua atenuação.

Nessa perspectiva, Carlos Blanco de Morais rememora que o poder autônomo de demissão do Governo por parte do Presidente

---

consideraram, inicialmente, que o sistema de governo português era parlamentar-presidencial. Entretanto, na atualização da obra coletiva, concluíram que se verifica em Portugal sistema parlamentarista atípico. As obras são as seguintes: CANOTILHO, J. J. Gomes; MOREIRA, Vital. *Constituição da república portuguesa anotada*. 4. ed. Coimbra: Coimbra, 2010; e ALEXANDRINO, José de Melo. *Lições de direito constitucional*. 2. ed. Lisboa: AAFDL, 2017.

45 MOREIRA, Vital. O equívoco do "semipresidencialismo" (a controvérsia sobre o sistema de governo em Portugal). *In*: GOMES, Ana Cláudia Nascimento; ALBERGARIA, Bruno; CANOTILHO, Mariana Rodrigues (Coord.). *Direito constitucional*: diálogos em homenagem ao 80º aniversário de J.J. Gomes Canotilho. Belo Horizonte: Fórum, 2021. p. 505-506.

46 RANGEL, Paulo. O modelo e a experiência semipresidencial na Constituição de 1976. *In*: GOMES, Ana Cláudia Nascimento; ALBERGARIA, Bruno; CANOTILHO, Mariana Rodrigues (Coord.). *Direito constitucional*: diálogos em homenagem ao 80º aniversário de J.J. Gomes Canotilho. Belo Horizonte: Fórum, 2021. p. 401-461.

47 Nesse ponto, rememora-se que, mesmo após a revisão constitucional de 1982, todos os requisitos caracterizadores do semipresidencialismo defendidos por Maurice Duverger foram preservados no arranjo institucional português, conforme se depreende da leitura dos seguintes artigos da Constituição: art. 121º (eleição do Presidente de forma direta e por sufrágio universal); art. 133º e art. 134º (poderes significativos destinados ao Presidente); art. 120º e art. 182º (diarquia no Poder Executivo); e art. 191º (responsabilidade política do Primeiro-Ministro perante o Parlamento).

também não se observa na Constituição da Vª República francesa, e se limita ao costume constitucional em casos de confluência, não se aplicando em ciclos de coabitação. E, mesmo diante dessa constatação, não se aventa a impossibilidade de se caracterizar o sistema de governo francês como semipresidencial.[48]

Por outro lado, torna-se evidente a assimetria de responsabilidades existente em Portugal. Isso porque a dupla responsabilidade do Governo ante o Presidente e o Parlamento não tem a mesma intensidade, na medida em que, em relação ao Chefe de Estado, está no âmbito da regularidade institucional e, perante o Parlamento, está situada na confiança política. Assim sendo, ao pender em favor do Parlamento, o semipresidencialismo português demonstra feições mais parlamentares do que presidencialistas, as quais, contudo, não são capazes de retirar sua caracterização como sistema semipresidencial.

A assimetria da responsabilidade governamental no arranjo institucional português é descrita por Marcelo Rebelo de Sousa, no que tange ao relacionamento entre Governo e Parlamento, como responsabilidade política, enquanto, no binômio Governo e Presidente, a responsabilidade deve ser analisada como responsabilidade institucional.[49] No mesmo sentido, Gomes Canotilho e Vital Moreira sintetizam a responsabilidade do Governo em relação ao Presidente como "responsabilidade política difusa ou imperfeita".[50] Portanto, independentemente da denominação, torna-se evidente a assimetria de responsabilidades observada em Portugal após a revisão constitucional de 1982.

Além disso, deve-se abordar nesse ponto, ainda que de forma sintética, tendo em vista que o modelo semipresidencial português será objeto integral de subcapítulo desta obra, a principal nota distintiva do sistema de governo de Portugal: a geometria variável.

Nos demais modelos semipresidenciais, a oscilação do órgão dominante ocorre apenas entre duas instituições, isto é, entre aqueles que compõem o Poder Executivo dual, Presidente e Primeiro-Ministro, como na França, ou entre Primeiro-Ministro e Parlamento, como na Áustria. Por sua vez, em Portugal, três instituições oscilam como órgãos

---

48 MORAIS, Carlos Blanco de. *O sistema político*: no contexto da erosão da democracia representativa. Coimbra: Almedina, 2017. p. 516.

49 SOUSA, Marcelo Rebelo de. *O sistema de governo português*. 4. ed. Lisboa: AAFDL, 1992. p. 67-70.

50 CANOTILHO, J.J. Gomes; MOREIRA, Vital. *Os poderes do presidente da república*. Coimbra: Coimbra, 1991. p. 75.

dominantes, porque, como já foi observado na realidade constitucional,[51] pode prevalecer o Presidente, o Primeiro-Ministro ou o Parlamento, formando uma triangulação na proeminência institucional portuguesa, fenômeno que inexiste nos demais sistemas semipresidenciais.

Feitas essas considerações preliminares acerca do modelo semipresidencial observado em Portugal, caminha-se para a conclusão deste primeiro subcapítulo. Com isso, faz-se necessário rememorar o questionamento que conduziu a análise das noções propedêuticas do sistema semipresidencial de governo, com ênfase em seus atributos caracterizadores, funcionamento e variações, qual seja: o que é o semipresidencialismo?

Em apertada síntese, após terem sido contrastadas as mais diversas conceituações dogmáticas propostas para definir o semipresidencialismo como sistema de governo, adotou-se como referencial teórico as proposições de Maurice Duverger, que define que o semipresidencialismo é configurado a partir da constatação de três atributos caracterizadores: (a) Presidente eleito de forma direta por sufrágio universal e com poderes significativos; (b) Poder Executivo dual no qual se contrapõe ao Presidente um Primeiro-Ministro; e (c) Primeiro-Ministro politicamente responsável perante o Parlamento.

Demonstrou-se também que o semipresidencialismo é um sistema de governo misto, que agrega características do presidencialismo e do parlamentarismo, bem como tem predicados próprios. Além disso, concluiu-se que o semipresidencialismo é um sistema de governo multifacetado, isto é, com diversas variações, de modo que são observados modelos com pendor presidencial e parlamentar. Verificou-se, ainda, que o principal balizador desse posicionamento é a extensão da função governativa atribuída ao Presidente pela Constituição e, principalmente, pela prática constitucional, tendo sido contrastados, em análise inicial, os modelos semipresidenciais observados na França, na Áustria e em Portugal.

Nos dois próximos subcapítulos, serão abordadas as disputas políticas concretas e reais que influenciaram a introdução do

---

[51] Em obra sobre os sistemas políticos, Carlos Blanco de Morais aborda aquilo que denomina de ciclos da geometria variável portuguesa. Em sua visão, a proeminência institucional ficou a cargo do Parlamento nos períodos de 1976-1978, 1979-1982, 1983-1985, 1985-1986, 1995-2002, 2002-2004, 2009-2011 e 2015-2017. Por outro lado, o Primeiro-Ministro prevaleceu nos períodos de 1987-1995, 2005-2009 e 2011-2015. Já o Presidente exerceu papel dominante apenas no período de 1978-1979. MORAIS, Carlos Blanco de. *O sistema político*: no contexto da erosão da democracia representativa. Coimbra: Almedina, 2017. p. 533-570.

semipresidencialismo na França e em Portugal,[52] bem como suas mecânicas institucionais e as metamorfoses observadas nas práticas constitucionais, a partir das seguintes indagações: (a) qual a razão do semipresidencialismo nesses contextos?; (b) quais as características desses modelos semipresidenciais?; (c) como o semipresidencialismo se comporta nessas realidades?; (d) qual o desempenho do semipresidencialismo nesses contextos?; e (e) quais as dificuldades em sua implementação e quais crises já experimentadas?. Pretende-se, a partir dessas indagações, identificar o que o semipresidencialismo responde e o que ele não responde.

1.2 Semipresidencialismo francês: da Vª República à prática constitucional contemporânea

A Vª República francesa, inaugurada com a promulgação da Constituição de 1958, introduziu no arranjo institucional francês o sistema de governo semipresidencial. Assim, torna-se necessária a verificação das disputas políticas concretas e reais que influenciaram a sua introdução na França, de modo a compreender a razão pela qual o semipresidencialismo foi adotado naquele contexto.

A retrospectiva necessária para esse objetivo tem início em 1944, quando da transformação do Comitê de Libertação Nacional da França em Governo Provisório da República francesa. A partir desse momento, a figura de Charles de Gaulle, cada vez mais, passa a assumir papel central no arranjo institucional francês, tendo ele exercido a Presidência do Governo Provisório.[53]

---

[52] Apesar de ter sido analisado anteriormente, bem como preencher todos os requisitos qualificadores de um sistema como semipresidencial, o modelo austríaco não será verticalizado no decorrer do trabalho. Isso porque a prática constitucional austríaca, em especial pela importância do costume naquela realidade institucional, produz arranjo no qual o Presidente exerce papel limitado ao de árbitro e de moderador. Assim, não se mostra condizente com as pretensões e tradições brasileiras, a adoção de modelo semipresidencial com uma redução tão drástica de funções presidenciais como o austríaco, de modo que a análise seguirá os modelos observados na França e em Portugal, que são mais apropriados para o caso brasileiro, razão pela qual o exame irá se centrar nessas realidades institucionais.

[53] Após a saída de Charles de Gaulle da Presidência do Governo Provisório, Félix Gouin foi nomeado para o cargo pela Assembleia Constituinte, tendo presidido de janeiro de 1946 até junho do mesmo ano. Em seguida, o escolhido para o cargo foi Georges Bidault, nele permanecendo apenas entre junho de 1946 e novembro de 1946. Por fim, no interregno entre a aprovação da nova Constituição e a sua entrada em vigor, a Presidência do Governo Provisório coube à Léon Blum.

Em seguida, já em outubro de 1945, coube ao povo francês decidir, por meio de referendo, se seriam mantidas as instituições da IIIª República, bem como se a Assembleia eleita naquela ocasião seria responsável pela elaboração da nova Constituição. O referendo produziu resultados expressivos,[54] tendo consagrado o abandono às instituições da IIIª República e acolhido aquela Assembleia como Constituinte, com a obrigação de conceber o novo texto constitucional em até sete meses e submetê-lo a novo referendo popular para sua devida ratificação.

A Assembleia Constituinte conseguiu cumprir o prazo de sete meses para a elaboração da nova Constituição, a qual foi aprovada em abril de 1946. Entretanto, a população francesa rejeitou esse projeto de Constituição, por maioria apertada,[55] em maio de 1946. Assim, restou necessária a eleição de nova Assembleia Constituinte, que concebeu texto constitucional alternativo, no qual os poderes do Presidente da República foram ainda mais reduzidos, quando comparados com os previstos na Constituição de 1875, bem como o Senado da IIIª República francesa foi transformado em Conselho da República,[56] também com poderes reduzidos. Dessa vez, o projeto de Constituição foi aprovado em referendo ocorrido em outubro de 1946, em nova formação de maioria popular apertada,[57] mas com resultado diverso ao de maio de 1946.

---

[54] O referendo popular de 21 de outubro de 1945 convocava o eleitor a responder dois questionamentos, em respostas de sim ou não. São eles, em tradução livre: a. você quer que a Assembleia eleita hoje seja Constituinte?; e b. caso tenha votado sim no primeiro questionamento, você aprova que o poder público seja, até a entrada em vigor da nova Constituição, organizado de acordo com as disposições do projeto cujo texto consta no verso deste boletim?. Os resultados foram expressivos, tendo sido a primeira pergunta aprovada por 96% dos eleitores, enquanto a segunda foi acolhida por 65% dos eleitores. Disponível em: https://www.ina.fr/ina-eclaire-actu/video/afe86003305/la-france-a-vote-elections-legislatives-et-referendum. Acesso em: 25 maio 2022.

[55] O referendo popular de 5 de maio de 1946 produziu como resultado a rejeição de 53% dos eleitores franceses ao projeto do novo texto constitucional. Disponível em: https://www.ina.fr/ina-eclaire-actu/video/afe02015313/votes-pour-le-referendum-du-5-mai-1946. Acesso em: 24 maio 2022.

[56] Jorge Miranda, ao tratar das modificações apresentadas na IVª República francesa em relação à IIIª, sustenta que "de novo só trouxe o reforço do papel do Presidente do Conselho em relação aos Ministros, a substituição do Senado por um Conselho da República de poderes reduzidos e a criação de um tímido *Comité* Constitucional, com competência respeitante à inconstitucionalidade". MIRANDA, Jorge. *Teoria do estado e da constituição*. Rio de Janeiro: Forense, 2015. p. 104.

[57] Em nova maioria apertada, o referendo popular de 13 de outubro de 1946 produziu como resultado a aprovação de 53,6% dos eleitores franceses ao projeto do novo texto constitucional. Disponível em: https://www.ina.fr/ina-eclaire-actu/video/afe85001709/le-referendum-du-13-octobre-est-adopte. Acesso em: 24 maio 2022.

Ressalte-se que Charles de Gaulle se opunha publicamente ao texto constitucional submetido a referendo popular em outubro de 1946, por compreender que os poderes destinados ao Presidente deveriam ser, em verdade, ampliados, fortalecendo, assim, o papel institucional da Presidência da República na França.

A sua visão do que deveria ser o novo arquétipo constitucional francês foi integralmente concebida em discurso proferido no dia 16 de junho de 1946 em Bayeux.[58] Nessa manifestação pública, sustentou a implementação na França de um sistema de governo com um Poder Executivo bicéfalo, no qual:

> Compete ao chefe de Estado garantir o interesse geral; a ele compete a missão de nomear os ministros e, em especial, é claro, o Primeiro-Ministro, que terá de dirigir a política e o trabalho do governo; caberá, ainda, ao chefe do Estado a função de promulgar as leis e expedir os decretos; além disso, presidirá os conselhos do governo e neles exercerá aquela influência de continuidade que uma nação não pode prescindir; por fim, será de sua competência a atuação como árbitro acima das contingências políticas, seja normalmente pelo conselho, seja, em momentos de grave crise institucional, convocando o país a dar, por meio de eleições, sua decisão soberana.[59]

Como já apontado, não obstante a oposição expressa de Charles de Gaulle, a nova Constituição foi aprovada e, posteriormente, promulgada, no dia 27 de outubro de 1946, passando a vigorar a partir de janeiro de 1947. Iniciou-se, assim, a IVª República francesa, regida por um sistema de governo parlamentar, sendo, mais especificamente, expoente da modalidade do parlamentarismo de assembleia.[60]

---

58 A íntegra do discurso proferido por Charles de Gaulle em Bayeux está disponível em: https://www.elysee.fr/la-presidence/le-discours-de-bayeux-194. Além disso, é possível acessar o vídeo dessa manifestação em: https://www.ina.fr/ina-eclaire-actu/video/afe99000039/discours-de-bayeux. Acessos em: 10 maio 2022.

59 Tradução livre de parte do discurso proferido em Bayeux por Charles de Gaulle, que está disponível em: https://www.elysee.fr/la-presidence/le-discours-de-bayeux-194. Acesso em: 10 maio 2022.

60 Jean Gicquel bem descreve o cenário político e institucional francês na transição da IVª para a Vª República, demonstrando ser observado, durante a vigência da Constituição de 1946, um típico parlamentarismo de assembleia. GICQUEL, Jean. Chronique institutionnelle élémentaire de la Vª République. *Pouvoirs*, v. 4, p. 77-88, 1982. Ver também: MORAIS, Carlos Blanco de. *O sistema político*: no contexto da erosão da democracia representativa. Coimbra: Almedina, 2017. p. 337.

Observava-se, na prática constitucional da IVª República francesa, a ausência, quase total, de poderes destinados ao Presidente da República[61] e a fragilidade institucional e política decorrente da alta fragmentação partidária no Parlamento,[62] explicitada pela formação de vinte e dois governos em apenas doze anos.[63] Além disso, patentes eram as necessidades de reconstrução na França no período posterior à Segunda Guerra Mundial, acrescidas dos impactos da guerra fria e da descolonização.[64]

Não fosse o bastante, verificava-se um bicameralismo desajustado, no qual a predominância da Assembleia Nacional em relação ao Conselho da República era absoluta.[65] O modelo da IVª República demonstrava-se ainda mais disfuncional quando analisada a assimetria entre os poderes conferidos à Assembleia Nacional e ao Governo, uma vez que o órgão legislativo tinha a competência para retirar, de forma simplificada, o Governo, enquanto o poder de dissolução da Assembleia

---

[61] A Constituição francesa de 1946 retirou do Presidente da República praticamente a integralidade dos poderes que eram conferidos ao Chefe de Estado pelo texto constitucional anterior de 1875. Esses poderes foram destinados ao Presidente do Conselho, que era politicamente responsável apenas perante a Assembleia Nacional. Além disso, em razão de sua curta duração (1947-1958), a IVª República francesa teve apenas dois Presidentes da República, são eles: Vincent Auriol e René Coty.

[62] O sistema eleitoral proporcional nas eleições legislativas impossibilitava a formação de maiorias homogêneas, produzindo, consequentemente, fortes e constantes crises institucionais.

[63] A Presidência do Conselho de Ministros nos vinte e dois governos da IVª República foi exercida por: Paul Ramadier; Robert Schuman; André Marie; Robert Schuman pela segunda vez; Henri Queuille; Georges Bidault; Henri Queuille novamente; René Pleven; Henri Queuille pela terceira vez; novamente René Pleven; Edgar Faure; Antoine Pinay; René Mayer; Joseph Laniel; novamente Joseph Laniel após a transição da Presidência da República de Vicent Auriol para René Coty; Pierre Mendès France; Edgar Faure pela segunda vez; Guy Mollet; Maurice Bourgès-Maunoury; Félix Gaillard; Pierre Pflimlin; e Charles de Gaulle. É digno de nota que, nesse período, apenas dois governos – conduzidos por Henri Queuille e Guy Mollet – foram mantidos por mais de um ano. Além disso, três governos fracassaram em menos de quinze dias, são eles: segundo governo de Robert Schuman (dois dias); segundo governo de Henri Queuille (dois dias); e primeiro e único governo de Pierre Pflimlin (quatorze dias).

[64] As guerras coloniais ocorridas nos anos de 1950 foram elementos catalizadores da crise institucional e política observada na IVª República francesa, tendo sido a guerra da Argélia a com maiores consequências ao arranjo institucional francês.

[65] O caráter absoluto da predominância da Assembleia Nacional perante o Conselho da República é observado a partir da constatação de que, no período entre 1947 a 1954, o Conselho da República exercia, apenas e tão somente, funções consultivas em relação às temáticas legislativas. Além disso, mesmo após a revisão constitucional de 1954, a prevalência da Assembleia Nacional não foi retirada. Isso porque, muito embora tenha sido conquistada a retomada da competência legislativa própria do Conselho da República, sendo as questões encaminhadas para deliberação nas duas Casas, a última palavra, em caso de embate, caberia à Assembleia Nacional.

Nacional por parte do Governo era restrito, tendo sido realizado em apenas uma ocasião, quando do governo de Edgar Faure em 1955.[66]

Constatava-se, ainda, que a alta fragmentação partidária existente no Parlamento impossibilitava que o Presidente do Conselho de Ministros representasse uma maioria estável, bem como dificultava a verificação da alternância política. Nesse contexto de inexistência de forças políticas claras com condições de formar uma maioria estável, esvaziava-se a principal faceta da dissolução do órgão legislativo: a possibilidade de transferência ao eleitorado do poder de decidir o conflito em favor do Governo ou em favor da Assembleia Nacional. Desse modo, a dissolução do Parlamento por parte do Governo tinha óbices procedimentais e práticos.

Além disso, não obstante a constante formação de novos governos, a guerra da Argélia não pôde ser controlada, e a duração da intervenção militar francesa foi ampliada, em 1957, de 18 para 30 meses, tendo sido verificado que o esforço de guerra superou 400 mil soldados de forma simultânea nesse período.

Nessa perspectiva, Jean Charlot[67] sintetiza as problemáticas observadas no arranjo institucional francês da IVª República a partir de três alicerces: a) instabilidade política; b) fraqueza do Poder Executivo; e c) irresponsabilidade política dos partidos.

A instabilidade política é demonstrada por Charlot pela constatação de que foram vinte e dois Presidentes do Conselho de Ministros em apenas doze anos da IVª República, período em que a duração média dos Governos era de seis meses.

Por sua vez, a fraqueza do Poder Executivo é atribuída pelo autor à personalidade do chefe do Executivo na IVª República, na medida em que – nesses doze anos – o arranjo institucional não permitiu que fossem

---

66 A assimetria entre os poderes conferidos à Assembleia Nacional e ao Governo fica evidenciada quando contrastadas as suas hipóteses de ocorrência. Isso porque, de acordo com os artigos 49º e 50º da Constituição francesa de 1946, a Assembleia Nacional detinha o poder de retirar o Governo ao rejeitar moção de confiança ou promover moção de censura, sendo, nas duas ocasiões, necessária apenas a maioria absoluta de seus membros para sua aprovação. Por sua vez, nos termos do artigo 51º da Constituição francesa de 1946, o poder de dissolução da Assembleia Nacional por parte do Governo era amplamente restrito, devendo ser realizado por decreto do Conselho de Ministros, após a manifestação do Presidente da Assembleia Nacional. Além disso, eram consideradas condições indispensáveis para o exercício desse poder: (a) a dissolução somente poderá ser realizada após transcorridos dezoito meses da legislatura; (b) deverão ter ocorrido ao menos duas crises ministeriais sucessivas em dezoito meses; e (c) as referidas crises ministeriais resultam da promoção de moção de censura ao Governo.

67 CHARLOT, Jean. La Vª République: une mutation politique. *Pouvoirs*, v. 4, p. 107-116, 1982.

alçados ao cargo de Presidente do Conselho de Ministros políticos com forte autoridade, especialmente aqueles que tinham ampla popularidade. A compreensão era a de que deveriam, apenas e tão somente, exercer função neutralizadora, e não deveriam ter capacidade de ação política fundamental. Assim, Jean Charlot contrasta as personalidades de Pierre Mendès France com a de Charles de Gaulle para justificar o sucesso efêmero de um e duradouro do outro.[68]

No que toca ao último alicerce das problemáticas da IVª República francesa identificadas pelo referido autor – a irresponsabilidade política dos partidos –, verifica-se que essa disfuncionalidade se manifestava pela dificuldade de se identificar a maioria e a oposição parlamentar. Ademais, as agremiações políticas visavam o poder sem ter responsabilidade, de modo que participavam do Governo, mas não endossavam suas políticas e não eram participes de eventuais fracassos.

Essa conjunção de fatores conduziu o arranjo institucional francês à beira do colapso democrático. Com vistas a restaurar o devido funcionamento das instituições democráticas, formou-se uma aliança entre as mais diversas agremiações políticas francesas com o objetivo de que Charles de Gaulle voltasse a ser figura central do tabuleiro político francês, exercendo a chefia de governo. Em junho de 1958, Charles de Gaulle assume a Presidência do Conselho de Ministros e, nos dias subsequentes a sua investidura no cargo, foi aprovada lei constitucional que lhe concedia poderes para que conduzisse a elaboração de nova Constituição.[69]

A elaboração do novo texto constitucional ficou a cargo do então Ministro da Justiça, Michel Debré, e retomava as ideias sustentadas por Charles de Gaulle já em 1946, quando da oposição formulada ao projeto de Constituição que estava sendo submetido a referendo popular. A ampliação dos poderes destinados ao Presidente da República e o

---

[68] Pierre Mendès de France é considerado uma das maiores personalidades políticas da história francesa. Todavia, sua Presidência no Conselho de Ministro foi breve, tendo durado apenas duzentos e trinta dias (junho de 1954 até fevereiro de 1955), justificando-se, assim, o argumento de Jean Charlot no sentido de que o arranjo institucional da IVª República não permitia a ascensão de políticos com forte autoridade e ampla popularidade à chefia do Poder Executivo. CHARLOT, Jean. La Vª République: une mutation politique. *Pouvoirs*, v. 4, p. 107-116, 1982. p. 109.

[69] A lei constitucional aprovada em 3 de junho de 1958, muito embora concedesse poderes ao governo de Charles de Gaulle para elaborar a nova Constituição, estabelecia certas limitações, determinando condições materiais e processuais a serem respeitadas, dentre as quais se destacam: (a) o sufrágio universal; (b) a separação do Poder Executivo do Poder Legislativo; e (c) a responsabilidade do Governo perante o Parlamento.

consequente fortalecimento de seu papel institucional eram os principais pilares defendidos por Charles de Gaulle.[70]

Vale lembrar que a tramitação da nova Constituição foi bastante célere, pois o trabalho constitucional foi iniciado em junho de 1958, tendo sido o texto definitivo submetido a referendo popular[71] no dia 28 de setembro de 1958, e a nova Constituição promulgada em outubro do mesmo ano. Além disso, destaca-se que, diferentemente dos referendos da IVª República francesa, o resultado da consulta popular de 1958 foi significativo em favor da nova Constituição, tendo sido apoiada por cerca de 82% dos eleitores.[72]

Ato contínuo à aprovação em referendo popular, a Constituição da Vª República francesa foi promulgada no dia 4 de outubro de 1958, introduzindo no arranjo institucional francês o sistema de governo semipresidencial, cujo objetivo precípuo era assegurar o fortalecimento do papel institucional do Presidente da República e, ao mesmo tempo, produzir maior estabilidade ao Governo, fatores que inexistiam no arranjo institucional da IVª República francesa e que contribuíram para o seu colapso.

Há de se destacar também a discussão em torno da legalidade e da legitimidade da IVª e Vª Repúblicas francesas. Na visão de Jean Gicquel,[73] as instituições da IVª República foram concebidas a partir de um referendo, enquanto as da Vª República decorrem de um golpe

---

70 Jean Gicquel retrata – em artigo já citado – os acontecimentos referentes ao retorno de Charles de Gaulle ao protagonismo institucional francês, com especial ênfase na aprovação da lei constitucional de 1958 e o papel exercido por Michel Debré na condução dos trabalhos de elaboração do novo texto constitucional. GICQUEL, Jean. Chronique institutionnelle élémentaire de la Vª République. *Pouvoirs*, v. 4, p. 77-88, 1982.

71 O referendo popular foi objeto de constante debate na França desde o Iluminismo, tendo sido, à época, contrastados os posicionamentos de Montesquieu e Rousseau sobre o tema. O referendo teve o seu procedimento consagrado pela vez primeira na Constituição francesa de 1793, especificamente em seu artigo 59º. Entretanto, como destacado por Patrick Taillon, a prática do referendo foi desacreditada após a aplicação excessiva nos períodos do Consulado, do Império e do Segundo Império, de modo que foi sistematicamente excluído na Terceira e na Quarta Repúblicas francesas, com a exceção dos já mencionados referendos de 1945 e 1946, que foram realizados após o final da Segunda Guerra Mundial e tinham por objetivo restaurar a ordem republicana. Ao continuar sua abordagem acerca dos referendos na França, Patrick Taillon conclui que o referendo apenas retomou sua importância quando da ratificação da Constituição da Vª República. TAILLON, Patrick. Le référendum, angle mort du républicanisme à la française. *Pouvoirs*, v. 175, n. 4, p. 57-68, 2020.

72 O referendo popular não se limitou à França, tendo sido submetido também à população dos territórios franceses além-mar, tais como Argélia e Guiné. Há de se destacar que o novo texto somente foi rejeitado em Guiné, o que causou, como consequência, a sua independência.

73 GICQUEL, Jean. La Vª République: primauté présidentielle ou fait majoritaire?. *Pouvoirs*, v. 4, p. 124, 1982.

de Estado perpetrado em Argel, capital da Argélia, sendo a primeira consonante com a legalidade, e a segunda não. Aponta, ainda, que, em sua visão, o referendo popular de setembro de 1958 foi capaz de expurgar a ilegitimidade inicial da Vª República e que, por outro lado, a IVª República seguiu caminho contrário em relação à legitimidade, na medida em que os partidos políticos foram gradualmente retirando a sua legitimidade inicial. Conclui, todavia, ser descabida a compreensão de que a Vª República prevalece sobre a IVª República no que tange à legalidade e à legitimidade.

Ao abordar o tema, Jean Charlot[74] concorda com Jean Gicquel no sentido de que a legalidade da IVª República francesa é indiscutível e que sua legitimidade deve ser analisada, chegando à conclusão de que o arranjo institucional da IVª República foi claramente atingido pela ilegitimidade em seu transcurso. Afirma, ainda, que, em sua visão, a Vª República francesa, apesar de ter legalidade questionável, foi capaz de forjar legitimidade ampla, concluindo, nessa análise, que deve prevalecer a legitimidade sobre a legalidade. Por essa razão, discorda de Gicquel e entende que a Vª República deve prevalecer em relação à IVª República.

Feita essa digressão acerca da legalidade e da legitimidade da IVª e Vª Repúblicas francesas, retoma-se a análise dos acontecimentos subsequentes à promulgação da Constituição de 1958. As primeiras eleições legislativas[75] e presidenciais da Vª República ocorreram nos meses subsequentes à promulgação do novo texto constitucional, respectivamente, em novembro e dezembro daquele ano. Como resultado desses pleitos eleitorais, Michel Debré[76] se tornou Primeiro-Ministro,

---

[74] CHARLOT, Jean. La Vª République: primauté présidentielle ou fait majoritaire?. *Pouvoirs*, v. 4, p. 125, 1982.

[75] As eleições legislativas de novembro de 1958 foram apenas para a Assembleia Nacional, na medida em que os mandatos dos membros do Conselho da República, transformado pela Constituição de 1958 em Senado, foram estendidos até abril de 1959, mês no qual foi realizada a respectiva eleição legislativa.

[76] Michel Debré se tornou Primeiro-Ministro como representante do partido *Union pour la Nouvelle République* (*UNR*) – que tem como tradução livre ao português "União para a Nova República" e orientação política de direita –, após a vitória dessa agremiação política nas eleições legislativas de 1958.

e Charles de Gaulle[77] o Presidente da República, tendo eles derrotado, por ampla maioria,[78] Georges Maranne[79] e Albert Châtelet.[80]

A redação original da Constituição de 1958 previa a eleição para Presidente da República por intermédio de colégio eleitoral formado por deputados, senadores, membros das assembleias e dos conselhos gerais dos territórios franceses além-mar, e representantes dos conselhos municipais,[81] que totalizavam, quando da primeira eleição presidencial, 81.764 eleitores.

Esse mecanismo de eleição presidencial por intermédio do referido colégio eleitoral logo foi objeto de revisão constitucional capitaneada por Charles de Gaulle. Assim, alterou-se o artigo 6º da Constituição, passando-se a prever a eleição direta e por sufrágio universal para o cargo de Presidente da República. A partir da nova redação, ampliaram-se de

---

77 Charles de Gaulle foi eleito para a Presidência da República como candidato do *Union pour la Nouvelle République –(UNR)*, que tem como tradução livre ao português "União para a Nova República" e orientação política de direita.

78 Charles de Gaulle obteve 62.394 votos (78,51%), enquanto os demais votos foram divididos entre Georges Marrane e Albert Châtelet, que receberam, respectivamente, 10.355 votos (13,03%) e 6.721 votos (8,46%).

79 Candidato à Presidência pelo *Parti Communiste Français – PCF*, que tem como tradução livre ao português "Partido Comunista" e orientação partidária de extrema esquerda.

80 Candidato à Presidência pelo *Union des Forces Démocratiques (UFD)*, que tem como tradução livre ao português "União das Forças Democráticas" e orientação ideológica de esquerda moderada.

81 Tradução livre da redação original do artigo 6º da Constituição francesa de 1958: O Presidente da República é eleito para mandato de sete anos por um colégio eleitoral composto pelos membros do Parlamento, dos conselhos gerais e das assembleias dos territórios franceses além-mar, bem como pelos representantes eleitos pelos conselhos municipais.
Esses representantes são:
- o prefeito dos municípios com menos de 1.000 habitantes;
- o prefeito e o primeiro deputado para municípios de 1.000 a 2.000 habitantes;
- o prefeito, o primeiro deputado e um vereador por ordem da tabela para os municípios de 2.001 a 2.500 habitantes;
- o prefeito e os dois primeiros deputados para municípios de 2.501 a 3.000 habitantes;
- o prefeito, os dois primeiros deputados e três conselheiros municipais por ordem da tabela para municípios de 3.001 a 6.000 habitantes;
- o prefeito, os dois primeiros deputados e seis conselheiros municipais por ordem da tabela para municípios de 6.001 a 9.000 habitantes;
- todos os vereadores dos municípios com mais de 9.000 habitantes;
- além disso, para municípios com mais de 30.000 habitantes, delegados nomeados pelo conselho municipal na proporção de um para 1.000 habitantes além de 30.000.
Nos Territórios além-mar da República, os representantes eleitos dos conselhos das comunidades administrativas integram também o colégio eleitoral nas condições determinadas por lei orgânica.
A participação dos Estados-membros da Comunidade no colégio eleitoral do Presidente da República é fixada por acordo entre a República e os Estados-membros da Comunidade.
Os métodos de aplicação deste artigo são fixados por lei orgânica.

forma significativa os poderes do Presidente, na medida em que sua legitimidade passou a decorrer diretamente do desejo do povo francês.

A justificativa dada por Charles de Gaulle como condutora dessa revisão constitucional, expressada em discurso proferido em rádio e televisão direcionado ao povo francês em 20 de setembro de 1962, foi a de que a redação original do texto constitucional não mais supria as necessidades dos tempos modernos, sendo necessária a formalização de um acordo direto entre o povo e o responsável pela sua condução e liderança. Assim, deveria ser realizada a alteração das eleições presidenciais para um modelo de sufrágio direto e universal.[82]

Há que se destacar que a revisão constitucional de 1962 produziu incessantes debates, os quais não se limitaram ao plano político, envolvendo também questionamentos jurídicos acerca do procedimento adotado para tanto. Do ponto de visto jurídico, deve-se destacar que a Constituição francesa prevê, no artigo 89º, a possibilidade de revisão constitucional. Entretanto, a revisão de 1962 foi a única das 24 já realizadas que não utilizou dessa previsão constitucional, tendo sido aplicado o rito previsto no artigo 11º, ou seja, a submissão a referendo popular. Para os opositores de Charles de Gaulle, a utilização do artigo 11º em detrimento do artigo 89º, ambos da Constituição, viola o procedimento de revisão constitucional.[83]

Ao analisar os desdobramentos jurídicos da revisão constitucional de 1962, Michel Bouissou sustenta que Charles de Gaulle utilizou do referendo popular como instrumento para superar a resistência do Parlamento e incrementar sua autoridade pessoal a partir de alteração do texto constitucional, em dissonância com o procedimento comum previsto no artigo 89º da Constituição francesa.[84]

Paul Reynaud, importante político francês, que teve destaque principalmente na IIIª República francesa – quando chegou a exercer a função de Presidente do Conselho de Ministros no ano de 1940 –, manifestou-se perante a Assembleia Nacional apontando as violações jurídicas dessa revisão constitucional. Em sua visão, ao assim proceder-se, retirava-se

---

[82] O discurso proferido por Charles de Gaulle no dia 20 de setembro de 1962 está disponível no *site* do Senado francês: https://www.senat.fr/evenement/revision/allocution_20091962.html. Acesso em: 27 maio 2022.

[83] BERLIA, Georges. Le problème de la constitutionnalité du référendum du 28 octobre 1962. *Revue du Droit Public et de la Science Politique*, v. 78, p. 936-946, 1962.

[84] BOUISSOU, Michel. La pratique référendaire en France. *Revue Internationale de Droit Compare*, v. 28, n. 2, p. 265-286, 1976. p. 266.

aquela que seria a principal característica do texto constitucional submetido a referendo popular em 1958: a estabilidade. Isso porque, de acordo com a Constituição de 1958, as revisões constitucionais deveriam ser encaminhadas para votação nas duas Casas legislativas, para, assim, permitir um debate contraditório, amplo e público, capaz de instruir a população e permitir o voto consciente. Essa previsão foi, contudo, alijada pelo comportamento de Charles de Gaulle.[85]

No mesmo sentido, Gaston Monnerville, então Presidente do Senado francês e principal opositor da revisão constitucional de 1962, sustentou, perante o Senado, que o equilíbrio entre os poderes estava ameaçado. Naquela oportunidade, apontou que a referida alteração constitucional, em desrespeito ao procedimento previsto no artigo 89º da Constituição, concederia um poder onipotente, incontrolável e irresponsável ao Chefe de Estado, violando toda a equação democrática concebida em 1958.[86]

Sob o prisma político, quando anunciada a intenção de alterar o artigo 6º da Constituição, lideranças de diversos partidos apresentaram moção de censura em relação ao Governo de Georges Pompidou, moção esta que restou aprovada.[87] Entretanto, ao ser comunicado do pedido de demissão do Governo, Charles de Gaulle decidiu dissolver a Assembleia e determinou que o Governo fosse mantido enquanto não concluídas as novas eleições legislativas.

É digno de nota que a revisão constitucional foi submetida a referendo popular dias antes das novas eleições legislativas, tendo prevalecido, por ampla maioria,[88] o voto em favor da alteração do artigo 6º da Constituição. Em seguida, o grupo político liderado por Charles de Gaulle se sagrou vitorioso nas eleições legislativas de 1962,

---

85 A manifestação proferida na Assembleia Nacional por Paul Reynaud no dia 4 de outubro de 1962 está disponível em: https://www.senat.fr/evenement/revision/debatan_04101962.html. Acesso em: 27 maio 2022.

86 O discurso de Gaston Monnerville ao Senado, ocorrido em 9 de outubro de 1962, está disponível em: https://www.senat.fr/evenement/revision/monnerville_09101962.html. Acesso em: 27 maio 2022.

87 A moção de censura aprovada em relação ao Governo de Georges Pompidou foi a única até hoje a ser adotada na Vª República francesa. Isso porque a estabilidade governamental foi ampliada pelo texto constitucional de 1958, de modo que são restritas as hipóteses nas quais o Governo pode ser derrubado pela Assembleia Nacional, conforme previsão dos artigos 49 e 50 da Constituição.

88 O referendo ocorrido no dia 28 de outubro de 1962 produziu o seguinte resultado eleitoral: 13.150.516 votos a favor da alteração da eleição do Presidente da República para o sufrágio universal e 7.974.538 votos contrários à referida modificação no texto constitucional.

obtendo maioria absoluta na Assembleia Nacional. Assim, a demissão do Governo de Georges Pompidou formulada anteriormente foi aceita, mas logo em seguida o próprio Georges Pompidou foi renomeado Primeiro-Ministro, em consonância com o resultado eleitoral.

Nessa perspectiva, Charles de Gaulle se sagrou vitorioso no seu objetivo de fortalecer ainda mais o papel institucional do Presidente da República, transformando-o em verdadeira pedra fundamental do regime constitucional francês. Isso porque, com a introdução do sufrágio universal na eleição presidencial e a consequente ampliação do colégio eleitoral, maior importância passou a ter o eleito para o cargo.

Jacques Julliard[89] sustenta que a revisão constitucional de 1962, ao conceber o sufrágio universal e direto na eleição presidencial, transformou o chefe de Estado no único símbolo da legitimidade histórica francesa. Assim, em sua visão, não mais se trata de uma posse para o exercício do mandato presidencial, mas de uma verdadeira coroação.

A Constituição de 1958 dedicou ao Presidente da República o seu Título II, abarcado pelos artigos 5º ao 19º, definindo que caberá ao Presidente da República assegurar o cumprimento da Constituição, o regular funcionamento dos poderes públicos e a continuidade do Estado. Além disso, deverá garantir a independência nacional, a integridade territorial e o respeito aos tratados.

A duração do mandato presidencial e a possibilidade de reeleição, previstas no artigo 6º da Constituição francesa, também foram objeto de revisões constitucionais, ocorridas, respectivamente, em outubro de 2000[90] e julho de 2008.[91] Com essas alterações, o mandato presidencial foi reduzido de sete para cinco anos, bem como restou introduzida a limitação de, apenas e tão somente, dois mandatos presidenciais consecutivos.

Há de se destacar, especificamente no que tange à redução do mandato presidencial, o discurso proferido pelo então Presidente da República, Jacques Chirac, no dia 6 de julho de 2000. Nessa oportunidade, o chefe de Estado, que detinha o direito de concorrer à reeleição

---

89 JULLIARD, Jacques. La tentation du prince-président. *Pouvoirs*, v. 41, p. 27-36, 1987.

90 A revisão constitucional de 2000, responsável pela redução do mandato presidencial de sete para cinco anos, foi apresentada à Assembleia Nacional pelo ex-Presidente Valery Giscard d'Estaing em maio daquele ano.

91 A revisão constitucional de julho de 2008 foi a vigésima quarta alteração na Constituição de 1958 e, até o presente momento, a última. Tinha por objetivo modernizar as instituições da Vª República francesa e promoveu modificações em grande parte dos dispositivos constitucionais.

presidencial em 2002 e, consequentemente, de exercer o cargo por mais sete anos, despiu-se de seus interesses particulares para incentivar a aprovação desse referendo pela população francesa, tendo em vista que compreendia que a redução do mandato presidencial era medida necessária e desejável. Em síntese, sustentou que intervalos menores para a escolha daquele que presidirá os destinos da França produziria maior fôlego democrático à nação, adaptando-a, assim, ao ritmo dos novos tempos.[92]

Em relação aos poderes conferidos ao Presidente da República, a Constituição de 1958 foi expressa ao prever, no artigo 19º, os poderes específicos e os poderes partilhados. Os poderes específicos são aqueles que podem ser praticados pelo Presidente por sua discricionariedade, de modo que são exercidos livremente em ciclos de confluência e de coabitação. A nomeação do Primeiro-Ministro e a declaração de dissolução da Assembleia Nacional são exemplos de poderes presidenciais específicos, que estão previstos, respectivamente, nos artigos 8º e 12º do texto constitucional francês.

Por sua vez, os poderes partilhados são aqueles que devem ser referendados pelo Primeiro-Ministro ou pelo Ministro responsável pela preparação e aplicação do referido ato presidencial. Isso significa ser necessária a composição de acordo entre o Presidente e o chefe de Governo, de modo que os poderes partilhados serão de predominância presidencial em ciclos de confluência, mas serão restringidos em ciclos de coabitação. A nomeação dos demais Ministros que compõem o Governo, prevista no artigo 8º, e a concessão de indulto individual, enunciada no artigo 17º, são exemplos de poderes partilhados.

Além dos poderes presidenciais já mencionados, a Constituição francesa prevê também, em seu artigo 16º, a possibilidade do exercício de poderes excepcionais por parte de seu Presidente. E vale lembrar que Charles de Gaulle, então no exercício da Presidência do Conselho de Ministros, explicitou, em manifestação dirigida ao Comitê Consultivo Constitucional, datada de 8 de agosto de 1958, que a razão pela qual se fazia necessária a previsão de poderes excepcionais no texto constitucional à época concebido era a de evitar-se a repetição dos acontecimentos

[92] O referido discurso de Jacques Chirac está disponível em: https://www.conseil-constitutionnel.fr/referendum-sur-le-quinquennat/allocution-televisee-du-president-de-la-republique. Acesso em: 27 maio 2022.

decorrentes da crise de 1940, quando restou impossibilitado o regular funcionamento dos poderes republicanos.[93]

Assim sendo, os poderes excepcionais fazem parte dos poderes específicos do Presidente da República, de modo que podem ser exercidos por discricionariedade do chefe de Estado, independentemente de aval do Primeiro-Ministro ou de qualquer outro Ministro. Sua aplicação, todavia, pressupõe o preenchimento de requisitos formais e substantivos.

No âmbito dos requisitos formais, é imprescindível a consulta oficial, por parte do Presidente da República, ao Primeiro-Ministro, aos Presidentes da Assembleia Nacional e do Senado, assim como ao Conselho Constitucional. Além disso, caberá ao Presidente da República informar a nação francesa que os poderes excepcionais estão sendo implementados.

Por sua vez, os requisitos substantivos são devidamente preenchidos nas seguintes circunstâncias: (a) ocorrência de grave e imediata ameaça às instituições da República, à independência da nação, à integridade do território francês ou à execução de seus compromissos internacionais; e (b) interrupção do regular funcionamento dos poderes públicos.

Denota-se da leitura dos requisitos substantivos que os poderes excepcionais devem ser exercidos pelo Presidente da República com a maior brevidade possível, almejando cumprir com celeridade seu objetivo, seja na busca pela cessação da grave e imediata ameaça, seja na retomada do regular funcionamento dos poderes públicos. Além da referida limitação temporal, o texto constitucional francês prevê também a impossibilidade de dissolução da Assembleia Nacional enquanto perdurar a aplicação dos poderes excepcionais.

Ainda na perspectiva da distribuição dos poderes no arranjo institucional francês, torna-se essencial demonstrar a repartição dos poderes nesse Executivo bicéfalo, consagrado na Constituição de 1958. A divisão dos poderes entre os chefes de Estado e de Governo, bem como suas interações, são abordadas nos artigos 5º, 15º, 20º e 21º do referido texto constitucional.

---

93 A manifestação proferida por Charles de Gaulle ao Comitê Consultivo Constitucional em 8 de agosto de 1958 está disponível em: https://www.lumni.fr/article/interventions-du-general-de-gaulle-president-du-conseil-en-1958. Acesso em: 29 abr. 2022.

Entretanto, a literalidade da Constituição se difere em muito da prática constitucional francesa. Isso porque o artigo 5º enuncia que o Presidente da República exercerá papel de árbitro institucional, devendo velar pelo respeito à Constituição e assegurar o regular funcionamento dos poderes republicanos, assim como garantir a continuidade do Estado, a sua independência nacional, a sua integridade territorial e o respeito aos compromissos internacionais. Por outro lado, o artigo 20º dispõe que caberá ao Governo determinar e conduzir a política francesa.

Como já destacado anteriormente, na prática constitucional, o que se observa, é a prevalência do Presidente da República, razão pela qual o semipresidencialismo concebido na França é de pendor presidencial[94]. Assim, verifica-se que a literalidade do texto constitucional é cumprida apenas nos ciclos de coabitação, nos quais o Primeiro-Ministro se contrapõe ao Presidente da República e tem a capacidade de limitar os poderes destinados ao chefe de Estado àqueles previstos na Constituição.

Também nesse sentido, os artigos 15º e 21º regulam as interações entre os chefes de Estado e de Governo, especificamente em relação ao exercício da defesa nacional e de comando das forças armadas francesas. Novamente, observa-se, na prática constitucional francesa, o predomínio do Presidente da República, que exerce papel central nessas temáticas em situações de confluência e de coabitação.

A temática referente à distinção entre a literalidade da Constituição e sua observância na prática constitucional é abordada por Charles de Gaulle em conferência de imprensa ocorrida no dia 31 de janeiro de 1964.[95] Nessa oportunidade, explicitou que a compreensão em torno de determinado texto constitucional deve ser dividida em três momentos: espírito, instituições e prática.

---

94 Carolina Lisboa, em obra dedicada às normas constitucionais não escritas, elucida que a prática consuetudinária desempenha papel fundamental na história constitucional francesa. A autora constata que, muito embora o texto constitucional de 1958 seja detalhado, o que "dificultaria o desenvolvimento de práticas costumeiras", o texto é em verdade considerado "ambíguo e contraditório", não correspondendo, "na visão de alguns, ao 'espírito de seus inspiradores'", tendo sido essa a razão central para que fosse possibilitada a "preponderância do Presidente da República com o incremento de diversas práticas distantes dos artigos constitucionais fiéis ao princípio parlamentar", permitindo-se, concluir, a partir de dialogo com as concepções de Chevalier, que o Presidente francês é "'a pedra de toque das instituições e o único detentor da autoridade do Estado'.". LISBOA, Carolina. *Normas constitucionais não escritas*. Almedina: São Paulo, 2014. p. 99.

95 A conferência de imprensa realizada por Charles de Gaulle no dia 31 de janeiro de 1964 está disponível em: https://fresques.ina.fr/de-gaulle/fiche-media/Gaulle00382/conference-de-presse-du-31-janvier-1964.html. Acesso em: 2 maio 2022.

O espírito decorre da necessidade de conferir aos poderes públicos eficiência, estabilidade e responsabilidade, o que, no contexto francês, inexistia na IIIª e IVª Repúblicas. As instituições, por sua vez, referem-se à distribuição dos poderes, que tem sido, ainda na visão de Charles de Gaulle à época, repartidos em consonância com as previsões do texto constitucional.[96] Por fim, a prática é destacada como fator variável, visto que depende do comportamento humano e das circunstâncias fáticas às quais a sociedade está submetida.[97]

Feitas essas considerações em relação ao Executivo bicéfalo da França, passa-se a analisar o seu Poder Legislativo. É digno de nota que o modelo da Vª República francesa consagrou, nos termos do artigo 24º da Constituição de 1958, um bicameralismo, que é composto pela Assembleia Nacional e pelo Senado, cujos representantes são eleitos, respectivamente, por sufrágio direto e indireto.[98]

Além disso, o texto constitucional é claro ao enunciar, também no artigo 24º, as três funções essenciais do Parlamento na França, são elas: (a) a função legislativa, isto é, de aprovação de leis; (b) a função de controle e fiscalização da ação do Governo; e (c) a função de avaliação das políticas públicas.

Todavia, observa-se, nesse arranjo bicameral francês, a prevalência de poderes à Assembleia Nacional, em especial no âmbito do processo legislativo e na função de controle sobre o Governo.[99] Por sua

---

96 Sobre o tema, Charles de Gaulle sustentou que o Presidente da República permanece como fiador do destino da França, sendo detentor de amplos poderes e responsabilidades. Por sua vez, o Governo, ao lado do chefe de Estado que o nomeou, determina e implementa a política, bem como dirige a administração. Por fim, o Parlamento exerce o poder legislativo e fiscalizatório. Assim sendo, conclui que as previsões constitucionais relativas à repartição dos poderes foram efetivamente cumpridas.

97 Nessa manifestação, Charles de Gaulle aponta que a equação pessoal foi de suma importância para o posicionamento do Presidente da República no arranjo institucional francês da Vª República. Além disso, destaca que a chefia de Governo também está sujeita a variações, a depender daquele que ocupe o cargo de Primeiro-Ministro. Nesse sentido, sustentou a eficácia dos governos de Debré e Pompidou, salientando, entretanto, que foram conduzidos de forma distinta. Ao final, constatou que a prática constitucional produziu um Parlamento que exerceu o poder de legislar, mas que foi capaz de atuar de forma distinta, em especial pelas circunstâncias decorrentes da crise da Argélia. Conclui, portanto, pelo sucesso constitucional dos cinco primeiros anos da Vª República francesa, na medida em que foi capaz de conduzir a França em períodos de tranquilidade e de dificuldade institucional.

98 A Constituição determina, no já referido artigo 24º, que o número de deputados não pode ser superior a 567, enquanto o número de senadores não pode exceder a 348.

99 As principais assimetrias entre Assembleia Nacional e Senado estão: (a) no âmbito do processo legislativo, na possibilidade de determinação, por parte do Governo, da última palavra à Assembleia Nacional em casos de discordância na elaboração legislativa das duas Casas, nos termos descritos no artigo 45 da Constituição; e (b) no âmbito de controle político

vez, é destinado ao Senado o exercício da função de continuidade do Estado, razão pela qual inexiste a possibilidade de dissolução do Senado e cabe ao Presidente do Senado o exercício provisório da Presidência da República em caso de vacância, conforme previsão do artigo 7º da Constituição.

As revisões constitucionais ocorridas na França também foram responsáveis pelo fortalecimento do papel institucional do Parlamento. Isso porque, de acordo com a redação original da Constituição, o Parlamento exercia função restrita, tendo em vista que, objetivando corrigir as disfunções evidenciadas na IVª República francesa, os Constituintes produziram um parlamentarismo racionalizado, no qual o Poder Legislativo era basicamente supervisionado pelo Poder Executivo.

Entretanto, após as revisões constitucionais de 4 de agosto de 1995 e de 23 de julho de 2008, ampliou-se o espectro de atuação do Parlamento de forma dissociada do Poder Executivo. As referidas revisões constitucionais permitiram o fortalecimento do Parlamento no arranjo institucional francês a partir da: (a) instituição de uma sessão parlamentar ordinária única, com duração de nove meses;[100] (b) definição da ordem do dia das Casas legislativas por elas próprias e pelo Governo, sendo que a redação original limitava tal prerrogativa apenas ao Governo; e (c) ampliação da relevância das comissões legislativas permanentes.

O processo eleitoral também é objeto amplamente abordado na Constituição de 1958, devendo ser analisadas as nuances relativas às eleições presidenciais e legislativas. A eleição presidencial está prevista e regulamentada na Constituição, especificamente nos artigos 6º e 7º, enunciando que o Presidente da República deverá ser eleito pelo sufrágio universal direto para exercer mandato de cinco anos,[101] devendo alcançar a maioria absoluta dos votos expressos.[102] As eleições legislativas, por

do Governo, na possibilidade exclusiva da Assembleia Nacional de destituir o Governo, conforme disposto nos artigos 49º e 50º da Constituição.

100 A nova redação do artigo 28 consagrou a sessão parlamentar ordinária única no período atinente ao primeiro dia útil de outubro até o último dia útil de junho, totalizando nove meses.

101 Como já destacado, o texto original da Constituição de 1958 previa o mandato presidencial de sete anos. Contudo, após a aprovação da revisão constitucional de 2 de outubro de 2000, o mandato presidencial foi reduzido para cinco anos.

102 A maioria absoluta dos votos expressos pode ser obtida no primeiro ou no segundo turno de votação. Caso nenhum dos candidatos atinja a maioria absoluta dos votos expressos no primeiro turno, os dois primeiros colocados disputarão o novo escrutínio da população francesa. Há de se destacar que, até a data em que esta obra foi submetida para publicação, nenhum candidato foi capaz de se eleger em primeiro turno.

outro lado, estão apenas previstas na Constituição, tendo sido a sua regulamentação, nos termos do artigo 25º e 34º do texto constitucional, delegada à legislação infraconstitucional.

Além disso, a Vª República francesa inovou ao determinar que o Conselho Constitucional exerce o papel de controle da regularidade das eleições presidenciais e legislativas na França, cabendo-lhe a análise das reclamações atinentes ao processo eleitoral e a proclamação dos resultados das votações.

O fenômeno da coabitação também é de suma importância no arranjo institucional francês da Vª República, sendo também denominado como "pequena alternância" por Jean Gicquel[103] e Marie Christine Steckel,[104] como "semi-alternância" por Olivier Duhamel,[105] e como "alternância incompleta" por Yves Daudet e Charles Debbasch.[106]

Há de se destacar que a Constituição francesa de 1958 previa, apenas e tão somente, os ciclos de confluência, produzindo-se, nos termos de Emmanuel Cartier, um vácuo constitucional, o qual os Constituintes não foram capazes de prever e de impedir.[107] Ao demonstrar que a coabitação é fruto da prática constitucional, Jean Gicquel aponta que esse fenômeno é mais uma inovação francesa, mantendo-se, assim, fiel à sua tradição de "laboratório político".[108]

Édouard Balladur, que chegou a exercer o cargo de Primeiro-Ministro entre 1993 e 1995, em coabitação com o Presidente François Mitterand, abordou a temática em artigo publicado em 1984 – anterior, portanto, à primeira coabitação observada na França –, demonstrando que esses ciclos devem ser descritos como testes reais e verdadeiros para as instituições.[109]

Assim, sustenta que, nesses períodos, os chefes de Estado e de Governo terão duas possibilidades: (a) o confronto, em que a maioria parlamentar tentará paralisar a agenda presidencial, e o Presidente buscará a formação de nova maioria parlamentar; e (b) a coabitação,

---

103 GICQUEL, Jean. De la cohabitation. *Pouvoirs*, v. 49, p. 69-79, 1989.

104 STECKEL, Marie-Christine. L'interdiction du cumul des mandats. *La Revue administrative*, v. 53, n. 313, p. 76-89, 2000.

105 DUHAMEL, Olivier. De l'alternance à la cohabitation ou l'énigme résolue de la constitution. *Revue Française de Science Politique*, p. 1102-1117, 1984.

106 DEBBASCH, Charles; DAUDET, Yves. *Lexique de politique*: états, vie politique, relations internationales. Paris: Dalloz, 1984.

107 *CARTIER, Emmanuel. La transition constitutionnelle en France*: (1940-1945). Paris: LGDJ, 2005.

108 GICQUEL, Jean. De la cohabitation. *Pouvoirs*, v. 49, p. 69-79, 1989. p. 69.

109 BALLADUR, Édouard. Le deux tentations. *Pouvoirs*, v. 1, p. 199-204, 1984.

em que ambos concordam que terão os seus poderes em parte prejudicados, de modo que não conseguirão implementar todos os seus projetos de imediato. Nessa perspectiva, Balladur conclui que o texto constitucional de 1958 é ambivalente e tem capacidade de adaptação, sendo as instituições francesas capazes de sobreviver e bem funcionar nessas situações.[110]

Destaca-se que, após as eleições legislativas de 1986, na qual ao Presidente François Mitterand, do Partido Socialista, foi contrastada uma maioria de centro-direita, o chefe de Estado enviou carta endereçada ao Parlamento francês com encaminhamentos para o bom funcionamento institucional naquele momento ímpar.[111]

Nessa manifestação, François Mitterand apontou que a Constituição deve ser compreendida como a única resposta razoável para esses momentos. Assim, rememorou que a Constituição atribui ao Presidente poderes que não podem ser afetados em qualquer circunstância, estampados no artigo 5º tratam da responsabilidade presidencial de assegurar o regular funcionamento institucional, a continuidade do Estado, a independência nacional, a integridade territorial e o respeito aos tratados.

Destacou que caberá ao Governo, por sua vez, determinar e conduzir a política francesa, assumindo, sem adentrar nas prerrogativas do Presidente e dependendo da confiança política da Assembleia Nacional, a execução das decisões que conduzirão a nação. Ao final, salientou que o Presidente e o Governo deverão sempre buscar caminhos que permitam melhor servir os interesses da França.

O caráter ambivalente da Constituição da Vª República francesa também é destacado por Guy Carcassonne, que aponta assombrosa flexibilidade, em especial dos artigos 5º, 20º e 21º, suscetíveis de dupla interpretação.[112]

A primeira interpretação se dá nos ciclos de confluência entre a maioria presidencial e parlamentar, em que se verifica, na figura do Presidente da República, o eixo central de impulso do poder, cabendo

---

[110] Idem, p. 203-204.

[111] MITTERRAND, François. *Mensagem de François Mitterrand, Presidente da República, dirigida ao Parlamento, por ocasião da abertura da sessão parlamentar, sobre as respectivas competências do Presidente da República, do Governo e do Parlamento.* Vie Publique, 8 abr. 1986. Disponível em: https://www.vie-publique.fr/discours/138180-message-de-m-francois-mitterrand-president-de-la-republique-adresse. Acesso em: 10 maio 2022.

[112] CARCASSONNE, Guy. Frein ou moteur?. *Pouvoirs*, n. 91, p. 97-107, 1999.

ao chefe de Estado a determinação e condução da política francesa. Por outro lado, a segunda interpretação decorre da literalidade da Constituição de 1958, especificamente do artigo 20º, que confere ao Governo a centralidade na condução política. Trata-se, portanto, de uma leitura primo-ministerial, e não mais presidencial como a primeira.

Há de se destacar que a interpretação primo-ministerial surgiu apenas após o primeiro ciclo de coabitação entre o Presidente François Mitterand e o Primeiro-Ministro Jacques Chirac, tendo sido observada também nos outros dois períodos de contradição entre a maioria presidencial e parlamentar. Sintetiza-se esse cenário pela transferência do protagonismo institucional do Eliseu[113] para o Matignon.[114]

Esse deslocamento não significa, como já salientado anteriormente, o esvaziamento integral das funções presidenciais em cenários de coabitação. Isso porque o chefe de Estado permanece como detentor exclusivo dos poderes previstos no artigo 19º da Constituição, bem como mantém posicionamento institucional privilegiado em questões relativas à defesa nacional, às relações internacionais e à organização da Justiça.

No mesmo sentido, Jean-Claude Colliard[115] aponta que o texto constitucional francês de 1958 é flexível e ambivalente, concluindo que a resposta ao questionamento acerca do que o Presidente da República pode fazer dependerá dos recursos políticos que estiverem a sua disposição. Assim, caso tenha um Primeiro-Ministro associado à sua liderança e uma maioria parlamentar sólida, sua autoridade será ampla. Por outro lado, caso tenha um Primeiro-Ministro que represente uma maioria parlamentar de oposição, terá suas prerrogativas reduzidas e poderes limitados. De todo modo, a Constituição da Vª República permite o devido funcionamento político e institucional nesses dois cenários.

---

113 O Palácio do Eliseu, tradução livre de *Palais de l'Élysée*, é a residência e sede da Presidência da República Francesa. Em regra, o Palácio do Eliseu concentra o protagonismo institucional, com exceção dos períodos de coabitação, observados apenas nos três momentos já citados anteriormente.

114 O Matignon, oficialmente denominado de *l'Hôtel de Matignon*, é a sede do Governo francês, no qual estão localizados o Gabinete e escritório do Primeiro-Ministro. Como destacado, a centralidade institucional do Matignon é ampliada em ciclos de coabitação. Todavia, Guy Carcassonne destaca a sua importância de forma geral, sintetizando, em tradução livre, que todas as questões da França ao menos passam pelo Matignon. Isso não significa que o Primeiro-Ministro tem sempre o poder de decidir, mas ele tem o poder de agir, bem como os meios para causar a ação ou impedi-la. CARCASSONNE, Guy. Ce que fait Matignon. *Pouvoirs*, n. 68, p. 31-44, 1994.

115 COLLIARD, Jean-Claude. Que peut le Président. *Pouvoirs*, v. 68, p. 15-29, 1994.

Guy Carcassonne[116] explicita, em artigo já mencionado, que o fenômeno da coabitação se tornou, no senso comum e midiático, algo a ser abolido da realidade institucional francesa. Os críticos da possibilidade de coabitação têm como argumento central a paralisia que os ciclos de coabitação tendem a causar no regular funcionamento das instituições democráticas. Nada obstante, o autor demonstra que o receio de paralisia é, em verdade, mero clichê e que não mais deveria ser reproduzido, pois os três períodos de coabitação já vivenciados na França foram capazes de erradicar essa falsa impressão. Além disso, constata que a coabitação acelera as reformas de maneira mais acentuada do que as retarda.

Sob outro prisma, Didier Maus,[117] em artigo dedicado à coabitação, apresenta aquelas que são, em sua visão, as consequências não tão facilmente visualizadas durante os ciclos de coabitação, fenômeno sintetizado pelo autor como "uma maioria na Assembleia Nacional hostil ao Presidente da República". As consequências apontadas por Didier Maus são pouco abordadas na literatura jurídica sobre a temática, uma vez que analisam a coabitação com enfoque no Parlamento, e não no Primeiro-Ministro e no Presidente da República.

A primeira consequência sustentada é a imprescindibilidade do apoio ativo e permanente da maioria parlamentar ao Primeiro-Ministro, tendo em vista que seu Governo dependerá exclusivamente desse suporte. Por sua vez, a segunda consequência reflete na Assembleia Nacional, haja vista que a maioria parlamentar convive, nesses períodos, com a possibilidade de dissolução do Parlamento por parte do Presidente da República, cenário principalmente observado a partir de 1998 para a maioria que sustentava o Governo de Lionel Jospin, último ciclo de coabitação na França. Por fim, aponta que a terceira consequência é a necessidade, por parte do Primeiro-Ministro, de aplicar mecanismos do parlamentarismo, com o intuito de que seu programa de governo seja rapidamente adotado, protegendo-se, assim, do avanço da oposição legislativa e detentora da Presidência da República.

A coabitação, entretanto, foi praticamente removida da prática constitucional francesa após a aprovação do referendo constitucional de 28 de setembro de 2000 e a consequente alteração do artigo 6º da Constituição no dia 3 de outubro do mesmo ano. Naquela ocasião,

---

116 CARCASSONNE, Guy. Frein ou moteur?. *Pouvoirs*, n. 91, p. 97-107, 1999.

117 MAUS, Didier. Le parlament et les cohabitations. *Pouvoirs*, n. 91, p. 71-81, 1999.

modificou-se a duração do mandato presidencial de sete para cinco anos, de modo que a eleição presidencial passou a anteceder as eleições legislativas apenas em semanas.

Como resultado, não mais foram verificados ciclos de coabitação no arranjo institucional francês, tendo em vista que o Presidente da República recém-eleito sempre conseguiu alcançar, até o presente momento, a maioria parlamentar.[118] Entretanto, mesmo tendo se tornado menos frequente, permanece possível a ocorrência da coabitação, em especial em caso de dissolução do Parlamento na duração do mandato do Presidente da República e em situações de vacância presidencial.

Guy Carcassonne já apontava em 1999, antes, portanto, da reforma constitucional que alterou o artigo 6º da Constituição francesa, que a redução do mandato presidencial de sete para cinco anos seria capaz de, por si só, mitigar a ocorrência de ciclos de coabitação.[119]

No mesmo sentido, Jean-Claude Colliard defendia, em 1984, antes mesmo do primeiro ciclo de coabitação observado na França, que a aproximação da duração dos mandatos parlamentar e presidencial era certamente positiva, pois isso favorecia em muito a possibilidade de confluência entre as maiorias, mas demonstrava-se cético em relação à simultaneidade dos mandatos, tendo em vista que qualquer intercorrência no decorrer do mandato presidencial, morte ou renúncia, significaria a perda da simultaneidade, a não ser que fosse definida como pressuposto da vacância presidencial a dissolução do Parlamento, e a

---

118 Após a alteração do mandato presidencial de sete para cinco anos em 2000, foram eleitos os seguintes Presidentes da República e as seguintes maiorias parlamentares, externadas a partir de seus Primeiros-Ministros, sempre em ciclos de confluência: (a) Jacques Chirac, do *Union pour un mouvement populaire – UMP* (2002-2007), ao lado dos Primeiros-Ministros Jean-Pierre Raffarin (2002-2005) e Dominique de Villepin (2005-2007), ambos do mesmo partido do Presidente Chirac; (b) Nicolas Sarkozy, do *Union pour un mouvement populaire – UMP* (2007-2012), e o Primeiro-Ministro François Fillon (2007-2012), seu companheiro de partido; (c) François Hollande, do *Parti Socialiste* (2012-2017), e os Primeiros-Ministros socialistas Jean-Marc Ayrault (2012-2014), Manuel Valls (2014-2016) e Bernard Cazeneuve (2016-2017); (d) Emmanuel Macron, do *La Republique em Marche* (2017-2022), em consonância com os Primeiros-Ministros Édouard Philippe (2017-2020) e Jean Castex (2020-2022), ambos de seu partido político; e (e) novamente Emmanuel Macron, do *La Republique em Marche* (2022-2027), ao lado de sua companheira de sigla partidária, a Primeira-Ministra Elisabeth Borne (2022 - até o presente momento). As listas dos Presidentes da República e dos Primeiros-Ministros que representam a maioria parlamentar estão disponíveis em: https://www.elysee.fr/la-presidence/les-presidents-de-la-republique e https://www.gouvernement.fr/ministre. Acesso em: 10 maio 2022.

119 CARCASSONNE, Guy. Frein ou moteur?. *Pouvoirs*, n. 91, p. 97-107, 1999.

consequente convocação de novas eleições, cenário hábil a causar crises institucionais desnecessárias.[120] [121]

E como demonstrado, os apontamentos dos autores quanto à aproximação da duração do mandato parlamentar e presidencial se provaram verdadeiros, haja vista que, ultrapassados vinte anos dessa reforma constitucional, não mais foram vislumbrados períodos de coabitação.

François Luchaire,[122] também em artigo publicado em 1999, traz tese inovadora e crítica em relação à redução do mandato presidencial para cinco anos. Muito embora a reforma constitucional tenha se provado eficiente na não incidência de novos períodos de coabitação, o principal argumento de Luchaire é no sentido de que a compreensão de que deveria ser reduzido o mandato presidencial decorre do entendimento de que a coabitação é um malefício ao regular funcionamento institucional.

Manoel Gonçalves Ferreira Filho, em abordagem ampla em relação à coabitação, sustentou, em manifestação oral proferida no Grupo de Trabalho da Câmara dos Deputados destinado a debater temas relacionados ao semipresidencialismo, que a formação de maiorias distintas no Parlamento e na Presidência da República não deve ser interpretada como funcionamento indesejado do sistema de governo semipresidencial. Muito pelo contrário, a coabitação é, em verdade, regra essencial da democracia, não sendo possível conceber um regime democrático que impossibilite a sua ocorrência.[123]

Ao analisar o desempenho do semipresidencialismo francês, Daniel Bourmaud[124] aponta ser inegável que o arranjo institucional concebido na Vª República favoreceu a estabilidade política, tendo sido capaz de integrar todos os atores no jogo político. Além disso,

---

120 COLLIARD, Jean-Claude. L'alternance en France. *Pouvoirs*, v. 1, p. 131, 1984.

121 Jacques Fauvet também é crítico à simultaneidade do mandato parlamentar e presidencial. A razão pela sua aversão a tal previsão é a de que, com isso, seria retirado o poder presidencial de dissolução do Parlamento, na medida em que o seu exercício implicaria também sua renúncia no mesmo dia, produzindo-se, assim, vácuo político e grandes crises institucionais. FAUVET, Jacques. L'alternance en France. *Pouvoirs*, v. 1, p. 132, 1984.

122 LUCHAIRE, François. Réformer la constitution? C'est inutile. *Pouvoirs*, n. 91, p. 119-127, 1999.

123 A manifestação oral proferida por Manoel Gonçalves Ferreira Filho está disponível em: https://www.camara.leg.br/evento-legislativo/64979. O trecho específico citado tem início no minuto 48:52 do referido link. Acesso em: 12 maio 2022.

124 BOURMAUD, Daniel. *Les Vª Républiques*: monarchie, dyarchie, polyarchie – variations autour du pouvoir sous la Vª République. *Pouvoirs*, n. 99, p. 7-17, 2001.

a alternância também se demonstrou possível e concreta, apesar das preocupações que antecediam o modelo criado a partir de 1958.

Por outro lado, Daniel Bourmaud sustenta que o sistema político francês não está isento de ameaças, muito embora sejam distintas daquelas que encerraram a IIIª e IVª Repúblicas francesas, por excelência, as guerras travadas contra Alemanha, em 1940, e contra a Argélia, em 1958. Em sua visão, a ameaça à Vª República francesa decorre da desmobilização dos cidadãos e da incoerência na organização institucional, de modo que o sistema político, nesse caso, está desintegrando internamente, de forma lenta e gradual.

Assim, ainda na visão do referido autor, tornou-se tentador o retorno aos debates institucionais referentes ao presidencialismo e ao parlamentarismo em suas modalidades puras, na medida em que, embora tenha instituições funcionais e bem projetadas, a Vª República francesa pode não estar imune ao sentimento de apatia por parte de seus cidadãos. Essencial, portanto, retomar a racionalidade do sistema semipresidencial para salvaguardar o modelo concebido em 1958, que se mostrou funcional e estável por um longo período.

Sobre o tema, é importante destacar que o sentimento de apatia da sociedade em relação aos sistemas de governo se tornou uma constante em quase a integralidade dos arranjos institucionais, aplicando-se a todas as suas formas, sejam elas puras ou mistas. Assim, é evidente o risco de desintegração interna em todas as realidades contemporâneas.

Também ao verificar o desempenho do semipresidencialismo francês, Éric Perraudeau[125] demonstra que o sistema de governo concebido sob a influência e a liderança de Charles de Gaulle tinha como objetivos centrais corrigir o malfadado sistema partidário francês da IVª República, bem como reduzir o poder excessivo do Parlamento e ampliar o papel institucional do Poder Executivo, podendo ser sintetizado como um modelo proposto como antídoto ao fracasso da classe política. Assim, conclui que não restam dúvidas de que os objetivos almejados em 1958 foram atingidos de forma satisfatória na França.

É digno de nota que estabilidade política, alternância e instituições funcionais e bem projetadas são alicerces para definir o bom funcionamento de determinado sistema de governo. E, como já demonstrado, o semipresidencialismo francês tem sido capaz de reunir e compilar todos

---

[125] PERRAUDEAU, Eric. Le système des partis sous la Vª République. *Pouvoirs*, n. 4, p. 101-115, 2001.

esses pilares por mais de 64 anos, o que permite concluir que, ao ser adotado na França como resposta às inúmeras crises da IVª República, o semipresidencialismo entregou resultados eficientes e concretos. Isso não significa, por óbvio, que o sistema francês não possa e não deva ser aperfeiçoado, mas apenas e tão somente que apresentou um funcionamento adequado.

Sobre o tema, é importante destacar que o cenário partidário francês tem sofrido amplas reformulações nos últimos pleitos eleitorais, especialmente a partir de 2007, tendo sido verificado o surgimento de novas siglas partidárias, dissociadas dos partidos tradicionais. Observa-se, ainda, que grande parte dessas agremiações tem caráter personalista, de modo que são conduzidas por lideranças fortes, que dificilmente serão capazes de representar um projeto amplo e duradouro. O principal expoente desse cenário é o partido de Emmanuel Macron, *La Republique em Marche!*, fundado em 2016 para conduzir sua candidatura presidencial em 2017 e 2022, tendo alcançado também a maior bancada parlamentar nas eleições legislativas ocorridas nesses anos.[126]

Quanto ao surgimento das novas siglas partidárias, destaca-se que, dentre os dez partidos com maior representação no Parlamento francês em 2022, sete foram fundados para as disputas eleitorais de 2007 e posteriores. São eles: a) o já mencionado *La République en Marché!*; b) o *Le mouvement démocrate*, constituído em 2007 e com a terceira maior bancada; c) o *Union des démocrates et indépendants*, fundado em 2012, com a quinta maior representação parlamentar; d) o *Le mouvement radical*, criado em 2017 e detentor da sexta maior bancada; e) o *La France insoumise*, constituído em 2016 e com a sétima maior representação legislativa; f) o *Agir, la droite construtive*, fundado em 2017 e com a nona maior bancada; e g) o *Parti de gauche*, criado em 2009 e detentor da décima maior bancada.

Por outro lado, apenas três partidos, dentre os dez com maior representatividade no Parlamento francês em 2022, são decorrência das

---

126 Muito embora Emmanuel Macron tenha conseguido conquistar a maioria parlamentar nos pleitos legislativos ocorridos nos anos de 2017 e 2022, é importante registrar a expressiva redução de sua bancada de apoio após cinco anos, tendo encolhido de 350 parlamentares para 245 deputados, redução de 105 representantes. Assim, a coligação de apoio ao Presidente Macron deixou de ter maioria absoluta da Assembleia Nacional, o que tende a dificultar a sua governabilidade. Há de se destacar que o convincente resultado da coligação de diversos partidos de esquerda, sob a liderança de Jean-Luc Melénchon, e do *Rassemblement National*, sob o comando de Marine Le Pen, foram os principais responsáveis pela drástica redução da bancada de apoio a Emmanuel Macron.

siglas partidárias tradicionais, a saber: a) o *Les Républicains*, fundado em 2015 e detentor da segunda maior bancada parlamentar, mas que é a continuação dos partidos tradicionais *Union pour un mouvement populaire* e do *Rassemblement pour la République*; b) o *Parti Socialiste*, fundado em 1969 e com quarta maior bancada legislativa, sendo a continuação do *Section Française de l'Internationale Ouvrière;* e c) o *Parti Communiste Français*, constituído em 1920 e com a oitava maior bancada.

Dessa análise é possível concluir que o sistema de partidos francês não está incólume a críticas e que necessita sim de ajustes e aprimoramentos. De todo modo, quando contrastado com o cenário evidenciado na IVª República, verificam-se avanços substanciais que permitiram que, ao menos em parte, tenham sido de fato alcançados os objetivos almejados quando da elaboração do texto constitucional de 1958.

Há de se ressaltar também que o arranjo constitucional francês da Vª República foi exitoso no que se refere à alternância política. Essa constatação é confirmada pela verificação de que, em regra, os Presidentes da República eleitos desde 1958 têm tido dificuldades em suas tentativas de reeleição e de indicação de seus sucessores.

Charles de Gaulle é, sem sombras de dúvida, a principal personalidade política francesa do século XX, exercendo papel de centralidade institucional na IIIª, IVª e Vª Repúblicas. Além disso, após ter sido eleito Presidente da República de forma indireta em 1958, conseguiu aprovar, em 1962, por ampla maioria, revisão constitucional, submetida a referendo popular, que transformava a eleição presidencial em sufrágio universal e direto, bem como se sagrou vitorioso, novamente por ampla maioria, no pleito presidencial de reeleição em 1965, tendo, portanto, seu mandato renovado para mais sete anos. Entretanto, em decorrência da não aprovação, em rejeição apertada,[127] de referendo popular que tinha como objeto a reforma institucional do Senado francês, renunciou ao cargo de Presidente em 1969.

Apesar disso, Charles de Gaulle continuou a exercer forte influência na política francesa e foi capaz de influir em sua sucessão, alçando ao cargo de Presidente da República o seu correligionário George

[127] O referendo popular convocado por Charles de Gaulle para o dia 27 de abril de 1969 tinha por objeto central a reforma institucional do Senado. Não obstante os esforços do então Presidente para sua aprovação, o referendo restou rejeitado por 52,41% dos eleitores franceses. Há de se destacar que é o referendo popular da Vª República francesa com menor taxa de abstenção, demonstrando-se, assim, a importância dessa consulta popular. Disponível em: https://www.vie-publique.fr/fiches/23970-les-referendums-de-la-ve-republique-et-leurs-resultats. Acesso em: 25 maio 2022.

Pompidou. Vale lembrar que, nos primeiros anos da Vª República, isto é, de 1958 até 1974, de fato não houve efetiva alternância política, na medida em que os dois Presidentes pertenciam à mesma sigla partidária. Todavia, o término antecipado do mandato presidencial de George Pompidou, em decorrência de seu falecimento em 1974, permitiu que ocorresse a primeira alternância.

Isso porque na eleição presidencial emergencial e antecipada de 1974 restou eleito Valéry Giscard d'Estaing, político de partido político diverso do de Charles de Gaulle e George Pompidou, muito embora todos tivessem alinhamento ideológico de centro-direita. Nas eleições subsequentes, ocorridas em 1981, Valéry Giscard d'Estaing foi candidato à reeleição, tendo sido derrotado pelo candidato de centro-esquerda François Mitterand, inaugurando a tradição da Vª República francesa de dificilmente reeleger o chefe de Estado ou de eleger o nome indicado pelo Presidente e seu partido para sua sucessão.

Por sua vez, François Mitterand é recordista de duração no cargo de Presidente na Vª República francesa, tendo exercido a chefia de Estado por quatorze anos ininterruptos, eleito em 1981 e reeleito em 1988. Entretanto, não foi capaz de influenciar na eleição de seu sucessor, tendo Lionel Jospin, nome apoiado por Mitterand e seu partido, sido derrotado pelo candidato de centro-direita Jacques Chirac, em outra demonstração de alternância política na França.

Jacques Chirac foi hábil para exercer papel central na condução política francesa, reelegendo-se em 2002 e exercendo o cargo até o ano de 2007, uma vez que o seu segundo mandato foi o primeiro a ter duração de cinco anos em decorrência da revisão constitucional de 2000, que reduziu o mandato presidencial para aproximá-lo da duração do mandato parlamentar. Além disso, Jacques Chirac, a exemplo de Charles de Gaulle, em complementação à sua reeleição, também foi capaz de eleger o seu sucessor, na figura de Nicolas Sarkozy.

Encerrado o primeiro mandato presidencial de Nicolas Sarkozy, em 2012, verificou-se, contudo, nova alternância no tabuleiro político francês, tendo em vista que Sarkozy restou derrotado pelo candidato de centro-esquerda François Hollande. O mesmo destino de Sarkozy atingiu François Hollande em 2017, que, em decorrência, de sua baixa aprovação para com a população francesa, decidiu não se candidatar à reeleição.

A situação de Hollande se tornou ainda mais sintomática quando decidiu que o seu candidato à sucessão seria o então Primeiro-Ministro

Manuel Valls. Entretanto, Valls foi derrotado nas eleições primárias do *Parti Socialiste* por Benoît Hamon, o qual, por sua vez, alcançou votação de baixíssima expressão no primeiro turno das eleições presidenciais gerais, tendo terminado apenas no quinto lugar, com cerca de 6% dos votos válidos. Assim, a alternância novamente foi vislumbrada na política francesa, na medida em que, nessa oportunidade, sagrou-se eleito Presidente da República Emmanuel Macron, candidato do recém-fundado partido *La Republique em Marche*!.

Após a tentativa fracassada de reeleição por parte de Nicolas Sarkozy e de eleição de sucessor por parte de François Hollande, Emmanuel Macron conseguiu ser reeleito para novo mandato de cinco anos em 2022, tendo derrotado a candidata Marine Le Pen no segundo turno. A alternância tem sido, portanto, muito bem-sucedida no arranjo institucional francês, não existindo longas perpetuações, partidárias ou pessoais, no cargo de Presidente da República.

Assim, conclui-se, a partir dos apontamentos realizados no decorrer desse subcapítulo, que o semipresidencialismo de pendor presidencial francês foi efetivamente capaz de entregar bons resultados na França da Vª República, tendo sido hábil a superar as crises institucionais às quais fora submetido em seus últimos 64 anos, evidenciando o bom funcionamento democrático e político desse sistema de governo.

1.3 Semipresidencialismo português: a Constituição de 1976 e a geometria variável

A história constitucional portuguesa tem início em 1820, sendo dividida em quatro períodos: (a) a Monarquia Constitucional, com duração de 1820 a 1910; (b) a 1ª República, nos anos de 1910 a 1926; (c) o Estado Novo, no período de 1933 a 1974; e (d) o Estado Democrático, iniciado em 1974 e vigente até os dias de hoje no arranjo institucional português.

Ao abordar a temática, Jorge Miranda[128] comenta que esses períodos históricos devem ser interpretados a partir do caráter dos textos constitucionais que os conduziram. Assim, podem ser caracterizados como fases liberais, autoritárias e democráticas. Nessa perspectiva, os dois primeiros períodos devem ser considerados como liberais, tendo

---

128 MIRANDA, Jorge. *Teoria do estado e da constituição*. Rio de Janeiro: Forense, 2015. p. 139.

em vista que, nos quatro textos constitucionais elaborados entre 1820 e 1926,[129] caminhou-se da Monarquia à República, bem como se consagrou o princípio da separação dos poderes e os direitos individuais.

Ainda de acordo com a caracterização defendida por Jorge Miranda, instalou-se, no Estado Novo, um modelo constitucional autoritário, de longa duração e que somente foi superado com o advento da Revolução de 1974. Como consequência dos acontecimentos de 1974, cumulados com a promulgação da Constituição de 1976, introduziu-se no arranjo institucional português o Estado Democrático, cuja vigência perdura até a atualidade.

Como será demonstrado quando da análise específica de cada um desses períodos, verifica-se que há em Portugal a tradição de alterações de suas Constituições a partir de revoluções, haja vista que cinco dos seis textos constitucionais portugueses decorrem dessas convulsões sociais, sendo a única exceção a Constituição de 1826, ainda durante a Monarquia Constitucional. Nessa perspectiva, Vital Moreira salienta que, em 1974, repetiu-se a "experiência da rutura política de 1820-22, de 1836-1838 e de 1910-11".[130]

Sobre o tema, Pedro Sánchez traz intrigante apontamento no sentido de que, apesar de reconhecer a recorrência das rupturas institucionais em Portugal, há perenidade nos textos constitucionais portugueses. Isso porque, muito embora os movimentos revolucionários imputassem a culpa "dos males sociais e pelo crónico atraso político, econômico e cultural"[131] de Portugal aos regimes anteriores, "essa intenção de ruptura no plano ideológico e material trazia associada a necessidade de cópia ou de mera adaptação de boa parte dos mecanismos organizatórios dos sistemas constitucionais então extintos".[132] Assim, observa-se, em verdade, uma "continuidade de soluções no plano organizatório".[133]

---

[129] No período da Monarquia Constitucional e da 1ª República, Portugal teve quatro Constituições, elaboradas, respectivamente, nos anos de 1822, 1826, 1836 e 1911.

[130] MOREIRA, Vital. O equívoco do "semipresidencialismo" (a controvérsia sobre o sistema de governo em Portugal). *In*: GOMES, Ana Cláudia Nascimento; ALBERGARIA, Bruno; CANOTILHO, Mariana Rodrigues (Coord.). *Direito constitucional*: diálogos em homenagem ao 80º aniversário de J.J. Gomes Canotilho. Belo Horizonte: Fórum, 2021. p. 474.

[131] SÁNCHEZ, Pedro Fernández. *Os poderes presidenciais sobre a formação e subsistência do governo*: a centralidade do eixo entre o chefe de estado e o chefe de governo no sistema constitucional português. Lisboa: Petrony, 2016. p. 8.

[132] Idem.

[133] Idem.

Melo Alexandrino,[134] Ruy de Albuquerque e Martim de Albuquerque[135] também reconhecem, não obstante a tradição de rupturas institucionais, a surpreendente continuidade existente na história constitucional portuguesa. Nesse sentido, encontra-se, inclusive, arrojada conclusão na obra coletiva elaborada pelos dois últimos autores no sentido de que "há apenas várias edições de uma única Constituição"[136] em Portugal. Esses apontamentos serão devidamente investigados na análise que agora se propõe acerca de cada um dos períodos históricos em Portugal.

Em apertada síntese, a Monarquia Constitucional, instaurada em 1820 como decorrência da revolução liberal portuguesa, tinha como pilar a convivência simultânea entre os detentores do poder real e os representantes do poder político.[137] O poder real era conduzido na figura do monarca, que exercia função de chefe de Estado e de Poder Moderador,[138] enquanto o poder político era representado pelo Poder Legislativo, sendo responsável pelo exercício da chefia de Governo. Anote-se que a Monarquia Constitucional foi o período mais longevo da história constitucional portuguesa, tendo perdurado por noventa anos ininterruptos.

A Constituição de 1822, primeira da Monarquia Constitucional, é fruto das demandas da revolução liberal do Porto de 1820 e, conforme elucida Paulo Jorge Fernandes, o referido texto era orientado por "três grandes princípios básicos: soberania nacional, representação política plena, assim como separação e independência de poderes".[139] Em relação à organização política, a previsão era de um Poder Legislativo unicameral, enquanto o Poder Executivo era confiado ao monarca,

---

[134] ALEXANDRINO, José de Melo. *A estruturação do sistema de direitos, liberdades e garantias na constituição portuguesa*. Coimbra: Almedina, 2006.

[135] ALBUQUERQUE, Martim de; ALBUQUERQUE, Ruy de. *História do direito português*. Lisboa: Sintra, 1983.

[136] ALBUQUERQUE, Martim de; ALBUQUERQUE, Ruy de. *História do direito português*. Lisboa: Sintra, 1983. p. 156.

[137] O primeiro texto constitucional português, de 1822, concebeu a convivência simultânea entre os detentores do poder real e os representantes do poder político a partir da consagração dos princípios democrático, representativo e da separação dos poderes, todos decorrentes das concepções da revolução liberal de 1820.

[138] Importante salientar que o Poder Moderador surgiu com o advento da Constituição de 1926, tendo sido destinado a sua titularidade ao monarca, de modo que durante as vigências das Constituições de 1822 e 1838 o Poder Moderador não fez parte do arranjo institucional, que se limitou, nesses períodos, a tripartição clássica dos poderes.

[139] FERNANDES, Paulo Jorge. O Sistema Político na Monarquia Constitucional (1834–1910). *O Sistema Político Português, Séculos XIX–XXI: Continuidades e Rupturas*, 2012, p. 26.

inexistindo, até aquele momento, previsão de Poder Moderador a ser exercido pelo rei.

Entretanto, a vigência da Constituição de 1822 foi bastante efêmera, tendo sido logo substituída pela Constituição de 1826. O novo texto decorre do falecimento de D. João VI de Portugal, tendo sido outorgado por seu filho, D. Pedro IV de Portugal (D. Pedro I do Brasil), pouco antes de sua abdicação ao trono português em nome de sua filha, Maria II de Portugal. Assim, como constata Paulo Jorge Fernandes, "a Carta Constitucional de 1826 resultou num diploma bastante mais conservador do que a anterior Constituição".[140]

A organização dos poderes na Constituição de 1826 produziu diversas modificações em relação ao texto anterior, tendo sido acrescentado o Poder Moderador, que era de titularidade do monarca. Outra mudança significativa foi a transformação do Poder Legislativo em bicameral, tendo sido mantida a Câmara dos Deputados, com os representantes eleitos pelo povo, e tendo sido criada a Câmara dos Pares, casa que era composta por representantes nomeados pelo monarca para mandatos vitalícios e com direitos hereditários, inexistindo restrição de ampliação ou de redução em seu número de membros.

A revolução de setembro de 1836 foi o estopim para a elaboração de nova Carta Constitucional apta a substituir o texto outorgado por D. Pedro IV de Portugal. As características centrais da Constituição de 1838 foram o retorno à tripartição dos poderes clássica, com a consequente remoção do Poder Moderador anteriormente exercido pelo monarca. Além disso, a Câmara dos Pares se tornou Câmara dos Senadores, tendo sido alterado também o modelo para eletivo e temporário.

Não obstante, a Constituição de 1838 rapidamente foi objeto de nova ruptura institucional, na medida em que, como destacado por Catarina Santos Botelho, em 1842, houve "um golpe de Estado que colocou Costa Cabral no poder, restaurando a Carta Constitucional de 1826".[141] Aponta, ainda, que "este retorno à Carta Constitucional de 1826 atesta a sua durabilidade no tempo",[142] sendo essencial salientar que "para que este texto constitucional não perdesse a sua normatividade,

---

140 FERNANDES, Paulo Jorge. O Sistema Político na Monarquia Constitucional (1834–1910). *O Sistema Político Português, Séculos XIX–XXI: Continuidades e Rupturas*. 2012, p. 28.

141 BOTELHO, Catarina Santos. A história faz a Constituição ou a Constituição faz a história? Reflexões sobre a história constitucional portuguesa. *Revista do Instituto de Direito Brasileiro*, v. 2, n. 1, 2013. p. 236.

142 Idem.

foram introduzidas sucessivas alterações mediante a forma de Atos Adicionais, em 1852, 1885, 1896 e 1907".[143]

Todavia, nova revolução foi o estopim para a transição da Monarquia Constitucional para a 1ª República portuguesa, tendo sido a consolidação da República como forma de governo na Constituição de 1911 a principal alteração no arranjo institucional português nesse período histórico. Há de se destacar também que, além das dificuldades globais vivenciadas nesse período, capitaneadas pela incidência da 1ª Guerra Mundial,[144] o cenário político português era conturbado, sendo frequentes as crises institucionais observadas nesses dezesseis anos de vigência da 1ª República.

Como resposta às dificuldades institucionais observadas entre 1910 e 1926, perpetrou-se, sob o comando do General Gomes da Costa, insurreição militar no dia 28 de maio de 1926. No período inicial da implementação da ditadura militar portuguesa, especificamente de 1926 até 1935, a atividade parlamentar foi suspensa, não obstante tenha sido elaborada nova Constituição em 1933, que foi a condutora do Estado Novo por 41 anos, tendo sido elaborada pelo Governo de António de Oliveira Salazar e, posteriormente, submetida a plebiscito.[145]

O Estado Novo tinha como pilares o seu caráter autoritário, nacionalista e avesso às agremiações políticas, permitindo, apenas e tão somente, a existência de um partido político, denominado de União Nacional,[146] inexistindo, consequentemente, oposição organizada. O

---

143 Idem.

144 Portugal passa a ser parte ativa da 1ª Guerra Mundial a partir de março de 1916, alterando, assim, a neutralidade antes estabelecida. A participação portuguesa na guerra decorre de operação militar conjunta com as tropas britânicas, ocorrida nos portos portugueses, em desfavor da marinha alemã e austríaca, o que provocou a declaração de guerra por parte da Alemanha contra Portugal. Além disso, deve-se destacar o motim ocorrido em 1917, intitulado de Revolta da Batata, que também decorreu do ingresso português na 1ª Guerra Mundial. Isso porque, nesse período, a sociedade portuguesa, bem como as demais envolvidas no conflito, estava acometida das consequências da guerra, com especial ênfase nas dificuldades de abastecimento de mantimentos básicos para subsistência. Assim, após aumento inesperado no preço das batatas em Portugal, produziu-se larga revolta popular, considerada um dos principais acontecimentos desse período histórico.

145 O texto constitucional de 1933 foi submetido a plebiscito no dia 19 de março de 1933. Essa consulta popular inovou ao prever que as abstenções e os votos em branco seriam computados como favoráveis ao novo texto, na medida em que apenas a recusa expressa seria validada como voto contrário à nova Constituição. Essa particularidade é abordada por Jorge Miranda em artigo publicado em 2008: MIRANDA, Jorge. O referendo e o plebiscito: a experiência portuguesa. *Cuestiones constitucionales*, n. 19, p. 149-171, 2008.

146 Após a ascensão de Marcelo Caetano ao cargo de Presidente do Conselho de Ministros em 1968, a União Nacional se transformou em Ação Nacional Popular.

Governo exercia a centralidade institucional absoluta nesse período, centralizando os poderes Executivo e Legislativo.[147] Além disso, o Estado Novo ficou marcado pela forte influência pessoal exercida pelos Presidentes do Conselho de Ministros, em especial pelo já citado António de Oliveira Salazar, que exerceu a titularidade do Governo por mais de três décadas.[148]

O Estado Novo chega ao fim apenas com o advento do Movimento das Forças Armadas, também conhecido como Revolução dos Cravos, ocorrido no dia 25 de abril 1974, inaugurando-se, assim, o Estado Democrático em Portugal. Há de se destacar que a Revolução Portuguesa de 1974 contou com ampla adesão popular desde sua concepção, unificando a população de Portugal em prol da remoção do regime autoritário inaugurado em 1926 para se caminhar ao regime democrático almejado.

Além disso, assim como na França, as guerras coloniais[149] nas quais Portugal estava submetido foram importantes catalizadores de crises institucionais que conduziram ao declínio do Estado Novo. É por essa razão, inclusive, que o Movimento das Forças Armadas defendia, desde o princípio, a elaboração de políticas que conduzissem a paz e ao término desses conflitos coloniais.[150]

Entretanto, verificou-se, entre a assunção do poder pelo Movimento das Forças Armadas em 1974 e a aprovação da Constituição em 1976, período de instabilidade política no arranjo institucional português, tendo sido, inclusive, realizados dois acordos entre o Conselho da Revolução e os partidos políticos, com o objetivo de conduzir transição

---

147 É digno de nota que, muito embora o Governo exercesse a centralidade legislativa no Estado Novo, a Constituição de 1933 previa a existência de um Parlamento unicameral, intitulado de Assembleia Nacional. Entretanto, os poderes da Assembleia Nacional, que eram estreitos, foram ainda mais reduzidos pelas revisões constitucionais realizadas no decorrer desse período. Além da Assembleia Nacional, existia também previsão constitucional de órgão consultivo vinculado a esse Parlamento unicameral, cuja competência central era a emissão de pareceres sobre os assuntos legislativos submetidos ao debate parlamentar, sendo denominado de Câmara Corporativa. E diferentemente da Assembleia Nacional, que foi progressivamente suprimida, a Câmara Corporativa se tornou, na prática constitucional do Estado Novo português, importante centro de pressão institucional.

148 Durante o Estado Novo (1933-1974), a Presidência do Conselho de Ministros foi exercida apenas por António de Oliveira Salazar (1933-1968) e por Marcello Caetano (1968-1974). Lista disponível em: https://www.portugal.gov.pt/pt/gc21/governo/governos-anteriores/chefes-do-governo-desde-1821.aspx. Acesso em: 6 jun. 2022.

149 Portugal esteve diretamente envolvido em guerras coloniais que eclodiram em Angola, Moçambique e Guiné-Bissau.

150 O programa de governo apresentado pelo Movimento das Forças Armadas em 1974 tinha a descolonização como um de seus pilares, razão pela qual o foi sintetizado popularmente como os três d's, são eles: desenvolvimento, democratização e descolonização.

democrática equilibrada. Nesse período, formou-se governo provisório para a condução de Portugal, denominado de Junta de Salvação Nacional e composto por sete militares de alta patente do Exército, Aeronáutica e Marinha portuguesa.[151]

Os referidos acordos ocorreram em abril de 1975 e fevereiro de 1976, e tiveram alterações substanciais no funcionamento institucional português que estava sendo concebido, pois, no primeiro acordo, estava previsto que a eleição presidencial seria realizada de forma indireta, por intermédio de colégio eleitoral composto por membros das duas Casas legislativas até então cogitadas, ou seja, a Assembleia Legislativa, ainda não denominada de Assembleia da República, e a Assembleia do Movimento das Forças Armadas, que seria composta exclusivamente por militares.

Já no segundo pacto, não mais havia previsão de Assembleia do Movimento das Forças Armadas, passando-se a prever a eleição direta para o cargo de Presidente da República. A principal razão para essa modificação no segundo pacto entre o Conselho da Revolução e os partidos políticos foi a compreensão dos membros da Assembleia Constituinte de que o Presidente exerceria, na redação original da Constituição de 1976, importante papel institucional e que não poderia ser elevado ao cargo sem a concordância direta da população a ser por ele conduzida.

Assim, verifica-se que o segundo acordo foi de suma importância na formulação do modelo institucional concebido em Portugal, no qual os partidos políticos exerciam a centralidade no processo político, retirando-se, como consequência, a influência inicial exercida

[151] No período da Junta de Salvação Nacional, a Presidência da República foi ocupada por António de Spínola (maio a setembro de 1974) e por Francisco da Costa Gomes (setembro de 1974 a junho de 1976), ambos representantes do Exército português na Junta de Salvação. Há que se ressaltar que o Exército tinha maioria na Junta de Salvação Nacional, contando com três representantes, quais sejam: os dois já citados – e que ocuparam a Presidência da República nesse período –, e Silvério Marques. Por sua vez, a Aeronáutica e a Marinha tinham dois representantes cada, são eles, respectivamente: Galvão de Melo e Diogo Neto, da Aeronáutica, e Pinheiro de Azevedo e Rosa Coutinho, da Marinha. Por sua vez, a chefia de Governo nesse período ficou a cargo de três Primeiros-Ministros, que não eram necessariamente militares ou membros da Junta de Salvação Nacional, senão vejamos: (a) Adelino da Palma Carlos (maio a julho de 1974) – não era militar ou membro da Junta de Salvação Nacional; (b) Vasco dos Santos Gonçalves (formou quatro governos no período entre julho de 1974 e setembro de 1975) – era militar, mas não era membro da Junta de Salvação Nacional; e (c) Pinheiro de Azevedo (setembro de 1975 a julho de 1976) – foi o único Primeiro-Ministro nesse período que era militar e membro da Junta de Salvação Nacional, sendo representante da Marinha portuguesa.

pelas Forças Armadas. António Reis, em obra dedicada ao processo de democratização portuguesa, trata essa questão do reposicionamento das agremiações partidárias como decorrência do caráter que têm como "legítimos representantes da vontade popular".[152]

Além disso, vale destacar que a eleição para a Assembleia Constituinte responsável pela elaboração do novo texto constitucional ocorreu exatamente após um ano do Movimento das Forças Armadas, tendo acontecido no dia 25 de abril de 1975.[153] Essas eleições foram as primeiras da história constitucional portuguesa em que houve efetivo sufrágio universal e direto. Ao abordar a questão, Jorge Miranda sustenta que a Constituição de 1976 significa "a abertura para horizontes e aspirações de Estado social e de Estado de Direito democrático. E só nesta altura pode falar-se em constitucionalismo democrático, porque só agora está consignado o sufrágio universal".[154]

O processo de elaboração do novo texto constitucional foi célere, os trabalhos da Assembleia Constituinte eleita com poderes exclusivos para esse fim duraram dez meses, e alcançaram a sua aprovação pelo órgão legislativo originário em 2 de abril de 1976. Além disso, prestigiou-se novamente a data simbólica de 25 de abril, visto que a nova Constituição entrou em vigor na referida data, bem como as eleições para primeira legislatura da Assembleia da República também ocorreram no dia 25 de abril de 1976.

Nessa oportunidade, assim como na eleição da Assembleia Constituinte de 1975, a população portuguesa foi convocada de forma universal para o pleito eleitoral, cujos pilares foram o pluralismo partidário e a liberdade. Estavam em disputa na eleição de 1976 263 assentos legislativos, todos na Assembleia da República, pois a Constituição de 1976 previa um Legislativo unicameral. Além disso, a eleição foi disputada por quatorze partidos políticos, ampliação exponencial em comparação com o modelo anterior do Estado Novo de apenas um partido político.

Como resultado do primeiro pleito legislativo do Estado Democrático português, cinco partidos políticos conseguiram

---

[152] REIS, António. O processo de democratização. *In*: REIS, António (Coord.). *Portugal 20 anos de democracia*, v. 20, 19-39, 1994. p. 37.

[153] O resultado integral da eleição para a Assembleia Constituinte portuguesa de 1975 está disponível em: https://www.cne.pt/sites/default/files/dl/resultados_ac_1975.pdf. Acesso em: 29 jul. 2022.

[154] MIRANDA, Jorge. *Teoria do estado e da constituição*. Rio de Janeiro: Forense. 2015. p. 140.

representatividade na Assembleia da República, sendo eles: (a) o Partido Socialista, que alcançou a maior bancada com 107 parlamentares eleitos; (b) o Partido Popular Democrático, que elegeu 63 deputados; (c) o Centro Democrático Social, que formou uma bancada com 42 parlamentares; (d) o Partido Comunista Português, que elegeu 40 deputados; e (e) a União Democrática Popular, que conseguiu alcançar uma cadeira legislativa. Assim, em consonância com o resultado demonstrado, o Partido Socialista formou o Primeiro Governo Constitucional, sob a liderança de Mário Soares, o qual passou a exercer a chefia de Governo a partir do dia 23 de julho de 1976.

Por sua vez, a primeira eleição presidencial desse período histórico português ocorreu no dia 27 de junho de 1976, tendo sido eleito para o cargo de Presidente da República, por ampla maioria e em primeiro turno,[155] António Ramalho Eanes, não pertencente a nenhum quadro partidário português.[156] Nessa oportunidade, derrotou os candidatos Otelo Saraiva de Carvalho,[157] Pinheiro de Azevedo[158] e Octávio Pato.[159]

Após os referidos pleitos eleitorais de 1976, iniciava-se o funcionamento do semipresidencialismo português, marcado pela existência de três órgãos políticos ativos conduzidos pelo princípio da separação dos poderes, mas que atuam em interdependência.[160] São eles: (a) o Presidente da República; (b) a Assembleia da República; e (c) o Governo.

Nesse sentido, ao analisar as razões para opção de um sistema de governo com essas características, Jorge Miranda explica que o sistema português previsto na Constituição de 1976 foi concebido com o intuito de coibir os "vícios inversos do parlamentarismo de assembleia da Constituição de 1911 e da concentração de poder da Constituição de 1933, e tendo como pano de fundo a situação institucional pós-revolucionária".[161] Assim, passa-se a verificar os poderes que são con-

---

[155] António Ramalho Eanes obteve 61,59% dos votos válidos no primeiro turno. Os candidatos derrotados obtiveram, respectivamente, 16,46%, 14,37% e 7,59% dos demais votos válidos. Resultado disponível em: https://www.cne.pt/sites/default/files/dl/resultados_pr_1976.pdf. Acesso em: 7 jun. 2022.

[156] Muito embora não fosse filiado a nenhum partido político, Ramalho Eanes contava com o apoio de todos os partidos do centro democrático.

[157] Candidato independente.

[158] Candidato independente.

[159] Candidato do Partido Comunista Português.

[160] O funcionamento entre os órgãos de soberania a partir do princípio da separação dos poderes, mas em interdependência, está previsto textualmente na Constituição de 1976 desde sua redação original, estando hoje disposto no artigo 111º.

[161] MIRANDA, Jorge. *Teoria do estado e da constituição*. Rio de Janeiro: Forense, 2015. p. 142.

feridos a cada um dos órgãos políticos ativos em Portugal, bem como as relações entre eles estabelecidas.

O Presidente da República é objeto integral do Título II da Constituição de 1976, que, em sua redação original, conferia-lhe amplos poderes. Na linha do já exposto, a partir da revisão constitucional portuguesa de 1982, os poderes do Presidente da República foram atenuados, tendo sido a principal alteração a redução da responsabilidade do Governo perante o Presidente da República, na medida em que, anteriormente, tinha a possibilidade de livre e autônoma demissão do Governo e passou a ter, na nova redação, a limitação de demitir o Governo apenas quando "necessário para assegurar o funcionamento das instituições democráticas, ouvido o Conselho de Estado".[162] Reduziu-se essa prerrogativa à "faculdade excepcional ou último recurso para uma crise grave ou insuperável".[163]

Desse modo, com o advento da revisão constitucional de 1982, o Presidente da República foi distanciado da atividade de governo, exercendo, em maior extensão, papel de regulador do funcionamento democrático. Entretanto, essas modificações não têm o condão de retirar a importância institucional do Presidente da República, que continua sendo ator relevante no jogo político português.

Como chefe de Estado, caberá ao Presidente, nos termos do artigo 120º da Constituição de 1976, representar Portugal, garantir a sua independência nacional, a unidade do Estado e o funcionamento regular das instituições democráticas. Ainda em decorrência do exercício da chefia de Estado, o Presidente da República terá relação de interdependência com a Assembleia da República, entre as quais se destaca a possibilidade de dissolução do órgão legislativo[164], e com o Governo, com especial ênfase à já citada possibilidade de demissão

162 Constituição da República de Portugal, artigo 195º, 2: "O Presidente da República só pode demitir o Governo quando tal se torne necessário para assegurar o regular funcionamento das instituições democráticas, ouvido o Conselho de Estado".

163 MORAIS, Carlos Blanco de. *O sistema político*: no contexto da erosão da democracia representativa. Coimbra: Almedina, 2017. p. 488.

164 A possibilidade de dissolução da Assembleia da República por parte do Presidente da República está prevista no artigo 133º, alínea "e", devendo ser respeitadas as limitações previstas no artigo 172º, todos da Constituição de 1976. Além disso, a dissolução do Parlamento por parte do Presidente é considerada por Carlos Blanco de Morais a principal prerrogativa atribuída ao chefe de Estado em sistemas semipresidencialistas. MORAIS, Carlos Blanco de. *O sistema político*: no contexto da erosão da democracia representativa. Coimbra: Almedina, 2017. p. 489.

do referido órgão de soberania para assegurar o funcionamento das instituições democráticas.

Outra importante prerrogativa presidencial em Portugal é o exercício do Comando Supremo das Forças Armadas, cabendo ao Presidente da República o topo da hierarquia militar. Preside, portanto, o Conselho Superior da Defesa Nacional, bem como tem a faculdade para declarar guerra e fazer paz em nome de Portugal, prerrogativas estabelecidas nos artigos 120º, 133º, alínea "o", e 135º, alínea "c", todos da Constituição de 1976.

Por sua vez, destinou-se a integralidade do Título III do texto constitucional português à Assembleia da República, sendo definida como o órgão legislativo representativo de todos os cidadãos portugueses. Assim, por se tratar de Parlamento unicameral, sua importância institucional é ainda mais significativa. Nessa perspectiva, destaca-se que os principais poderes atribuídos à Assembleia da República são o de produção legislativa e de fiscalização do Governo.

Há de se apontar que a competência legislativa é objeto do artigo 161º da Constituição de 1976, que dispõe que determinadas matérias são de produção legislativa exclusiva da Assembleia da República, entre as quais se destacam: a) a aprovação de alterações à Constituição; b) a aprovação do orçamento encaminhado pelo Governo; c) a proposição ao Presidente de submeter a referendo popular questões de interesse nacional; e d) a autorização ao Presidente para declarar guerra e fazer paz.

Já o poder fiscalizatório está previsto no artigo 162º e decorre da própria teleologia do sistema de governo português, tendo em vista que o Governo depende de sustentação do órgão legislativo para sua formação e subsistência, devendo responder politicamente perante a Assembleia da República.

Assim, verifica-se que os poderes conferidos à Assembleia da República envolvem não apenas o órgão legislativo, mas também os demais órgãos políticos ativos de Portugal, haja vista que o funcionamento institucional português é conduzido pela combinação dos princípios da separação dos poderes e de sua interdependência.

Para encerrar a análise referente à distribuição dos poderes e sua relação com os demais órgãos de soberania em Portugal, passa-se ao exame das prerrogativas atribuídas pelo texto constitucional português ao Governo. É digno de nota que a Constituição de 1976, assim como o fez para o Presidente e para a Assembleia da República, dedicou todo o Título IV ao Governo, definindo-o, especificamente no artigo 182º, como órgão de condução política geral do país e órgão superior da Administração Pública portuguesa.

As competências centrais destinadas ao Governo são a política, a legislativa e a administrativa, previstas, respectivamente, nos artigos 197º, 198º e 199º da Constituição de 1976. Destacam-se, nesse sentido, os poderes atribuídos ao Governo de: a) negociação de acordos internacionais; b) produção de decretos-leis de matérias não exclusivas da Assembleia da República; e c) execução do orçamento.

Por outro lado, o Governo está submetido a uma estrutura de dupla responsabilidade, isto é, ante o Presidente e o Parlamento. Mas vale lembrar que, após a revisão constitucional de 1982, a responsabilidade perante os demais órgãos políticos ativos em Portugal não tem a mesma intensidade, já que, em relação ao Chefe de Estado, está no âmbito da regularidade institucional e, perante o Parlamento, está situada na confiança política. Assim sendo, o Parlamento exerce maior influência do que o Presidente em relação ao Governo, produzindo, nos dizeres, de Gomes Canotilho e Vital Moreira, uma "responsabilidade política difusa ou imperfeita".[165]

Feitas essas considerações acerca da distribuição dos poderes em Portugal, passa-se a analisar características específicas do modelo português em relação ao Presidente da República, tais como a duração de seu mandato e a possibilidade de reeleição para o cargo presidencial. Além disso, para melhor compreender o funcionamento do semipresidencialismo português, será realizado exame aprofundado de todas as eleições presidenciais após a promulgação da Constituição de 1976.

A duração do mandato presidencial em Portugal é de cinco anos, conforme previsão do artigo 128º da Constituição portuguesa de 1976. Além disso, objetivando-se viabilizar a alternância, é permitida, no arranjo institucional português, apenas e tão somente, uma reeleição, sendo vedado o exercício de terceiro mandato consecutivo, nos termos do artigo 123º, também do texto constitucional de 1976.

Carlos Blanco de Morais sustenta que a limitação do exercício de dois mandatos presidenciais consecutivos salvaguarda "o princípio republicano da renovação dos titulares nos cargos",[166] evitando-se, assim, "uma perenização dos mesmos titulares no poder ou tentações

---

165 CANOTILHO, J. J. Gomes; MOREIRA, Vital. *Os poderes do presidente da república*. Coimbra: Coimbra, 1991. p. 75.

166 MORAIS, Carlos Blanco de. *O sistema político*: no contexto da erosão da democracia representativa. Coimbra: Almedina, 2017. p. 612.

bonapartistas ou de personalização excessiva da Chefia de Estado que alterem os equilíbrios do sistema político".[167]

A reeleição em Portugal se torna ainda mais relevante porque tem sido fenômeno recorrente e contínuo no Estado Democrático iniciado em 1976. Há de se destacar que todos os Presidentes eleitos desde então foram capazes de se reeleger, tendo exercido o segundo mandato consecutivo, conforme será devidamente demonstrado a seguir.

Como já demonstrado anteriormente, Ramalho Eanes foi o primeiro presidente eleito no Estado Democrático, tendo exercido os mandatos presidenciais entre 1976 e 1986. A primeira eleição de Eanes já foi devidamente esmiuçada, razão pela qual será abordada, neste momento, apenas a sua reeleição. No pleito presidencial de 1980, o então Presidente Eanes[168] novamente se sagrou vitorioso com ampla maioria de votos, tendo sido novamente eleito em primeiro turno após derrotar Soares Carneiro,[169] Otelo Saraiva de Carvalho,[170] Galvão Melo,[171] Pires Veloso[172] e Aires Rodrigues.[173] [174]

Apesar de ter sido reeleito com facilidade, Ramalho Eanes não conseguiu eleger o candidato que escolhera para ser o seu sucessor na Presidência da República – Salgado Zenha –,[175] que foi apenas o terceiro mais bem votado nas eleições presidenciais de 1986.

Esse pleito eleitoral guardou inúmeras particularidades, dentre as quais, se destacam: a) ter sido a primeira e, até hoje, a única eleição presidencial da democracia portuguesa a ser decidida em segundo turno;[176] b) a retomada do exercício da Presidência por um civil, após

---

167 Idem.

168 Novamente Ramalho Eanes se candidatou de forma independente, mas contando com o apoio dos partidos de esquerda e centro-esquerda, são eles: a) Partido Socialista; b) Partido Comunista Português; e c) Partido Comunista dos Trabalhadores Portugueses.

169 Soares Carneiro era o candidato da Aliança Democrática.

170 Otelo Saraiva de Carvalho era o candidato da Força de Unidade Popular.

171 Galvão Melo era candidato independente.

172 Pires Veloso era candidato independente.

173 Aires Rodrigues era o candidato do Partido Operário da Unidade Socialista.

174 António Ramalho Eanes obteve 56,44% dos votos válidos no primeiro turno. Os candidatos derrotados obtiveram, respectivamente, 40,23%, 1,49%, 0,84%, 0,78% e 0,22% dos demais votos válidos. O resultado completo está disponível em: https://www.cne.pt/sites/default/files/dl/resultados_pr_1980.pdf. Acesso em: 20 jun. 2022.

175 Candidato do Partido Renovador Democrático (atualmente denominado de Ergue-te) em coalizão com o Partido Comunista Português.

176 Os dois turnos da eleição presidencial de 1986 aconteceram, respectivamente, nos dias 26/01/1986 e 16/02/1986.

seis décadas tendo sido exercida por militares;[177] c) vitória de candidato que tinha baixa intenção de voto no início da campanha e que foi para a disputa do segundo turno com diferença de mais de 20% de votos do mais bem votados no primeiro turno.[178]

Como já destacado, nenhum candidato conseguiu obter mais de 50% dos votos, na forma do artigo 126 da Constituição Portuguesa, de modo que os dois mais bem votados, Freitas do Amaral,[179] candidato de centro-direita, e Mário Soares,[180] candidato de esquerda, disputaram o segundo turno. Como resultado desse pleito, Mário Soares se sagrou vitorioso por apertada maioria,[181] tendo sido capaz de reverter a vantagem obtida por Freitas do Amaral no primeiro turno, bem como de derrotar aquele que era o candidato apoiado pelo então Primeiro-Ministro Cavaco Silva, após já ter conseguido derrotar, em primeiro turno, o candidato do então Presidente Ramalho Eanes.[182] [183]

---

177 Mário Soares foi o primeiro civil a exercer a Presidência da República desde o término antecipado do mandato de Bernardino Machado, em 1926, em decorrência do movimento militar de maio daquele ano. Nessas seis décadas de exercício presidencial por militares, ocuparam o cargo: a) José Mendes Cabeçadas, oficial da Marinha; b) Manuel Gomes da Costa, oficial de cavalaria; c) Óscar Carmona, oficial de cavalaria; d) Francisco Craveiro Lopes, oficial da Aeronáutica; e) Américo Tomás, oficial da Marinha; f) António de Spínola, oficial de cavalaria; g) Francisco da Costa Gomes, oficial de cavalaria; e g) Ramalho Eanes, oficial de infantaria.

178 A eleição presidencial de 1986 foi extremamente disputada, especialmente por contrastar candidatos que eram apoiados pelo então Presidente e pelo então Primeiro-Ministro, bem como importantes lideranças partidárias portuguesas. Consagrou-se como Presidente Mário Soares, candidato que foi alçado ao segundo turno com apenas 25,43% dos votos válidos, enquanto o primeiro colocado no primeiro turno havia obtido 46,31% dos votos válidos, de modo que o candidato que combinava ampla maioria conquistada no primeiro turno com o apoio de Cavaco Silva, então Primeiro-Ministro, restou derrotado ao final. Os resultados completos dos dois turnos da eleição presidencial de 1986 estão disponíveis em: https://www.cne.pt/sites/default/files/dl/resultados_pr_1986_primeiravolta.pdf; e https://www.cne.pt/sites/default/files/dl/resultados_pr_1986_segundavolta.pdf. Acesso em: 20 jun. 2022.

179 Candidato do Partido do Centro Democrático Social em coalização com o Partido Social Democrata e o Partido da Democracia Cristã.

180 Candidato do Partido Socialista.

181 Mário Soares obteve, em segundo turno, 51,18% dos votos válidos, enquanto Freitas do Amaral foi derrotado ao receber os demais 48,82% dos votos válidos naquela ocasião. O resultado integral do referido segundo turno está disponível em: https://www.cne.pt/sites/default/files/dl/resultados_pr_1986_segundavolta.pdf. Acesso em: 20 jun. 2022.

182 O candidato escolhido pelo então Presidente Ramalho Eanes para sua sucessão era o já mencionado Salgado Zenha, que foi apenas o terceiro colocado no primeiro turno.

183 Além dos candidatos já citados, e que foram os três mais bem votados no primeiro turno da eleição presidencial de 1986, também participou desse pleito Maria de Lurdes Pintasilgo como candidata da União Democrática Popular.

Apesar da apertada vitória no pleito eleitoral de 1986, Mário Soares[184] conseguiu se reeleger sem grandes dificuldades, tendo alcançado a expressiva votação de 70,35% dos votos válidos no primeiro turno, superando, assim, os candidatos Basílio Horta,[185] Carlos Carvalhas[186] e Carlos Marques.[187] [188]

Além disso, diferentemente de Ramalho Eanes, Mário Soares conseguiu eleger o candidato que escolhera para sua sucessão, tendo se sagrado vitorioso o candidato do Partido Socialista, Jorge Sampaio. É digno de nota que as eleições presidenciais de 1996 foram novamente vencidas por estreita maioria,[189] bem como foram marcadas pela disputa de apenas dois candidatos ao cargo[190] – Jorge Sampaio e Cavaco Silva.[191]

Por sua vez, o pleito eleitoral de 2001, apesar de ter sido vencido novamente por Jorge Sampaio sem ampla maioria de votos no primeiro turno, guardou diferenças com as eleições de 1986, principalmente pelo fato de que foram cinco os candidatos que disputaram o cargo presidencial.[192] Assim, observa-se, a partir da distribuição dos votos dos quatro candidatos derrotados, que o candidato eleito, Jorge

---

184 Assim como na eleição presidencial de 1986, Mário Soares concorreu como candidato do Partido Socialista.

185 Basílio Horta era o candidato do Partido do Centro Democrático Social – ideologia partidária de centro-direita – e obteve 14,16% dos votos válidos no primeiro turno da eleição presidencial de 1991.

186 Carlos Carvalhas era o candidato do Partido Comunista Português – ideologia partidária de esquerda – e obteve 12,92% dos votos válidos no primeiro turno do pleito eleitoral presidencial de 1991.

187 Carlos Marques era o candidato da União Democrática Popular – também de ideologia partidária de esquerda – e obteve apenas 2,57% dos votos válidos no primeiro turno da eleição presidencial de 1991.

188 O resultado da eleição presidencial de 1991, com a devida discriminação dos votos obtidos por cada um dos candidatos, está disponível em: https://cne.pt/sites/default/files/dl/resultados_pr_1991.pdf. Acesso em: 26 jul. 2022.

189 Jorge Sampaio obteve 53,91% dos votos válidos, enquanto Cavaco Silva obteve 46,09% dos votos válidos. A formação dessa apertada maioria fica ainda mais evidente quando se verifica que o candidato eleito conseguiu apenas 439.925 votos a mais que o candidato derrotado. O resultado está disponível em: https://www.cne.pt/sites/default/files/dl/resultados_pr_1996.pdf. Acesso em: 26 jul. 2022.

190 É digno de nota que dois outros candidatos chegaram a lançar candidatura para a disputa presidencial de 1996. Todavia, Jeronimo de Sousa e Alberto Matos, candidatos do Partido Comunista Português e da União Democrática Popular, desistiram de suas candidaturas para declarar apoio a Jorge Sampaio.

191 Cavaco Silva era o candidato do Partido Social Democrata.

192 Disputaram as eleições presidenciais de 2001 os seguintes candidatos: a) Jorge Sampaio, do Partido Socialista; b) Joaquim Amaral, do Partido Social Democrata; c) António Abreu, do Partido Comunista Português; d) Fernando Rosas, do Bloco de Esquerda; e António Pereira, do Partido Comunista dos Trabalhadores Portugueses.

Sampaio, conseguiu se reeleger com distância confortável em relação ao segundo colocado.[193]

Já na eleição presidencial de 2006, Jorge Sampaio não foi capaz de repetir o feito de seu companheiro de partido, Mário Soares, que conseguiu, nas eleições de 1996, conduzir com êxito a sucessão presidencial para o então candidato do Partido Socialista. Entretanto, há que se destacar que, nessa oportunidade, o Partido Socialista já ocupava a Presidência por vinte anos ininterruptos, de modo que a alternância era objetivada, bem como o desgaste era patente. Essa constatação se torna ainda mais visível quando se verifica que o candidato para a sucessão de Jorge Sampaio era o próprio ex-Presidente Mário Soares, que, contudo, restou derrotado de forma expressiva, tendo sido apenas o terceiro colocado no primeiro turno.

Assim, como resultado do referido pleito eleitoral de 2006,[194] sagrou-se eleito à Presidência o candidato Cavaco Silva,[195] que obteve 50,54% dos votos válidos no primeiro turno, superando, respectivamente, Manuel Alegre,[196] Mário Soares,[197] Jeronimo de Sousa,[198] Francisco Louçã[199] e António Pereira.[200]

Nas eleições subsequentes, ocorridas em 2011, Cavaco Silva conseguiu ser reeleito no primeiro turno com certa facilidade, muito embora tenha angariado apenas 53,14% dos votos válidos. Todavia, a não obtenção de maioria expressiva de votos por parte de Cavaco Silva

---

193 O pleito eleitoral de 2001 produziu o seguinte resultado: a) eleito Jorge Sampaio com 55,55% dos votos válidos; b) segunda colocação para Joaquim Amaral, com 34,68% dos votos válidos; c) terceira colocação para António Abreu, com 5,16% dos votos válidos; d) quarta colocação para Fernando Rosas, com 3,00% dos votos válidos; e e) quinta colocação para António Pereira, com apenas 1,59% dos votos válidos. O resultado está disponível em: https://www.cne.pt/sites/default/files/dl/resultados_pr_2001.pdf. Acesso em: 26 jul. 2022.

194 O resultado das eleições presidenciais de 2006 está disponível em: https://www.cne.pt/sites/default/files/dl/resultados_pr_2006.pdf. Acesso em: 26 jul. 2022.

195 Assim como nas eleições presidenciais de 1996, Cavaco Silva disputou o pleito eleitoral de 2006 como candidato do Partido Social Democrata.

196 Manuel Alegre era candidato independente e obteve 20,74% dos votos válidos no primeiro turno.

197 Mário Soares era candidato do Partido Socialista e conseguiu 14,31% dos votos válidos no primeiro turno.

198 Jeronimo de Sousa era candidato do Partido Comunista Português e angariou 8,64% dos votos válidos no primeiro turno.

199 Francisco Louça era candidato do Bloco de Esquerda e conquistou 5,32% dos votos válidos no primeiro turno.

200 António Pereira era candidato do Partido Comunista dos Trabalhadores Portugueses e recebeu 0,44% dos votos válidos no primeiro turno.

se deve mais à divisão de votos decorrente das seis candidaturas[201] do que ao desempenho de seus concorrentes, os quais conseguiram o seu melhor resultado com Manuel Alegre, que conquistou apenas 19,67% dos votos válidos.[202]

A influência de Cavaco Silva superou a duração de seus mandatos presidenciais, tendo sido capaz, assim como Mário Soares na década de 1990, de eleger o candidato que indicara a sua sucessão. Assim, Marcelo Rebelo de Sousa, companheiro de agremiação partidária de Cavaco Silva, restou eleito Presidente da República nas eleições de 2016.[203]

Observam-se, da análise dos resultados desse pleito eleitoral, inúmeras semelhanças com a vitória de Cavaco Silva em 2011, tendo em vista que o candidato eleito se sagrou vitorioso já no primeiro turno, mas sem ter tido votação muito superior aos 50% dos votos válidos necessários para sua eleição.[204] Novamente, contudo, isso decorre, em maior extensão, da grande quantidade de candidaturas do que do próprio desempenho de seus adversários.[205]

Ao disputar sua reeleição em 2021, Marcelo Rebelo de Sousa, que goza de ampla popularidade em Portugal, conseguiu ampliar sua vantagem perante os demais candidatos,[206] tendo sido novamente eleito

---

201 Disputaram as eleições presidenciais de 2011 os seguintes candidatos: a) Cavaco Silva, do Partido Social Democrata; b) Manuel Alegre, do Partido Socialista; c) Fernando Nobre, candidato independente; d) Francisco Lopes, do Partido Comunista Português; e) José Coelho, do Partido Nova Democracia; e f) Defensor Moura, candidato independente.

202 O resultado completo das eleições presidenciais de 2011 está disponível em: https://www.cne.pt/sites/default/files/dl/resultados_pr_2011.pdf. Acesso em: 26 jul. 2022.

203 O resultado completo das eleições presidenciais de 2016 está disponível em: https://www.cne.pt/sites/default/files/dl/pr_2016_mapa_oficial_resultados_3_2016.pdf. Acesso em: 26 jul. 2022.

204 Marcelo Rebelo de Sousa foi eleito em primeiro turno com 52,00% dos votos válidos.

205 A disputa eleitoral de 2016 foi disputada por dez candidatos, configurando o pleito com o maior número de candidatos desde a introdução do Estado Democrático português. Foram eles: a) Marcelo Rebelo de Sousa, do Partido Social Democrata – que obteve 52,00% dos votos válidos; b) António Nóvoa, candidato independente – que angariou 22,88% dos votos válidos; c) Marisa Matias, do Bloco de Esquerda – que conseguiu 10,12% dos votos válidos; d) Maria Roseira, candidata independente – que recebeu 4,24% dos votos válidos; e) Edgar Silva, do Partido Comunista Português – que conquistou 3,94% dos votos válidos; f) Vitorino Silva, candidato independente – que obteve 3,28% dos votos válidos; g) Paulo Morais, candidato independente – que recebeu 2,16% dos votos válidos; h) Henrique Neto, candidato independente – que angariou 0,84% dos votos válidos; i) Jorge Sequeira, candidato independente – que conseguiu 0,30% dos votos válidos; e j) Cândido Ferreira, candidato independente – que obteve 0,23% dos votos válidos.

206 A eleição de 2021 foi disputada pelos seguintes candidatos: a) Marcelo Rebelo de Souza, do Partido Social Democrata; b) Ana Gomes, do Partido Socialista; c) André Ventura, do Partido Chega; d) João Ferreira, do Partido Comunista Português; e) Marisa Matias, do

em primeiro turno com facilidade, com 60,66% dos votos válidos.[207] Além disso, a segunda colocada, Ana Gomes, obteve apenas 12,96% dos votos válidos, demonstrando-se a ampla superioridade alcançada pelo atual Presidente português.

Assim, verifica-se, a partir da análise das eleições presidenciais que sucederam a promulgação da Constituição portuguesa de 1976 e a consequente combinação dos ditames previstos nos artigos 123º e 128º do referido texto constitucional, que abordam, respectivamente, a possibilidade de uma reeleição e a duração do mandato de cinco anos, que todos os Presidentes da República eleitos a partir de 1976 exerceram o cargo por dez anos, tendo, portanto, se sagrado vitoriosos em suas reeleições.

Além disso, a limitação a apenas uma reeleição consecutiva objetiva prestigiar o princípio da alternância e da renovação dos titulares dos cargos públicos, principalmente no tocante à identificação pessoal do detentor do cargo presidencial durante aquele período ininterrupto não superior a dez anos. Nesse aspecto, não restam dúvidas quanto ao sucesso observado na prática constitucional portuguesa.

Há de se destacar que as agremiações partidárias de Mário Soares e de Cavaco Silva foram capazes de prolongar o seu período na Presidência, na medida em que conseguiram eleger como sucessores membros de seus partidos, nas figuras de Jorge Sampaio e Marcelo Rebelo de Sousa, respectivamente. Assim, o Partido Socialista esteve à frente da chefia de Estado por vinte anos ininterruptos, 1986-2006, enquanto o Partido Social Democrata já está na Presidência há dezesseis anos e, dentro da normalidade institucional, concluirá, em 2026, ao menos vinte anos ininterruptos.

Diante dessas constatações, é possível afirmar que a democracia portuguesa pós-promulgação da Constituição de 1976 tem sido bem-sucedida em seus esforços para viabilizar a alternância política no poder, não devendo ser interpretada a reincidência das reeleições como um fator, por si só, negativo, ante a própria previsão constitucional que estabelece o instituto.

Além disso, os períodos de vinte anos exercidos pelos Partidos Socialista e Social Democrata não fogem da normalidade institucional,

---

Bloco de Esquerda; f) Tiago Mayan, do Partido Iniciativa Liberal; e g) Vitorino Silva, do Partido Reagir, Incluir e Reciclar.

[207] O resultado completo das eleições presidenciais de 2021 está disponível em: https://www.cne.pt/sites/default/files/dl/2021_pr_mapa_oficial_resultados.pdf. Acesso em: 26 jul. 2022.

e o arranjo se demonstra adequado para viabilizar o surgimento de novas lideranças e promover a alternância.

Essa virtude pode ser bem exemplificada pela derrota expressiva de Mário Soares nas eleições presidenciais de 2006, quando somente dez anos após ter exercido o seu decênio presidencial, 1986-1996, e concorrendo como candidato da situação, foi apenas o terceiro colocado naquela eleição que consagrou como vitorioso o seu principal antagonista político. Assim, é possível concluir pelo funcionamento institucional adequado no que diz respeito às eleições presidenciais e suas derivações, tais como o instituto da reeleição e os princípios da alternância e renovação dos detentores dos cargos públicos.

Além das eleições presidenciais já devidamente abordadas, faz-se necessário analisar as eleições legislativas ocorridas em Portugal após a promulgação da Constituição de 1976 e os governos constitucionais que foram formados em decorrência desses resultados eleitorais. É digno de nota que nesse período histórico foram realizados 16 pleitos legislativos,[208] bem como foram formados 23 governos constitucionais.

A primeira eleição legislativa do Estado Democrático português aconteceu no dia 25 de abril de 1976 e já teve os resultados devidamente explicitados anteriormente. Assim, apenas com o intuito de rememorar tais questões, destaca-se que, em consonância com o resultado demonstrado, o Partido Socialista formou o primeiro governo constitucional, sob a liderança de Mário Soares que passou a exercer a chefia de Governo a partir do dia 23 de julho de 1976.

Não obstante, após a rejeição de moção de confiança submetida ao Parlamento, o primeiro governo constitucional de Mário Soares se encerrou no dia 23 de janeiro de 1978, tendo subsistido por exatos um ano e seis meses. Entretanto, o resultado das eleições de 1976 era de ampla maioria do Partido Socialista,[209] e Mário Soares permanecia como a sua grande liderança partidária, de modo que o segundo governo constitucional foi formado também sob seu comando, tendo perdurado até o dia 29 de agosto de 1978, data da demissão desse governo por parte do então Presidente da República, Ramalho Eanes.

---

[208] É digno de nota que, desses dezesseis pleitos legislativos, quinze foram ordinários, e o ocorrido em 2 de dezembro de 1979 foi uma eleição intercalar, por iniciativa do então Presidente, Ramalho Eanes.

[209] O segundo governo constitucional foi formado a partir de uma coligação do Partido Socialista com o Centro Democrático Social.

Após a demissão do segundo governo de Mário Soares, Ramalho Eanes inovou ao formar o primeiro governo constitucional de iniciativa presidencial, tendo escolhido para a chefia de governo Alfredo Nobre da Costa.[210] Contudo, a tentativa do então Presidente fracassou, tendo sido o governo com menor duração[211] até os dias de hoje e que nem sequer conseguiu aprovar o seu programa de governo no Parlamento, razão pela qual foi destituído de suas funções.

Em seguida, novamente por iniciativa presidencial, formou-se o quarto governo constitucional sob a liderança de Carlos Mota Pinto.[212] Há de se destacar que, apesar de ter aprovado o seu programa de governo na Assembleia da República, esse governo também não foi de longa duração, dado que o Primeiro-Ministro, após menos de oito meses no cargo, entregou o seu pedido de demissão.

Diante desse cenário de instabilidade institucional patente na primeira legislatura portuguesa, Ramalho Eanes convocou eleições intercalares para o dia 2 de dezembro de 1979, tendo sido formado, apenas para a condução da chefia de Governo durante o período preparatório das eleições intercalares,[213] o quinto governo constitucional sob o comando de Maria de Lurdes Pintasilgo.[214]

As eleições intercalares de 1979 produziram resultado distinto ao das eleições de 1976, principalmente no que se refere ao Partido Socialista, que teve redução significativa do número de suas cadeiras legislativas, diminuindo, consequentemente, a sua influência na formação do novo Governo. Além disso, o Partido Social Democrata, o Centro Democrático Social e o Partido Popular Monárquico formaram coligação para essa disputa eleitoral, o que resultou na composição do maior grupo parlamentar, com 128 parlamentares, invertendo a equação – que antes pendia para a centro-esquerda – para a centro-direita.[215]

Assim, como consequência dos resultados das eleições intercalares, formou-se o sexto governo constitucional sob a liderança de

---

210 Alfredo Nobre da Costa não era filiado a nenhum partido político português.

211 O governo de Alfredo Nobre da Costa teve duração inferior a três meses, tendo subsistido de 29 de agosto de 1978 até 22 de novembro do mesmo ano.

212 Assim como Alfredo Nobre da Costa, Carlos Mota Pinto não era filiado a nenhum partido político português.

213 O referido governo teve duração entre os dias 1 de agosto de 1979 e 3 de janeiro de 1980.

214 Assim como Alfredo Nobre da Costa e Carlos Mota Pinto, Maria de Lurdes Pintasilgo não era filiada a nenhum partido político português.

215 O resultado integral da eleição legislativa intercalar de 1979 está disponível em: https://www.cne.pt/sites/default/files/dl/resultados_ar_1979.pdf. Acesso em: 29 jul. 2022.

Francisco Sá Carneiro, representante da referida coligação de centro-direita. Apesar de ter conseguido resgatar certa estabilidade institucional, o governo de Francisco Sá Carneiro perdurou por apenas pouco mais de um ano, tendo em vista o falecimento do titular da chefia de Governo. Como consequência de seu falecimento, foram convocadas eleições legislativas antecipadas.

O resultado das eleições legislativas antecipadas de 1980 foi em muito semelhante ao produzido no pleito intercalar de 1979, mantendo-se a maioria parlamentar sob o comando da coligação entre o Partido Social Democrata, o Centro Democrático Social e o Partido Popular Monárquico.[216] E isso se deve em grande extensão à estabilidade institucional alcançada durante o governo de Francisco Carneiro.

Assim, o sétimo governo constitucional foi formado sob a condução de Francisco Pinto Balsemão, principal representante da coligação majoritária, tendo se encerrado apenas após seu pedido de demissão. Todavia, ato contínuo ao pedido de demissão, formou-se novo governo, também liderado por Francisco Pinto Balsemão, o qual permaneceu no cargo, nessa oportunidade, por cerca de dois anos, até que fossem convocadas novas eleições antecipadas em razão do pedido de exoneração do Primeiro-Ministro.

A eleição legislativa antecipada de 1983 produziu um cenário totalmente distinto dos dois pleitos eleitorais anteriores, com a retomada do protagonismo por parte do Partido Socialista, bem como com a redução da importância dos partidos de centro-direita que tinham predominado a partir da eleição intercalar de dezembro de 1979.[217] Assim, a partir de um acordo entre o Partido Socialista e o Partido Social Democrata, formou-se o terceiro governo do líder socialista Mário Soares. Há de se destacar que o nono governo constitucional foi capaz de subsistir por mais de dois anos, período mais longevo até então no Estado Democrático português, encerrando-se após o pedido de exoneração de Mário Soares e a consequente convocação de eleições antecipadas devido à ruptura do acordo entre o Partido Socialista e o Partido Social Democrata.

---

216 A coligação ampliou suas cadeiras legislativas de 128 para 134 representantes. Além disso, o Partido Socialista perdeu mais espaço político, tendo sua representação reduzida para 66 parlamentares. O resultado completo dessa eleição está disponível em: https://www.cne.pt/sites/default/files/dl/resultados_ar_1980.pdf. Acesso em: 29 jul. 2022.

217 A apuração completa da eleição parlamentar ocorrida em 1983 está disponível em: https://www.cne.pt/sites/default/files/dl/resultados_ar_1983.pdf. Acesso em: 29 jul. 2022.

As eleições de 1985 novamente causaram grandes alterações no cenário político português, com ampla recuperação da bancada do Partido Social Democrata, que retomava a centralidade política, e redução expressiva das cadeiras destinadas ao Partido Socialista. Além disso, o recém-criado Partido Renovador Democrático, sob a figura do então Presidente Ramalho Eanes, conseguiu conquistar a terceira maior bancada legislativa em sua primeira participação eleitoral.[218] Como consequência desse pleito, formou-se o primeiro governo de Cavaco Silva, que perdurou até meados de 1987, quando foi aprovada moção de censura ao seu governo e foram convocadas novas eleições antecipadas.

A quinta legislatura, inaugurada com a eleição de 1987, consagrou mais uma vez o Partido Social Democrata como principal ator político em Portugal, com significativa ampliação da maioria que já tinha na última legislatura. Por outro lado, o Partido Socialista manteve a segunda maior bancada, enquanto o Partido Renovador Democrático, surpresa das eleições de 1985, teve sua bancada reduzida de forma expressiva, limitando-se a sete cadeiras na Assembleia da República.[219] O resultado desse pleito gerou a formação de novo governo liderado por Cavaco Silva, o qual conseguiu alcançar estabilidade institucional, tendo governado Portugal até o final da legislatura no final de 1991.

Em decorrência da solidez do segundo governo de Cavaco Silva, o Partido Social Democrata manteve a sua posição de maior bancada na Assembleia da República nas eleições de 1991, com um estreito crescimento do Partido Socialista.[220] Logo, formou-se o terceiro governo seguido conduzido por Cavaco Silva, que novamente obteve êxito e continuidade, sustentando-se por toda a legislatura.

Entretanto, após seguidos predomínios do Partido Social Democrata, o Partido Socialista conseguiu recuperar o protagonismo nas eleições de 1995, tendo conduzido António Guterres ao cargo de Primeiro-Ministro, condição que se manteve até o final da legislatura em 1999.[221]

---

[218] O resultado integral das eleições legislativas de 1985 está disponível em: https://www.cne.pt/sites/default/files/dl/resultados_ar_1985.pdf. Acesso em: 29 jul. 2022.

[219] O escrutínio completo do pleito eleitoral legislativo de 1987 está disponível em: https://www.cne.pt/sites/default/files/dl/resultados_ar_1987.pdf. Acesso em: 29 jul. 2022.

[220] O resultado final das eleições parlamentares de 1991 está disponível em: https://www.cne.pt/sites/default/files/dl/resultados_ar_1991.pdf. Acesso em: 29 jul. 2022.

[221] A apuração completa da disputa eleitoral legislativa de 1995 está disponível em: https://www.cne.pt/sites/default/files/dl/resultados_ar_1995.pdf. Acesso em: 29 jul. 2022.

Assim como no segundo governo de Cavaco Silva, a solidez do programa de governo de António Guterres guiou o Partido Socialista a se sagrar vencedor nas eleições legislativas de 1999,[222] de modo que se formou novo governo por ele conduzido. Contudo, o governo de Guterres chegou ao fim no início de 2002 após o seu pedido de demissão, tendo sido convocadas eleições legislativas antecipadas.

A eleição legislativa de 2002 consagrou o retorno do Partido Social Democrata à liderança institucional portuguesa, embora o Partido Socialista tenha tido um bom desempenho, em muito se aproximando do número de assentos na Assembleia da República.[223] De todo modo, a partir de uma coalizão com o Centro Democrático Social, o Partido Social Democrata formou o governo liderado por Durão Barroso, que perdurou até meados de 2004, quando o então Primeiro-Ministro pediu demissão do cargo para assumir a Presidência da Comissão Europeia.

Diante da demissão de Durão Barroso e da manutenção da maioria obtida pelo Partido Social Democrata na eleição de 2002, formou-se o governo do líder social democrata Pedro Santana Lopes, que, por sua vez, exerceu a chefia de governo por menos de um ano, ante a iniciativa presidencial de dissolução da Assembleia da República.

As eleições antecipadas de 2005, convocadas pelo então Presidente Jorge Sampaio, provaram-se medida adequada aos interesses de seu partido, tendo em vista que o Partido Socialista conseguiu reverter a maioria anterior pertencente ao Partido Social Democrata, retomando a maioria na Assembleia da República.[224] Como consequência dessa reconquista, José Sócrates se tornou Primeiro-Ministro, tendo conseguido permanecer no cargo até o final da legislatura em 2009.

As eleições legislativas de 2009,[225] apesar de terem reduzido significativamente a bancada do Partido Socialista, não foram capazes de retirar a sua maioria, de modo que José Sócrates formou novo governo, tendo subsistido até meados de 2011, ocasião na qual o então Primeiro-Ministro pediu demissão e foram convocadas eleições antecipadas.

---

[222] O resultado integral das eleições legislativas de 1999 está disponível em: https://www.cne.pt/sites/default/files/dl/resultados_ar_1999.pdf. Acesso em: 29 jul. 2022.

[223] A contagem final das eleições parlamentares de 2002 está disponível em: https://www.cne.pt/sites/default/files/dl/resultados_ar_2002.pdf. Acesso em: 29 jul. 2022.

[224] O escrutínio completo do pleito legislativo de 2005 está disponível em: https://www.cne.pt/sites/default/files/dl/resultados_ar_2005.pdf. Acesso em: 29 jul. 2022.

[225] O resultado final do pleito parlamentar de 2009 está disponível em: https://www.cne.pt/sites/default/files/dl/resultados_ar_2009.pdf. Acesso em: 29 jul. 2022.

Por sua vez, as eleições antecipadas de 2011 marcaram o retorno do protagonismo ao Partido Social Democrata e o consequente encolhimento do Partido Socialista.[226] Assim, a partir de uma coalizão com Centro Democrático Social, o Partido Social Democrata voltou a ter um Primeiro-Ministro na figura de Pedro Passos Coelho, que conseguiu alcançar estabilidade institucional, mantendo-se no cargo até o final da legislatura em 2015.

Ressalta-se que as eleições subsequentes, ocorridas em 2015, foram disputadas, cadeira a cadeira, entre os dois partidos com maior representatividade na Assembleia da República desde a promulgação da Constituição de 1976, isto é, Partido Socialista e Partido Social Democrata, tendo o primeiro conseguido 86 cadeiras e o segundo 89.[227] Desse modo, em nova coalização com o Centro Democrático Social, o Partido Social Democrata conduziu Pedro Passos Coelho ao seu segundo governo. No entanto, após a rejeição de seu programa de governo na Assembleia da República, menos de um mês depois, o Partido Socialista conseguiu maioria para formar o governo liderado por António Costa, que perdurou até o final da legislatura em 2019.

Como demonstrado, a legislatura de 2015 a 2019 ficou marcada pela patente divisão de forças na Assembleia da República entre o Partido Socialista, representando a frente de esquerda, e o Centro Democrático Social, liderando os partidos de direita. Assim, nenhuma agremiação política detinha o controle individual do Parlamento, de modo que foi necessária a formação de arranjo de forças políticas, denominado de "geringonça",[228] para alçar António da Costa ao cargo de Primeiro-Ministro.

Como resultado da estabilidade alcançada por António Costa na legislatura anterior, o Partido Socialista conseguiu ampliar de forma

---

226 O resultado final das eleições parlamentares de 2011 está disponível em: https://www.cne.pt/sites/default/files/dl/resultados_ar2011.pdf. Acesso em: 29 jul. 2022.

227 O escrutínio completo do pleito eleitoral legislativo de 2015 está disponível em: https://www.cne.pt/sites/default/files/dl/ar2015_mapa_oficial_resultados.pdf. Acesso em: 29 jul. 2022.

228 A "geringonça" foi a nomenclatura dada ao acordo formalizado entre o Partido Socialista, o Bloco de Esquerda e o Partido Comunista Português com o objetivo de viabilizar a formação de um governo de esquerda na legislatura de 2015 a 2019. Como se observa, o referido mecanismo foi bem sucedido, tendo permitido a formação do primeiro governo de António da Costa. Além disso, a boa governabilidade observada nesse período permitiu que nos pleitos subsequentes o Partido Socialista tenha continuado a ampliar sua maioria na Assembleia da República.

expressiva a sua maioria parlamentar nas eleições de 2019,[229] mas que ainda não era suficiente para governar de forma autônoma, demandando o suporte de outros partidos. Entretanto, dessa vez, não foi possível preservar a "geringonça", de modo que o Bloco de Esquerda e o Partido Comunista Português, apesar de sustentarem a recondução de António da Costa, optaram por negociar o seu apoio a cada votação, de modo que não mais havia a formalização de acordo como em 2015. Assim, novamente sob a liderança de António Costa se formou o vigésimo segundo governo constitucional, que se encerrou apenas com o término do mandato presidencial.

O pleito eleitoral subsequente, ocorrido em janeiro de 2022, seguiu a mesma toada das eleições parlamentares anteriores, produzindo novo crescimento expressivo da bancada legislativa do Partido Socialista, de modo que a agremiação partidária passou a ter maioria absoluta na Assembleia da República, contando com 120 dos 230 parlamentares,[230] situação somente antes vivenciada em quatro oportunidades nas quinze legislaturas desde a promulgação da Constituição de 1976.[231] Assim, ante a inequívoca resposta popular nas eleições de 2022, formou-se o novo e atual governo de António Costa, que perdura até o presente momento.

Como se verifica do exame das 15 legislaturas empossadas e dos 23 governos formados após a promulgação da Constituição de 1976, o sistema partidário português, apesar de pluripartidário,[232] é protagonizado pelo Partido Socialista e pelo Partido Social Democrata. Essa constatação se torna ainda mais visível quando se afere que, à exceção de Alfredo Nobre da Costa, Carlos Mota Pinto e Maria de Lurdes Pintasilgo, indicados pelo Presidente da República, todos os demais

---

229 A apuração final das eleições legislativas de 2019 está disponível em: https://www.cne.pt/sites/default/files/dl/2019ar_mapa_oficial_resultados.pdf. Acesso em: 29 jul. 2022.

230 O resultado completo das últimas eleições legislativas portuguesas está disponível em: https://www.cne.pt/sites/default/files/dl/2022ar_mapa_oficial_resultados.pdf. Acesso em: 29 jul. 2022.

231 As quatro oportunidades em que determinado partido obteve maioria absoluta na Assembleia da República foram as seguintes: a) o Partido Social Democrata elegeu 148 dos 250 deputados da Vª legislatura portuguesa; b) novamente o Partido Social Democrata conseguiu 135 das 230 cadeiras legislativas na VIª legislatura portuguesa; c) o Partido Socialista elegeu 115 dos 230 deputados na VIIIª legislatura portuguesa; e d) o Partido Socialista conseguiu eleger, pela segunda vez, na Xª legislatura portuguesa, 121 dos 230 parlamentares.

232 Portugal conta com 24 partidos políticos ativos, sendo o Partido Comunista Português, inscrito em 1974, o mais antigo ainda em funcionamento, e o Volt Portugal, inscrito em 2020, a agremiação mais recente. A lista integral está disponível em: https://www.cne.pt/content/partidos-politicos-1. Acesso em: 1 ago. 2022.

Primeiros-Ministros eram membros e lideranças dessas agremiações partidárias.

Além disso, a movimentação pendular na formação das maiorias na Assembleia da República está sempre conectada à ampliação da bancada de um desses partidos, juntamente com a redução do número de representantes do outro. Assim, muito embora exista uma variação de cinco a dez partidos com representatividade no legislativo nacional, a liderança é exercida, de forma continua, por esses dois principais partidos políticos, de modo que os demais exercem influência secundária na condução da política portuguesa.

Há de se destacar que o mesmo cenário é observado também nas eleições presidenciais, visto que todos os presidentes eleitos após 1976, à exceção de Ramalho Eanes, que foi eleito e reeleito como independente, eram candidatos e exerceram a Presidência como membros dessas duas agremiações políticas centrais no arranjo político português.

Assim, diferentemente do que se observa na França, o sistema partidário português não tem sofrido de forma tão intensa com crises de identidade. Isso porque, muito embora tenham surgido, especialmente a partir de 2009, novas siglas partidárias, dissociadas dos partidos tradicionais,[233] a centralidade institucional permanece sob o comando do Partido Socialista e do Partido Social Democrata.

Além disso, como já destacado anteriormente, o semipresidencialismo português tem a geometria variável como principal nota distintiva em comparação com os demais sistemas semipresidenciais de governo. Isso porque, nos demais modelos semipresidenciais, a oscilação do órgão dominante ocorre apenas entre duas instituições, isto é, entre aqueles que compõem o Poder Executivo dual, Presidente e Primeiro-Ministro, como na França, ou entre Primeiro-Ministro e Parlamento, como na Áustria.

Por sua vez, em Portugal, três instituições oscilam como órgãos dominantes, na medida em que pode – e já ocorreu na realidade constitucional – prevalecer o Presidente, o Primeiro-Ministro e o Parlamento, formando uma triangulação na proeminência institucional portuguesa, fenômeno que inexiste nos demais sistemas semipresidenciais.

[233] Foram fundados quatorze novos partidos políticos em Portugal desde 2009. É digno de nota que a maioria dessas agremiações buscou retirar de suas nomenclaturas o termo "partido", almejando se dissociar das siglas tradicionais.

Ao analisar a geometria variável, Carlos Blanco de Morais sustenta que a proeminência institucional ficou a cargo do Parlamento nos períodos de 1976-1978, 1979-1982, 1983-1985, 1985-1986, 1995-2002, 2002-2004, 2009-2011 e 2015-2017. Por outro lado, o Primeiro-Ministro prevaleceu nos períodos de 1987-1995, 2005-2009 e 2011-2015. Já o Presidente exerceu papel dominante apenas no período de 1978-1979. Há que se destacar que a obra foi publicada em 2017, de modo que sua análise acerca dos ciclos de geometria variável se limita a esse período.[234]

Assim, serão feitas considerações acerca da geometria variável, tendo como ponto de partida as constatações de Carlos Blanco de Morais. Além disso, pretende-se transbordar o período delimitado pelo referido autor, com o intuito de definir qual o órgão dominante no arranjo institucional português no período entre 2017 e 2022, bem como eventuais oscilações.

Essa análise se iniciará pela compreensão dos períodos de pendor parlamentar. Isso porque, na maior parte dos períodos posteriores à aprovação da Constituição de 1976, a proeminência institucional ficou a cargo da Assembleia da República portuguesa, sendo possível dividi-los em três grandes fases: a) 1976-1986, excetuados os anos de 1978-1979; b) 1995-2004; e c) 2009-2022, com exceção do período entre 2011-2015.

A primeira fase de proeminência parlamentar teve como característica central o desenvolvimento da democracia recém-estabelecida em Portugal, marcada por alta fragmentação partidária e baixa estruturação dessas agremiações políticas, combinada com alta indisciplina de seus representantes. Assim, a Assembleia da República despontava como órgão dominante desse arranjo institucional instável, conseguindo prevalecer perante o Presidente, bem como perante os governos formados nesse período.

Por sua vez, no período entre 1995-2004, a proeminência da Assembleia da República teve como principal fator o perfil discreto dos Primeiros-Ministros durante esses anos, António Guterres e Durão Barroso, bem como do Presidente Jorge Sampaio, de modo que o Parlamento reassumia o papel de controle e direção da política portuguesa.

Por fim, o pendor parlamentar observado entre os anos de 2009-2011 e entre 2015-2019 guardou muitas similaridades, dentre as quais se

---

[234] MORAIS, Carlos Blanco de. *O sistema político*: no contexto da erosão da democracia representativa. Coimbra: Almedina, 2017. p. 533-570.

destacam a formação de governos minoritários decorrentes de estreitas maiorias alcançadas pelo Partido Socialista nas eleições que antecederam suas formações, bem como a convivência com uma Assembleia da República hostil e que clamava a centralidade institucional.

Em contrapartida, a predominância primo-ministerial aconteceu em apenas quatro períodos, mas conseguiu alcançar certa durabilidade em todas as oportunidades. Há de se destacar que todas essas fases guardam uma característica em comum, isto é, a conquista eleitoral de maiorias absolutas na Assembleia da República, de modo que o governo consegue impor sua agenda de forma automática, canalizando a centralidade institucional na figura do Primeiro-Ministro.

A primeira ocorrência se deu entre os anos de 1987-1995, a partir da liderança política exercida por Cavaco Silva, corroborada com a formação de maioria absoluta do Partido Social Democrata nas eleições de 1987 e 1991. No mesmo sentido, observou-se o pendor primo-ministerial entre 2005-2009, quando o Partido Socialista formou maioria absoluta nas eleições legislativas, e a chefia de Governo ficou a cargo de José Sócrates.

Constatou-se, também, a prevalência do Primeiro Ministro durante o governo de Pedro Passos Coelho, nos anos de 2011-2015, quando a coligação formada entre Partido Social Democrata e Centro Democrático Social era maioria absoluta no Parlamento, sendo que, por conta de sua homogeneidade, conseguiu perdurar por toda a legislatura.

A partir dessa análise, verifica-se que o pendor primo-ministerial também é observado em Portugal desde o pleito legislativo de 2022, pois o Partido Socialista obteve maioria absoluta na referida disputa eleitoral, ficando a proeminência institucional desde então a cargo do Primeiro-Ministro António Costa.

Por outro lado, também já se observou a predominância presidencial em Portugal. Nesse sentido, o único período de pendor presidencial se deu no primeiro mandato de Ramalho Eanes, especificamente no período entre 1978-1979. Isso porque, após demitir o segundo governo de Mário Soares, Ramalho Eanes inovou ao formar aquele que seria o primeiro governo de iniciativa presidencial, destinando a chefia de governo a Alfredo Nobre da Costa, que não pertencia a nenhum quadro partidário português.

Em decorrência do fracasso de Alfredo Nobre da Costa em aprovar o seu programa de governo, Ramalho Eanes manteve a predominância presidencial ao formar novo governo de iniciativa presidencial, desta vez sob a liderança de Carlos Mota Pinto, também independente. Contudo, novamente o governo não subsistiu por longe período temporal, tendo em vista que o Primeiro-Ministro entregou seu pedido de demissão após menos de oito meses no cargo.

Diante dessa instabilidade, formou-se o terceiro e último governo de iniciativa presidencial sob a liderança de Maria de Lurdes Pintasilgo. Vale assinalar que esse governo teria como função primordial conduzir a chefia de governo no período preparatório para as eleições intercalares convocadas por Ramalho Eanes. Após esse período de proeminência presidencial, não mais se observou a centralidade institucional nas mãos do Presidente da República em Portugal, condição que se tornou ainda mais improvável após a revisão constitucional de 1982, a qual teve o condão de retirar poderes antes destinados ao Presidente.

Assim, a partir da compreensão do fenômeno da geometria variável e de seus ciclos no arranjo institucional português, especialmente no que se refere ao posicionamento institucional do Presidente da República após o advento da revisão constitucional de 1982, verifica-se que os cenários de coabitação e de confluência das maiorias legislativa e presidencial são percebidos em menor intensidade em Portugal quando contrastados com outras realidades, notadamente com a francesa.

Isso porque o protagonismo institucional tem se dividido entre o governo e a Assembleia da República, tendo se deslocado da Presidência, de modo que a dissociação ou conjunção das maiorias eleitas não tem o condão de alterar o pendor do sistema, no qual a maioria legislativa será a de maior relevo. Desse modo, constatou-se, na prática constitucional portuguesa dos últimos 46 anos, a ocorrência de quatro cenários, três relativos aos ciclos de coabitação e um referente à confluência dessas maiorias.

O primeiro cenário de coabitação é aquele em que se contrapõe ao Presidente um governo majoritário, decorrente da formação de maioria absoluta por parte de determinado partido ou coligação coesa. Nesses casos, personificados durante a combinação da Presidência de Mário Soares e do governo de Cavaco Silva nos anos de 1987-1995, a disputa pelo protagonismo institucional segue uma crescente, de modo que se inicia com uma colaboração institucional de ambos, seguida de cooperação distanciada, que acaba por desencadear conflitos entre os titulares desses cargos.

A segunda hipótese de coabitação, por sua vez, é constatada a partir da formação de governos minoritários decorrentes de agremiações políticas distintas daquela que elegeu o Presidente. Esses ciclos são marcados pela predominância da Assembleia da República, na medida em que o governo não tem apoio para impor automaticamente sua agenda, produzindo uma convivência mais harmônica do governo com o Presidente, haja vista a ausência de protagonismo dos dois nessas situações.[235]

O terceiro cenário é aquele no qual o Presidente não é representante de nenhum partido ou de nenhuma maioria estável, como o Presidente Ramalho Eanes, que, durante quase a integralidade de seus dois mandatos, era independente. Nesses casos, a Presidência é reduzida a papéis institucionais secundários, sendo o protagonismo exercido pelo governo.

Todavia, é essencial rememorar particularidade observada por curto período durante o primeiro mandato de Ramalho Eanes na Presidência. Isso porque, como já destacado anteriormente, apesar de, em regra, o papel do Presidente ser reduzido nesses cenários, Ramalho Eanes conseguiu ser predominante no período entre 1978 e 1979, quando viabilizou a formação de governo de iniciativa presidencial, conduzido por Alfredo Gomes da Costa, também não pertencente a nenhum partido.

Em contrapartida, o quarto e último cenário já vivenciado em Portugal é de confluência das maiorias. Nessa ocasião, o relacionamento entre Presidente e governo tende a ser pacífico e estável, de modo que o Presidente exerce, em maior extensão, a missão de colaboração para com o governo, bem como de moderador do devido funcionamento democrático, produzindo a atenuação da sua imagem, combinada com a ampliação da importância do Primeiro-Ministro.[236]

Feitas essas considerações, passa-se à análise das condições estabelecidas anteriormente para definir o bom funcionamento de determinado sistema de governo, isto é, estabilidade política, alternância e instituições funcionais e bem projetadas.

Há de se destacar que o semipresidencialismo português tem sido capaz de reunir e compilar todos esses pilares por mais de 46 anos, o que permite concluir que o semipresidencialismo, ao ser adotado em Portugal como resposta à instabilidade institucional vivenciada no

235 Essa hipótese de coabitação é facilmente constatada a partir da análise da convivência, nos anos de 2015 até 2019, entre o Presidente Marcelo Rebelo de Souza e o Primeiro-Ministro António Costa.

236 O período de convivência entre o Presidente Jorge Sampaio e o Primeiro Ministro António Guterres, ambos do Partido Socialista, bem exemplifica esse cenário.

fim do Estado Novo e nos primeiros anos pós-Revolução dos Cravos, entregou resultados eficientes e concretos. Isso não significa, por óbvio, que o sistema português não possa e não deva ser aperfeiçoado, mas apenas e tão somente que seu funcionamento foi adequado.

A estabilidade e a funcionalidade das instituições portuguesas são demonstradas pela longevidade alcançada pelo texto constitucional de 1976 e pela ausência de graves crises nesse período, apesar da já citada tradição portuguesa de rupturas institucionais. Além disso, todos os Presidentes da República foram capazes de encerrar, até o presente momento, os seus respectivos mandatos sem qualquer interrupção, bem como, à exceção da primeira legislatura, na qual foram formados seis governos em menos de quatro anos, todos os demais governos subsistiram por períodos razoáveis, tendo sido capazes de conduzir a política portuguesa de forma estável.

Do mesmo modo, a alternância tem sido observada de forma positiva no arranjo português. Isso porque, muito embora todos os Presidentes eleitos a partir de 1976 tenham conseguido se reeleger, nenhum partido político conseguiu se manter na Presidência por período superior a 20 anos, de modo que, após a eleição e a respectiva reeleição de dois candidatos de determinado partido, o pendor tem se alterado em favor da outra agremiação partidária dominante em Portugal, sendo capaz de reestabelecer a equação de forças políticas. O mesmo cenário se observa nas eleições legislativas, na medida em que, a cada legislatura, a predominância tem se alterado, de modo que nenhuma sigla conseguiu se perpetuar como detentora exclusiva do poder político.

Assim, conclui-se, a partir dos apontamentos realizados no decorrer deste subcapítulo, que o semipresidencialismo português foi efetivamente capaz de entregar bons resultados, tendo sido hábil em superar as crises institucionais às quais foi submetido em seus últimos 46 anos, a evidenciar o bom funcionamento democrático e político desse sistema de governo.

CAPÍTULO 2

O SISTEMA DE GOVERNO BRASILEIRO

2.1 O presidencialismo na Constituição de 1988: linhas centrais e mecânica institucional

O processo constituinte iniciado em 1987 e consolidado com a promulgação da Constituição brasileira de 1988 guardou características próprias, sendo, segundo Paulo Bonavides e Paes de Andrade, o colégio soberano "mais singular de toda a história constitucional do País".[237] Isso porque, ainda de acordo com os autores, apesar de ter sido "a primeira Constituinte brasileira que não se originou de uma ruptura anterior das instituições",[238] tendo operado "na alma da Nação, profundamente rebelada contra o mais longo eclipse das liberdades públicas",[239] tendo sido uma reação institucional ao período de exceção estabelecido em 1967, "cuja remoção a Constituinte se propunha fazê-lo, como em rigor o fez, promulgando a Constituição ora vigente".[240]

A singularidade da Assembleia Constituinte de 1987 apontada por Paulo Bonavides e Paes de Andrade, marcada pela ausência de ruptura institucional, conecta-se com os ensinamentos de Virgílio Afonso da Silva[241] acerca da composição do órgão responsável pela elaboração nova Constituição, pois os membros da Assembleia Constituinte não foram eleitos no pleito de 1986 exclusivamente para compor aquele

[237] BONAVIDES, Paulo; PAES DE ANDRADE, Antônio. *História constitucional do Brasil*. 4. ed. Brasília: OAB, 2002. p. 455.

[238] Idem.

[239] Idem.

[240] Idem.

[241] SILVA, Virgílio Afonso da. *Direito constitucional brasileiro*. São Paulo: Universidade de São Paulo, 2021. p. 80.

órgão, foram eleitos também como legisladores ordinários, ocupando os cargos de deputados federais e senadores.[242]

Além disso, ainda nos apontamentos de Virgílio Afonso da Silva, o pleito legislativo de 1986 promoveu a renovação integral tão somente da Câmara dos Deputados, enquanto o Senado Federal renovou apenas dois terços de seus membros, já que os senadores eleitos em 1982 exerceriam seus mandatos até 1990.[243] Não fosse o bastante, os mandatos de todos os representantes eleitos em 1986 não se encerravam com a aprovação da Constituição, perdurando até 1990, no caso dos deputados eleitos em 1986 e dos senadores eleitos em 1982, e até 1994 para os senadores eleitos em 1986.

Assim, evidencia-se a ausência de ruptura institucional no processo constituinte iniciado em 1987, tendo em vista que foi preservada a continuidade de representantes eleitos sob a égide do texto constitucional anterior, bem como foram conservados os mandatos de todos os eleitos em 1986 até ao menos 1990, prolongando-se ao encerramento da Constituinte.

Carlos Blanco de Morais também demonstra o caráter dual dos representantes eleitos em 1986, haja vista que aquela composição do Congresso assumiria "funções cumulativas de Parlamento ordinário e de Assembleia Constituinte".[244] No mesmo sentido, Jorge Miranda lembra que foi previsto "um Congresso simultaneamente ordinário e constituinte (e que o Congresso ordinário, tal como o Presidente da República empossado em 1985, iria perdurar até terminar o seu mandato)".[245]

Como apontam José Levi Mello do Amaral Junior e João Marcos Amaral, entretanto, a condução dos trabalhos da Constituinte foi marcada pelo espírito democrático, destacando o caráter antagônico do novo texto constitucional "ao período de exceção que lhe antecedeu,

[242] Na visão de Virgílio Afonso da Silva, órgão que elaborou a Constituição de 1988 deve ser caracterizado como "assembleia constituinte não exclusiva" ou como "congresso constituinte". (SILVA, Virgílio Afonso da. *Direito constitucional brasileiro*. São Paulo: Universidade de São Paulo, 2021. p. 80-81.)

[243] Vale destacar que, à época, a Câmara dos Deputados era composta por 487 deputados, enquanto o Senado Federal era composto por 62 senadores. Desse modo, foram eleitos 49 novos senadores no pleito legislativo de 1986, tendo permanecido no cargo 23 senadores que haviam sido eleitos no regime anterior.

[244] MORAIS, Carlos Blanco de. *O sistema político*: no contexto da erosão da democracia representativa. Coimbra: Almedina, 2017. p. 403.

[245] MIRANDA, Jorge. *Teoria do estado e da constituição*. Rio de Janeiro: Forense, 2015. p. 150.

em que foram suprimidas liberdades individuais e, mormente, liberdades políticas".[246]

Vale destacar que o caráter progressista do texto constitucional aprovado em 1988 se deve mais à organização interna dos trabalhos constituintes do que ao perfil de seus membros, visto que sua maioria pode ser caracterizada como ideologicamente conservadora.[247] Portanto, o Regimento Interno[248] foi o principal responsável pela produção de um texto constitucional com caráter progressista, na medida em que estruturou a condução dos trabalhos de forma escalonada – notadamente em oito comissões temáticas, divididas em três subcomissões, cada uma delas com temas ainda mais específicos –,[249] cujas propostas

---

246 AMARAL JÚNIOR, José Levi Mello do; AMARAL, João Marcos. Multipartidarismo atomístico e (semi) presidencialismo de coalizão. *Revista de Estudos Constitucionais, Hermenêutica e Teoria do Direito*, v. 9, n. 3, p. 355-365, set./dez. 2017. p. 356.

247 Paulo Bonavides e Paes de Andrade dedicam parte de sua obra para tratar do "perfil ideológico da Constituinte", tendo concluído que "a maioria da Constituinte era conservadora e o mais fiel retrato de sua composição pode ser melhor aferido pelas votações de alguns pontos conflitantes". BONAVIDES, Paulo; PAES DE ANDRADE, Antônio. *História constitucional do Brasil*. 4. ed. Brasília: OAB, 2002. p. 478. Além disso, José Afonso da Silva também aborda a prevalência do perfil conservador na Constituinte. (SILVA, José Afonso da. A constituinte pós-ditadura. *In*: TOFOLLI, José Antônio Dias (Org.). *30 anos da constituição brasileira*: democracia, direitos fundamentais e instituições. São Paulo: Forense, 2018. p. 10.)

248 A íntegra do Regimento Interno da Assembleia Nacional Constituinte está disponível em: http://imagem.camara.gov.br/Imagem/d/pdf/031anc20mar1987.pdf#page=23. Acesso em: 15 ago. 2022.

249 O Regimento Interno da Assembleia Nacional Constituinte (artigo 13) previa que as comissões temáticas seriam compostas por 63 membros titulares e igual número de suplentes. As comissões e subcomissões estavam previstas no artigo 15 do RIANC e eram as seguintes: I- Comissão da Soberania e dos Direitos e Garantias do Homem e da Mulher: a) Subcomissão da Nacionalidade, da Soberania e das Relações Internacionais; b) Subcomissão dos Direitos Políticos, dos Direitos Coletivos e Garantias; c) Subcomissão dos Direitos e Garantias Individuais; II - Comissão da Organização do Estado: a) Subcomissão da União, Distrito Federal e Territórios; b) Subcomissão dos Estados; c) Subcomissão dos Municípios e Regiões; III - Comissão da Organização dos Poderes e Sistema de Governo: a) Subcomissão do Poder Legislativo; b) Subcomissão do Poder Executivo; c) Subcomissão do Poder Judiciário e do Ministério Público; IV - Comissão da Organização Eleitoral, Partidária e Garantia das Instituições: a) Subcomissão do Sistema Eleitoral e Partidos Políticos; b) Subcomissão de Defesa do Estado, da Sociedade e de sua Segurança; c) Subcomissão de Garantia da Constituição, Reformas e Emendas; V - Comissão do Sistema Tributário, Orçamento e Finanças: a) Subcomissão de Tributos, Participação e Distribuição das Receitas; b) Subcomissão de Orçamento e Fiscalização Financeira; c) Subcomissão do Sistema Financeiro; VI - Comissão da Ordem Econômica: a) Subcomissão de Princípios Gerais, Intervenção do Estado, Regime da Propriedade do subsolo e da Atividade Econômica; b) Subcomissão da Questão Urbana e Transporte; c) Subcomissão da Política Agrícola e Fundiária e da Reforma Agrária; VII - Comissão da Ordem Social: a) Subcomissão dos Direitos dos Trabalhadores e Servidores Públicos; b) Subcomissão de Saúde, Seguridade e do Meio Ambiente; c) Subcomissão dos Negros, Populações Indígenas, Pessoas Deficientes e Minorias; VIII - Comissão da Família, da Educação, Cultura e Esportes, da Ciência e Tecnologia e da Comunicação: a)

seriam submetidas à análise da Comissão de Sistematização,[250] tendo permitido ampla participação popular nesses colegiados.

Soma-se à importância do Regimento Interno, a influência exercida pelo senador Mário Covas (PMDB-SP), de perfil progressista e líder do partido com maioria na Assembleia Constituinte,[251] na indicação da relatoria de todas as comissões temáticas e da Comissão de Sistematização. Ao descrever a relevância do senador paulista nessa condução, Adriano Pillati destaca que "a vantagem progressista na distribuição das relatorias do PMDB e, por consequência, seus impactos na composição da Comissão de Sistematização tiveram um grande artífice: o líder Mário Covas".[252]

Entretanto, a proposta de texto constitucional, ainda mais progressista, encaminhada pela Comissão de Sistematização foi parcialmente diluída. Isso porque, como reação da maioria dos membros da Constituinte à iminente derrota na votação em Plenário do texto enviado pela Comissão de Sistematização,[253] formou-se coalizão de matriz conservadora, denominada de centrão,[254] que perdura até os dias atuais, mas com nova roupagem, para alterar o Regimento Interno

---

Subcomissão da Educação, Cultura e Esportes; b) Subcomissão da Ciência e Tecnologia e da Comunicação; c) Subcomissão da Família, do Menor e do Idoso.

[250] A Comissão de Sistematização era composta por 49 membros titulares e igual número de suplentes (art. 13, § 1º, do RIANC), tendo se tornado, nos dizeres de Paulo Bonavides e Paes de Andrade, "a mais poderosa de todas, com uma extraordinária ascendência política na condução da feitura de seu projeto". (BONAVIDES, Paulo; PAES DE ANDRADE, Antônio. *História constitucional do Brasil*. 4. ed. Brasília: OAB, 2002. p. 461).

[251] O PMDB foi o partido com maior representatividade na Assembleia Constituinte, tendo uma bancada de 307 representantes, sendo desses 260 deputados e 47 senadores.

[252] PILATTI, Adriano. *A Constituinte de 1987-1988*: progressistas e conservadores, ordem econômica e regras do jogo. 4. ed. Rio de Janeiro: PUC/Lumen Juris, 2020. p. 66.

[253] A iminente derrota se devia à previsão regimental original de que, para alterar o texto enviado à votação em Plenário pela Comissão de Sistematização, seria necessária a formação de maioria absoluta (artigo 33).

[254] O Centro Democrático era a nomenclatura completa, que foi, posteriormente, reduzida a centrão, sendo, nos dizeres de Paulo Bonavides e Paes de Andrade, o grupo de ação do próprio governo central, tendo coordenado "os vários agrupamentos partidários, apartidários, extrapartidários, suprapartidários dispostos a votar com o Planalto, especialmente o dispositivo que adotava o sistema de governo e o que fixava o período do mandato presidencial" (BONAVIDES, Paulo; PAES DE ANDRADE, Antônio. *História constitucional do Brasil*. 4. ed. Brasília: OAB, 2002. p. 476). Em complementação aos apontamentos de Paulo Bonavides e Paes de Andrade, Carlos Blanco de Morais sintetiza que o centrão se formou a partir da coalizão entre os partidos de "centro-direita (PDS e PFL, herdeiros do regime militar) e deputados de fações moderadas e centristas do PMDB (principal herdeiro da antiga oposição democrática, que se segmentou em noutros partidos), bem como do PTB (herdeiros do getulismo)". MORAIS, Carlos Blanco de. *O sistema político*: no contexto da erosão da democracia representativa. Coimbra: Almedina, 2017. p. 403.

da Constituinte e, assim, facilitar a alteração do texto originalmente encaminhado à votação em Plenário.

Como resultado, alterou-se o Regimento Interno, produzindo-se novo texto regimental,[255] que tinha como pilares a ampliação do direito de emenda, bem como a prevalência da maioria em plenário. Diante dessa alteração procedimental, previa-se ampla modificação no texto enviado pela Comissão de Sistematização para votação em Plenário. Todavia, a ausência de coesão do centrão já era observada desde a sua criação, produzindo modificações em menor extensão do que o prognóstico inicial indicava, mas que não podem ser desconsideradas como substanciais.[256]

Ao abordar a atuação do centrão na Constituinte, Virgílio Afonso da Silva demonstra a importância desse grupo político suprapartidário na aprovação de medidas defendidas pelo então Presidente José Sarney, "especialmente ao rejeitar a adoção do semipresidencialismo e ao garantir cinco anos de mandato para o presidente contra várias tentativas de reduzi-lo para quatro anos".[257]

Assim, constata-se que a atuação política do centrão nos trabalhos constituintes versou, também em grande medida, sobre o sistema de governo a ser implementado com a Constituição naquela oportunidade concebida, bem como sobre a mecânica institucional que se pretendia instalar a partir de então, tais como duração do mandato presidencial e relacionamento entre os órgãos de poder.

Ainda sobre essa questão, é digno de nota que o entendimento exarado por Virgílio Afonso da Silva, no sentido de que o centrão auxiliou os interesses do Presidente José Sarney ao rejeitar o semipresidencialismo

---

[255] O novo texto regimental foi produzido sob a relatoria do deputado Cardoso Alves (PMDB-SP), tendo sido publicado no dia 6 de janeiro de 1988. A íntegra das mudanças está disponível em: https://www2.camara.leg.br/atividade-legislativa/legislacao/Constituicoes_Brasileiras/constituicao-cidada/publicacoes/regimento-interno-da-assembleia-nacional/resolucao-3-1987. Acesso em: 15 ago. 2022.

[256] Os principais focos de alteração do centrão estavam nos dispositivos que tratavam do sistema de governo, da ordem econômica e da reforma agrária. Além disso, destaca-se apontamento de José Afonso da Silva acerca da ausência de coesão nas votações por parte do centrão, na medida em que, apesar de serem "amplamente majoritários na Constituinte, na hora de votar, não eram capazes de reunir essa maioria". SILVA, José Afonso da. A constituinte pós-ditadura. *In*: TOFFOLI, José Antônio Dias (Org.). *30 anos da constituição brasileira*: democracia, direitos fundamentais e instituições. São Paulo: Forense, 2018. p. 12.

[257] SILVA, Virgílio Afonso da. *Direito constitucional brasileiro*. São Paulo: Universidade de São Paulo, 2021. p. 79.

na Constituinte, difere da maior parte dos autores[258] que abordam a discussão acerca dos sistemas de governos contrastados naquela ocasião, que seriam, em suas visões, presidencialismo e parlamentarismo.

Virgílio Afonso da Silva justifica seu argumento no fato de que o projeto elaborado pela Comissão de Sistematização e encaminhado para votação em Plenário preenchia todos os critérios para sua configuração de um sistema semipresidencial, inclusive se utilizada como parâmetro a doutrina exigente, e excessiva em sua visão, de Maurice Duverger.

Em outras palavras, de acordo com a categorização defendida pelo autor francês, para considerar determinado sistema como semipresidencial, seria necessário cumprir três requisitos: (a) Presidente eleito de forma direta por sufrágio universal e com poderes significativos; (b) Poder Executivo dual, no qual se contrapõe ao Presidente um Primeiro-Ministro; e (c) Primeiro-Ministro politicamente responsável perante o Parlamento.[259]

Assim, no entendimento de Virgílio Afonso da Silva, o que se contrastou em verdade na Constituinte foi o sistema presidencial e o sistema semipresidencial, não sendo adequada a interpretação de que houve a tentativa de introdução do parlamentarismo no Brasil naquela ocasião, apesar dos repetidos equívocos terminológicos, inclusive no próprio projeto condutor da discussão acerca do sistema de governo.

Sobre essa questão, verifica-se a coerência nas proposições de Virgílio Afonso da Silva, na medida em que, analisado o projeto discutido e votado em Plenário na Constituinte, constata-se o devido cumprimento de todos os requisitos caracterizadores do semipresidencialismo sustentados por Maurice Duverger. Isso porque o projeto discutido naquela oportunidade previa que o Presidente seria eleito de forma

---

258 Serão destacados, apenas a título exemplificativo, alguns dos principais autores que sustentam, em suas obras, que foram contrastados na Constituinte os sistemas presidencial e parlamentarista: (a) BONAVIDES, Paulo; PAES DE ANDRADE, Antônio. *História constitucional do Brasil*. 4. ed. Brasília: OAB, 2002; (b) FRANCO, Afonso Arinos de Melo. PILA, Raul. *Presidencialismo ou parlamentarismo?*. Rio de Janeiro: José Olympio, 1958; (c) ABRANCHES, Sérgio. Presidencialismo de coalizão: o dilema institucional brasileiro. Dados. *Revista de Ciências Sociais*, v. 31, n. 1, 1988; (d) MORAIS, Carlos Blanco de. *O sistema político*: no contexto da erosão da democracia representativa. Coimbra: Almedina, 2017; (e) MIRANDA, Jorge. *Teoria do estado e da constituição*. Rio de Janeiro: Forense, 2015; e (f) AMATO, Lucas Fucci. A Constituição de 1988 e o debate sobre Parlamentarismo e Presidencialismo: modelos, trajetórias e alternativas institucionais. *Revista de Informação Legislativa*, v. 219, p. 182-208, 2008.

259 DUVERGER, Maurice. *O regime semi-presidencialista*. São Paulo: Sumaré, 1993. p. 75. Ver também: DUVERGER, Maurice. A new political system model: semi-presidential government. *European Journal of Political Research*, v. 8, n. 2, p. 165-187, 1980. p. 166.

direta e por sufrágio universal, tendo poderes significativos,[260] bem como determinava a dualidade no Poder Executivo, contrapondo-se ao Presidente um Primeiro-Ministro,[261] além de prever a responsabilidade política do Primeiro-Ministro perante o Legislativo.[262]

Diante desses apontamentos, demonstra-se adequado concluir, em consonância com o entendimento de Virgílio Afonso da Silva, que, de fato, a discussão não girou em torno do presidencialismo *versus* parlamentarismo, e sim entre presidencialismo e semipresidencialismo, tendo prevalecido, como será demonstrado a seguir, a tradição brasileira presidencial.

De todo modo, superada a problemática conceitual – e eventuais efeitos produzidos na prática constitucional em sua decorrência –,[263] importante analisar especificamente as discussões que permearam as duas principais votações da Constituinte no que diz respeito aos sistemas de governo e seu funcionamento institucional, ambas ocorridas no dia 22 de março de 1988.

Na primeira delas, que foi – sem sombra de dúvida – uma das mais importantes votações da Constituinte, debateu-se a escolha do sistema de governo que seria introduzido no Brasil a partir de então, isto é, presidencialismo, seguindo a tradição da história constitucional brasileira, ou parlamentarismo, conforme proposto no anteprojeto encaminhado pela Comissão de Sistematização.

Nessa votação, "feriu-se em Plenário uma das batalhas políticas mais acesas de toda a história da Constituinte",[264] ocasião na qual "pela

---

260 A eleição presidencial direta e por sufrágio universal estava prevista no artigo 157 do anteprojeto elaborado pela Comissão de Sistematização. Por sua vez, os poderes significativos destinados ao Presidente estavam dispostos, em sua grande maioria, no artigo 162 desse mesmo anteprojeto, dentre os quais se destacam, apenas a título exemplificativo, as competências para: (a) nomear e exonerar o Primeiro-Ministro e, por proposta deste, os Ministros de Estado; (b) nomear os Ministros do Supremo Tribunal Federal; (c) dissolver, após ouvir o Conselho da República, a Câmara dos Deputados e convocar eleições extraordinárias; (d) vetar projeto de lei, parcial ou totalmente, ou solicitar sua reconsideração ao Congresso Nacional; e (e) exercer o comando supremo das Forças Armadas. A íntegra do anteprojeto elaborado pela Comissão de Sistematização está disponível em: https://www.camara.leg.br/internet/constituicao20anos/DocumentosAvulsos/vol-219.pdf. Acesso em: 17 ago. 2022.

261 A dualidade no Poder Executivo está demonstrada no artigo 169 do referido anteprojeto.

262 A responsabilidade política do Primeiro-Ministro perante a Câmara dos Deputados estava prevista de forma expressa no artigo 181 do anteprojeto submetido à votação em Plenário na Constituinte.

263 Os efeitos práticos decorrentes da equivocada aplicação conceitual serão devidamente abordados nos parágrafos seguintes.

264 BONAVIDES, Paulo; PAES DE ANDRADE, Antônio. *História constitucional do Brasil*. 4. ed. Brasília: OAB, 2002. p. 468.

vez primeira[265] se alcançou naquela Casa o *quórum* máximo, a saber, a presença de 559 parlamentares constituintes no recinto, tomando parte na votação".[266] Como resultado do amplo debate em torno dos sistemas de governo ali contrastados, prevaleceu, por apertada maioria,[267] a corrente presidencial.

Todavia, os parlamentares vencidos nessa oportunidade, e que defendiam consequentemente a introdução do parlamentarismo, conseguiram obter êxito ao emplacar, no artigo 2º do Ato de Disposições Transitórias,[268] a previsão de realização de plebiscito a ocorrer em cinco anos da promulgação da Constituição, especificamente no dia 7 de setembro de 1993.[269] Esse plebiscito tinha como objetivo central a ratificação ou alteração popular das escolhas da Constituinte em relação à forma e ao sistema de governo, devendo a população optar, respectivamente, entre república e monarquia, e presidencialismo e parlamentarismo.

Não obstante os incessantes esforços desprendidos pelos defensores da introdução do parlamentarismo no Brasil, novamente a corrente presidencial prevaleceu, tendo o eleitorado, de forma substancial, ratificado as decisões da Assembleia Constituinte em relação à forma e ao sistema de governo.[270]

---

[265] Foi a primeira e única votação em que se alcançou quórum máximo da Assembleia Constituinte. BONAVIDES, Paulo; PAES DE ANDRADE, Antônio. *História constitucional do Brasil*. 4. ed. Brasília: OAB, 2002. p. 923.

[266] BONAVIDES, Paulo; PAES DE ANDRADE, Antônio. *História constitucional do Brasil*. 4. ed. Brasília: OAB, 2002. p. 468.

[267] A referida votação produziu o seguinte resultado: 344 votos favoráveis ao presidencialismo, 212 votos favoráveis ao parlamentarismo e três abstenções. O resultado integral e original pode ser encontrado na obra coletiva de Paulo Bonavides e Paes de Andrade: BONAVIDES, Paulo; PAES DE ANDRADE, Antônio. *História constitucional do Brasil*. 4. ed. Brasília: OAB, 2002. p. 926.

[268] O artigo 2º do ADCT enunciava que: "no dia 7 de setembro de 1993 o eleitorado definirá, através de plebiscito, a forma (república ou monarquia constitucional) e o sistema de governo (parlamentarismo ou presidencialismo) que devem vigorar no País".

[269] Apesar da previsão expressa de que o plebiscito aconteceria no dia 7 de setembro de 1993, o plebiscito ocorreu em 21 de abril do mesmo ano.

[270] No plebiscito de 1993, o eleitorado brasileiro optou pelo presidencialismo como sistema de governo e a república como forma de governo, tendo prevalecido sobre o parlamentarismo e a monarquia, respectivamente. O presidencialismo superou o parlamentarismo por ampla maioria, tendo alcançado 55,67% dos votos, enquanto o parlamentarismo obteve apenas 24,91% dos votos. Por sua vez, a república obteve 66,26% dos votos, enquanto a monarquia conseguiu tão somente 10,25% dos votos. O resultado completo do plebiscito de 1993 está disponível em: https://www.justicaeleitoral.jus.br/++theme++justica_eleitoral/pdfjs/web/viewer.html?file=https://www.justicaeleitoral.jus.br/arquivos/plebiscito-de-1993/@@download/file/plebiscito-de-1993.pdf. Acesso em: 18 ago. 2022.

Sobre o plebiscito de 1993, vale destacar o apontamento de Virgílio Afonso da Silva no sentido de que a confusão terminológica acerca do suposto parlamentarismo que seria introduzido a partir de então forneceu aos defensores do presidencialismo o seu principal argumento: o de que a escolha pelo parlamentarismo "implicaria perder o direito de eleger diretamente o Presidente da República e que este seria apenas uma figura decorativa, com poderes cerimoniais".[271]

Entretanto, como demonstrado anteriormente e também na linha defendida por Virgílio Afonso da Silva, o anteprojeto apresentado pela Comissão de Sistematização, submetido à votação em Plenário no dia 22 de março de 1988, previa de forma expressa a votação direta para o cargo de Presidente da República em seu artigo 157, bem como destinava ao Presidente da República uma série de poderes significativos em seu artigo 162.

Assim, aquele modelo que era, de fato, semipresidencial, apesar de suas virtudes, acabou derrotado, tendo como argumento central de seus opositores questões que não se aplicariam ao novo sistema de governo. Verifica-se, portanto, a influência negativa produzida pela má definição conceitual aplicada pelos seus próprios defensores, que, ao assim nomearem o sistema de governo proposto, distanciaram-no de seus requisitos caracterizadores e de sua proximidade com o sistema vigente à época, dificultando a sua compreensão por parte da sociedade.

A segunda votação da Constituinte acerca do sistema de governo e seu funcionamento institucional que merece destaque foi a relativa à duração do mandato presidencial. Cabe registrar que esse embate já estava na pauta desde o discurso proferido pelo então Presidente José Sarney no dia 19 de maio de 1987.[272] Nessa oportunidade, o chefe do Executivo – que havia sido eleito para mandato de seis anos – proclamou que estava abdicando de seu último ano de mandato, e que o exerceria pelo prazo de cinco anos.

Em suas próprias palavras, atuava "motivado pelo desejo de amplo entendimento, para conciliar, para possibilitar decisões que possam assegurar que o Brasil saia da crise, dando, eu próprio, um

---

271 SILVA, Virgílio Afonso da. *Direito constitucional brasileiro*. São Paulo: Universidade de São Paulo, 2021. p. 484.

272 A íntegra do discurso proferido por José Sarney no dia 19 de maio de 1987 está disponível na obra coletiva de Paulo Bonavides e Paes de Andrade: BONAVIDES, Paulo; PAES DE ANDRADE, Antônio. *História constitucional do Brasil*. 4. ed. Brasília: OAB, 2002. p. 877-879.

exemplo de desambição".[273] Diante dessa manifestação, o Presidente José Sarney informou que encerraria o seu mandato em 1990, e não mais em 1991, como inicialmente previsto.

Em consonância com discurso do então Presidente, a Assembleia Constituinte, não obstante os esforços empregados por parte de seus membros para redução do mandato presidencial para quatro anos,[274] aprovou o quinquênio presidencial para José Sarney,[275] de modo que seu mandato se encerrou no dia 15 de março de 1990.

Dispôs-se, ainda, na redação original da Constituição de 1988, que os Presidentes eleitos já sob a égide do novo texto constitucional, isto é, a partir do pleito eleitoral realizado no dia 15 de novembro de 1989, também exerceriam o mandato presidencial por cinco anos, sendo vedada expressamente a possibilidade de reeleição.[276]

No entanto, a duração do mandato presidencial foi objeto de duas emendas constitucionais, ocorridas, respectivamente, nos anos de 1994 e 1997. A primeira emenda foi bastante sintética, especialmente por se tratar de emenda constitucional de revisão,[277] limitando-se a alterar a duração do mandato presidencial de cinco para quatro anos.[278] A segunda

---

[273] BONAVIDES, Paulo; PAES DE ANDRADE, Antônio. *História constitucional do Brasil*. 4. ed. Brasília: OAB, 2002. p. 878.

[274] A principal oposição ao mandato de cinco anos para o então Presidente José Sarney se deu nos partidos com ideologia política de esquerda e centro-esquerda, especificamente Partido dos Trabalhadores (PT), Partido Democrático Trabalhista (PDT), Partido Socialista Brasileiro (PSB), Partido Comunista do Brasil (PCdoB) e Partido Comunista Brasileiro (PCB), tendo a integralidade de suas bancadas votado para que o mandato presidencial fosse de quatro anos.

[275] A aprovação do mandato de cinco anos para o Presidente José Sarney se deu com ampla maioria, tendo sido computados os votos favoráveis de 328 parlamentares, enquanto se opuseram a essa previsão 223 membros da Constituinte, bem como foram computadas três abstenções. O resultado integral e original pode ser encontrado na obra coletiva de Paulo Bonavides e Paes de Andrade: BONAVIDES, Paulo; PAES DE ANDRADE, Antônio. *História constitucional do Brasil*. 4. ed. Brasília: OAB, 2002. p. 926.

[276] Art. 82 da Constituição de 1988: "O mandato do Presidente da República é de cinco anos, vedada a reeleição para o período subseqüente, e terá início em 1º de janeiro do ano seguinte ao da sua eleição.". Disponível em: http://www.planalto.gov.br/ccivil_03/constituicao/constituicao.htm. Acesso em: 22 ago. 2022.

[277] As emendas constitucionais de revisão têm rito especial. Manoel Gonçalves Ferreira Filho sintetiza como "procedimento simplificado de alteração constitucional", cujas revisões são aprovadas "pelo voto da maioria absoluta dos membros das Casas do Congresso reunidas", sendo exceção "à exigência do voto de 3/5 dos membros de cada Câmara, em dois turnos, como vem no art. 60, § 2º da Constituição". FERREIRA FILHO, Manoel Gonçalves. Reforma, revisão e emenda constitucional, no direito brasileiro. *Revista de Direito Administrativo*, v. 223, 2001. p. 64.

[278] A íntegra da Emenda Constitucional de 1994 está disponível em: http://www.planalto.gov.br/ccivil_03/constituicao/Emendas/ECR/ecr5.htm#art1. Acesso em: 22 ago. 2022.

manteve os quatro anos de mandato para o ocupante da Presidência da República, mas retirou a vedação à reeleição prevista no texto original e mantida na emenda constitucional de 1994.[279]

Assim, a partir da análise depurada dessas votações – presidencialismo *versus* semipresidencialismo[280] e duração do mandato presidencial – que tratam de questões essenciais ao sistema de governo que era implementado naquela oportunidade no Brasil, torna-se possível iniciar a compreensão das linhas centrais e da mecânica institucional do presidencialismo previsto na Constituição brasileira de 1988.

O modelo presidencial descrito pelo texto constitucional brasileiro promulgado em 1988 se amolda à definição dos traços estruturais[281] do presidencialismo como sistema de governo, isto é, tendo consagrado "a unipessoalidade na Chefia do Estado e na Chefia de Governo",[282] além de "garantir a independência entre Executivo e Legislativo",[283] [284] de modo que o Presidente exerce suas funções, "em regra, sem responsabilidade política perante o Poder Legislativo",[285] podendo ser julgado apenas pelo cometimento de eventuais crimes de responsabilidade. Além disso, por outro lado, "o Congresso não pode ser dissolvido pelo presidente, em nenhuma hipótese".[286]

Alia-se a essas afirmações a constatação de que o presidencialismo é, de forma geral, um sistema de governo no qual há tripartição clara dos poderes entre Executivo, Legislativo e Judiciário, os quais são exercidos sob a liderança, respectivamente, do Presidente, que exerce, concomitantemente, a chefia de Estado e a chefia de Governo,

---

279 A íntegra da Emenda Constitucional de 1997 está disponível em: http://www.planalto.gov.br/ccivil_03/constituicao/Emendas/Emc/emc16.htm#art82. Acesso em: 22 ago. 2022.

280 Neste ponto, ressalta-se que o entendimento adotado está em consonância com as proposições de Virgílio Afonso da Silva, na medida em que a discussão ocorrida na Constituinte não contrastava o sistema presidencial e o sistema parlamentarista, e sim o presidencialismo e o semipresidencialismo, conforme já devidamente fundamentado anteriormente.

281 Serão combinados, nesse ponto, as definições de traços estruturais propostas por Alexandre de Moraes e Virgílio Afonso da Silva.

282 MORAES, Alexandre de. *Presidencialismo*. 2. ed. São Paulo: Atlas, 2013. p. 59.

283 Idem.

284 Ao analisar o surgimento do presidencialismo, Alexandre de Moraes elucida que o sistema presidencial inovou ao romper com a tradicional interpenetração de poderes observada no parlamentarismo, conduzindo ao surgimento de um sistema de governo em há independência de poderes, fortalecendo, assim, o Poder Executivo, mas sem, contudo, remover os mecanismos de limitação do poder estatal. MORAES, Alexandre de. *Presidencialismo*. 2ª edição. São Paulo: Atlas, 2013. p. 50-51.

285 MORAES, Alexandre de. *Presidencialismo*. 2. ed. São Paulo: Atlas, 2013. p. 60.

286 Idem.

do Congresso, que pode ser unicameral ou bicameral, e da Corte Constitucional ou Suprema Corte.

Entretanto, a partir da combinação das afirmações expostas nos parágrafos anteriores, verifica-se que o Executivo e o Legislativo, bem como suas interações, demonstram-se preponderantes para o devido entendimento dos sistemas de governos. Desse modo, delimita-se o aprofundamento da análise do presidencialismo brasileiro a esses dois poderes, sem adentrar-se na análise do poder Judiciário, também previsto constitucionalmente.[287]

O poder Executivo é objeto integral do Capítulo II, do Título IV,[288] da Constituição de 1988, que aborda temáticas relativas às atribuições[289]

[287] O Poder Judiciário é objeto integral do Capítulo III da Constituição de 1988.

[288] O título IV da Constituição de 1988 trata da organização dos poderes, e é subdividido em quatro capítulos, sendo os três primeiros deles específicos sobre o poder Legislativo, o Executivo e o Judiciário, respectivamente.

[289] As atribuições destinadas exclusivamente ao Presidente da República estão previstas no artigo 84 da Constituição de 1988 e são as seguintes: I - nomear e exonerar os Ministros de Estado; II - exercer, com o auxílio dos Ministros de Estado, a direção superior da administração federal; III - iniciar o processo legislativo, na forma e nos casos previstos nesta Constituição; IV - sancionar, promulgar e fazer publicar as leis, bem como expedir decretos e regulamentos para sua fiel execução; V - vetar projetos de lei, total ou parcialmente; VI - dispor, mediante decreto, sobre: a) organização e funcionamento da administração federal, quando não implicar aumento de despesa nem criação ou extinção de órgãos públicos; b) extinção de funções ou cargos públicos, quando vagos; VII - manter relações com Estados estrangeiros e acreditar seus representantes diplomáticos; VIII - celebrar tratados, convenções e atos internacionais, sujeitos a referendo do Congresso Nacional; IX - decretar o estado de defesa e o estado de sítio; X - decretar e executar a intervenção federal; XI - remeter mensagem e plano de governo ao Congresso Nacional por ocasião da abertura da sessão legislativa, expondo a situação do País e solicitando as providências que julgar necessárias; XII - conceder indulto e comutar penas, com audiência, se necessário, dos órgãos instituídos em lei; XIII - exercer o comando supremo das Forças Armadas, nomear os Comandantes da Marinha, do Exército e da Aeronáutica, promover seus oficiais-generais e nomeá-los para os cargos que lhes são privativos; XIV - nomear, após aprovação pelo Senado Federal, os Ministros do Supremo Tribunal Federal e dos Tribunais Superiores, os Governadores de Territórios, o Procurador-Geral da República, o presidente e os diretores do banco central e outros servidores, quando determinado em lei;

XV - nomear, observado o disposto no art. 73, os Ministros do Tribunal de Contas da União; XVI - nomear os magistrados, nos casos previstos nesta Constituição, e o Advogado-Geral da União; XVII - nomear membros do Conselho da República, nos termos do art. 89, VII; XVIII - convocar e presidir o Conselho da República e o Conselho de Defesa Nacional; XIX - declarar guerra, no caso de agressão estrangeira, autorizado pelo Congresso Nacional ou referendado por ele, quando ocorrida no intervalo das sessões legislativas, e, nas mesmas condições, decretar, total ou parcialmente, a mobilização nacional; XX - celebrar a paz, autorizado ou com o referendo do Congresso Nacional; XXI - conferir condecorações e distinções honoríficas; XXII - permitir, nos casos previstos em lei complementar, que forças estrangeiras transitem pelo território nacional ou nele permaneçam temporariamente; XXIII - enviar ao Congresso Nacional o plano plurianual, o projeto de lei de diretrizes orçamentárias e as propostas de orçamento previstos nesta Constituição; XXIV - prestar, anualmente, ao Congresso Nacional, dentro de sessenta dias após a abertura da sessão

e responsabilidades[290] destinadas ao Presidente da República. De acordo com o texto constitucional brasileiro, o Presidente tem como função central o exercício da chefia do Poder Executivo, respondendo, simultaneamente, pela chefia de Estado e pela chefia de governo, além de ser o responsável pela condução da Administração Pública e das Forças Armadas.

O Presidente e o Vice-Presidente[291] serão eleitos de forma conjunta, isso significa que suas candidaturas serão registradas sob uma única combinação eleitoral, denominada comumente de chapa, para o exercício de mandato de quatro anos, sendo permitida uma reeleição consecutiva ao final do primeiro mandato, tendo sido, como já abordado, a duração do mandato e a previsão de reeleição objeto de emendas constitucionais que alteraram a redação original da Constituição de 1988.

Para que a chapa presidencial seja considerada eleita, deverá obter a maioria absoluta dos votos, não sendo computados para tanto os votos brancos e nulos. Caso nenhuma das combinações eleitorais consiga atingir essa marca em primeiro turno, deverá ser realizado o segundo turno, no qual serão contrastadas as duas chapas mais bem colocadas no primeiro turno, de modo que será eleita a chapa que obtiver a maioria dos votos nessa segunda votação. Registre-se que, à exceção das eleições presidenciais de 1994 e 1998,[292] em todos os demais pleitos

---

legislativa, as contas referentes ao exercício anterior; XXV - prover e extinguir os cargos públicos federais, na forma da lei; XXVI - editar medidas provisórias com força de lei, nos termos do art. 62; XXVII - exercer outras atribuições previstas nesta Constituição. XXVIII - propor ao Congresso Nacional a decretação do estado de calamidade pública de âmbito nacional previsto nos arts. 167-B, 167-C, 167-D, 167-E, 167-F e 167-G desta Constituição.

290 Por sua vez, as responsabilidades do Presidente da República são descritas no artigo 85, nos seguintes termos: São crimes de responsabilidade os atos do Presidente da República que atentem contra a Constituição Federal e, especialmente, contra: I - a existência da União; II - o livre exercício do Poder Legislativo, do Poder Judiciário, do Ministério Público e dos Poderes constitucionais das unidades da Federação; III - o exercício dos direitos políticos, individuais e sociais; IV - a segurança interna do País; V - a probidade na administração; VI - a lei orçamentária; VII - o cumprimento das leis e das decisões judiciais.

291 Alexandre de Moraes elucida quais são as atribuições destinadas ao Vice-Presidente, distinguindo-as em funções próprias e impróprias. São elas: (a) funções próprias: "substituição (CF, art. 79) e sucessão do Presidente da República (CF, art. 80); participação nos Conselhos da República (CF, art. 89, I) e de Defesa Nacional (CF, art. 91, I)"; e (b) funções impróprias: auxílio ao Presidente em missões especiais. MORAES, Alexandre de. *Direito Constitucional*. 37ª edição. São Paulo: Atlas, 2021. p. 572.

292 Nas duas oportunidades, Fernando Henrique Cardoso e Marco Maciel foram eleitos em primeiro turno para o cargo de Presidente e Vice-Presidente, respectivamente.

presidenciais posteriores à promulgação da Constituição de 1988, foi a necessária a ocorrência de segundo turno.[293]

Ante a amplitude dos poderes destinados ao chefe do Executivo brasileiro serão destacados, apenas a título exemplificativo, alguns dos poderes que se referem aos seguintes aspectos: (a) condução da Administração Pública federal; (b) defesa nacional; (c) política externa; (d) função legislativa; e (e) função judicial.

Na condução da Administração Pública federal, os principais poderes destinados ao Presidente da República são o de livre nomeação e exoneração dos Ministros de Estado – não sendo necessária a confirmação desses atos por qualquer das Casas do Congresso Nacional –, devendo exercer, com o auxílio desses Ministros, a direção superior da Administração federal. Além disso, a partir da Emenda Constitucional 32, ocorrida em 2001, é competente para emitir decretos de forma autônoma.

No que tange à defesa nacional, o Presidente da República é expressamente designado como comandante supremo das Forças Armadas, sendo competente para nomear os comandantes da Aeronáutica, do Exército e da Marinha, bem como para declarar guerra e celebrar a paz.

No âmbito da política externa, o Presidente tem a atribuição de celebrar tratados internacionais e outras convenções e atos, que serão posteriormente sujeitos a referendo pelo Congresso Nacional. Em complementação, caberá ao Presidente a manutenção de relações diplomáticas com Estados estrangeiros, sendo responsável por acreditar os representantes diplomáticos que estarão em missão oficial no território brasileiro.

A função legislativa primordial do chefe do Executivo brasileiro é a de edição de medidas provisórias com força de lei, que são, em apertada síntese, atividade legislativa exclusiva do Presidente em casos em que se observa o binômio "urgência e relevância", atribuição que confere grande importância ao Presidente na produção legiferante nacional e que não é comumente observada nos demais sistemas presidenciais.

---

293 Nas eleições de 1989, a chapa Fernando Collor e Itamar Franco se sagrou vencedora no segundo turno ao derrotar Luiz Inácio Lula da Silva e José Paulo Bissol. Em 2002, Luiz Inácio Lula da Silva e José Alencar foram eleitos ao vencerem em segundo turno José Serra e Rita Camata. No pleito de 2006, Luiz Inácio Lula da Silva e José Alencar foram reeleitos ao derrotarem Geraldo Alckmin e José Jorge. Em 2010, Dilma Rousseff e Michel Temer foram eleitos ao vencerem José Serra e Índio da Costa em segundo turno. Nas eleições de 2014, Dilma Rousseff e Michel Temer foram reeleitos ao derrotarem Aécio Neves e Aloysio Nunes em segundo turno. E, por fim, a chapa Jair Bolsonaro e Hamilton Mourão se sagrou vencedora no segundo turno das eleições presidenciais de 2018 ao derrotarem Fernando Haddad e Manuela d'Ávila.

E, por fim, a função judicial com maior importância destinada ao Presidente é a possibilidade de conceder indultos e de comutar as penas.

O poder Legislativo, por seu turno, é tratado no Capítulo I, do já citado Título IV, da Constituição de 1988, sendo exercido pelo Congresso Nacional, que é composto pela Câmara dos Deputados, composta por 513 deputados, que representam o povo e são eleitos pelo sistema proporcional,[294] e pelo Senado Federal, formado por 81 senadores, que representam os Estados-membros e o Distrito Federal e que são eleitos pelo sistema majoritário.[295]

A duração da legislatura é definida pelo texto constitucional em quatro anos, sendo o mandato dos deputados federais de igual duração, enquanto o dos senadores é o equivalente a duas legislaturas, sendo, portanto, de oito anos. Vale anotar que a renovação parcial do Senado Federal é previsão tradicional da história constitucional brasileira, tendo sido observada também nas Constituições de 1891,[296] 1934,[297] 1946[298] e 1967.[299] Isso significa, no atual texto constitucional, que a representação de cada um dos Estados-membros e do Distrito Federal será renovada, alternadamente, por um e dois terços de seus senadores a cada eleição legislativa.

Além disso, as eleições legislativas federais são concomitantes às eleições presidenciais, de modo que a cada quatro anos a população é convocada para eleger, no âmbito federal, o Presidente, todos os

---

[294] A divisão dos 513 assentos na Câmara dos Deputados se dá de acordo com a população de cada Estado-membro e do Distrito Federal, sendo respeitado o limite mínimo de 8 deputados, caso do Acre, Amazonas, Amapá, Distrito Federal, Mato Grosso do Sul, Mato Grosso, Rio Grande do Norte, Rondônia, Roraima, Sergipe e Tocantins, e o máximo de 70 deputados, caso de São Paulo.

[295] Diferentemente da Câmara dos Deputados, todos os Estados-membros e o Distrito Federal são igualmente representados no Senado Federal, sendo eleitos três senadores por cada um dos Estados-membros e pelo Distrito Federal.

[296] A Constituição de 1891 prevê, no artigo 31, a renovação de um terço do Senado a cada três anos, sendo o mandato do senador a época de nove anos. Disponível em: http://www.planalto.gov.br/ccivil_03/constituicao/constituicao91.htm. Acesso em: 23 ago. 2022.

[297] A Constituição de 1934 dispõe, em seu artigo 89, sobre a renovação do Senado. A previsão é a de renovação de metade dos seus membros a cada quatro anos, sendo o mandato de senador a época de oito anos. Disponível em: http://www.planalto.gov.br/ccivil_03/constituicao/constituicao34.htm. Acesso em: 23 ago. 2022.

[298] A Constituição de 1946, por meio do artigo 60, foi a primeira a prever a renovação do Senado nos termos hoje observados, isto é, alternadamente, por um e dois terços a cada quatro anos, sendo o mandato de cada senador de oito anos. Disponível em: http://www.planalto.gov.br/ccivil_03/constituicao/constituicao46.htm. Acesso em: 23 ago. 2022.

[299] A Constituição de 1967 replica, em seu artigo 43, a previsão da Constituição de 1946. Disponível em: http://www.planalto.gov.br/ccivil_03/constituicao/constituicao67.htm. Acesso em: 23 ago. 2022.

deputados federais e um ou dois terços dos senadores, a depender do ano em questão.

As atribuições destinadas ao Congresso Nacional são descritas nos artigos 48 e 49 da Constituição de 1988,[300] dentre as quais se destacam a função de controle e fiscalização dos atos do poder Executivo, bem como a de preservação de sua competência legislativa primordial

---

[300] Art. 48. Cabe ao Congresso Nacional, com a sanção do Presidente da República, não exigida esta para o especificado nos arts. 49, 51 e 52, dispor sobre todas as matérias de competência da União, especialmente sobre: I - sistema tributário, arrecadação e distribuição de rendas; II - plano plurianual, diretrizes orçamentárias, orçamento anual, operações de crédito, dívida pública e emissões de curso forçado; III - fixação e modificação do efetivo das Forças Armadas; IV - planos e programas nacionais, regionais e setoriais de desenvolvimento; V - limites do território nacional, espaço aéreo e marítimo e bens do domínio da União; VI - incorporação, subdivisão ou desmembramento de áreas de Territórios ou Estados, ouvidas as respectivas Assembléias Legislativas; VII - transferência temporária da sede do Governo Federal; VIII - concessão de anistia; IX - organização administrativa, judiciária, do Ministério Público e da Defensoria Pública da União e dos Territórios e organização judiciária e do Ministério Público do Distrito Federal; X - criação, transformação e extinção de cargos, empregos e funções públicas, observado o que estabelece o art. 84, VI, *b;* XI - criação e extinção de Ministérios e órgãos da administração pública; XII - telecomunicações e radiodifusão; XIII - matéria financeira, cambial e monetária, instituições financeiras e suas operações; XIV - moeda, seus limites de emissão, e montante da dívida mobiliária federal. XV - fixação do subsídio dos Ministros do Supremo Tribunal Federal, observado o que dispõem os arts. 39, § 4º; 150, II; 153, III; e 153, § 2º, I.

Art. 49. É da competência exclusiva do Congresso Nacional: I - resolver definitivamente sobre tratados, acordos ou atos internacionais que acarretem encargos ou compromissos gravosos ao patrimônio nacional; II - autorizar o Presidente da República a declarar guerra, a celebrar a paz, a permitir que forças estrangeiras transitem pelo território nacional ou nele permaneçam temporariamente, ressalvados os casos previstos em lei complementar; III - autorizar o Presidente e o Vice-Presidente da República a se ausentarem do País, quando a ausência exceder a quinze dias; IV - aprovar o estado de defesa e a intervenção federal, autorizar o estado de sítio, ou suspender qualquer uma dessas medidas; V - sustar os atos normativos do Poder Executivo que exorbitem do poder regulamentar ou dos limites de delegação legislativa; VI - mudar temporariamente sua sede; VII - fixar idêntico subsídio para os Deputados Federais e os Senadores, observado o que dispõem os arts. 37, XI, 39, § 4º, 150, II, 153, III, e 153, § 2º, I; VIII - fixar os subsídios do Presidente e do Vice-Presidente da República e dos Ministros de Estado, observado o que dispõem os arts. 37, XI, 39, § 4º, 150, II, 153, III, e 153, § 2º, I; IX - julgar anualmente as contas prestadas pelo Presidente da República e apreciar os relatórios sobre a execução dos planos de governo; X - fiscalizar e controlar, diretamente, ou por qualquer de suas Casas, os atos do Poder Executivo, incluídos os da administração indireta; XI - zelar pela preservação de sua competência legislativa em face da atribuição normativa dos outros Poderes; XII - apreciar os atos de concessão e renovação de concessão de emissoras de rádio e televisão; XIII - escolher dois terços dos membros do Tribunal de Contas da União; XIV - aprovar iniciativas do Poder Executivo referentes a atividades nucleares; XV - autorizar referendo e convocar plebiscito; XVI - autorizar, em terras indígenas, a exploração e o aproveitamento de recursos hídricos e a pesquisa e lavra de riquezas minerais; XVII - aprovar, previamente, a alienação ou concessão de terras públicas com área superior a dois mil e quinhentos hectares. XVIII - decretar o estado de calamidade pública de âmbito nacional previsto nos arts. 167-B, 167-C, 167-D, 167-E, 167-F e 167-G desta Constituição.

ante as possíveis extrapolações das funções legislativas subsidiárias destinadas aos demais poderes.

Além das competências conjuntas do Congresso Nacional, a Câmara dos Deputados tem atribuições privativas,[301] sendo, inclusive, órgão responsável por autorizar a instauração de processos contra o Presidente e o Vice-Presidente da República, bem como contra Ministros de Estados. Essa competência tem se demonstrado de vasta importância no curto período de duração da Constituição de 1988, tendo em vista já terem sido instaurados dois processos de responsabilidade[302] contra Presidentes da República nesse tempo, os quais serão devidamente esmiuçados em momento oportuno.

Da mesma forma, o Senado Federal também combina as competências conjuntas com as específicas a ele destinadas pelo texto constitucional.[303] A atribuição do Senado com maior destaque é a que prevê

---

301 As atribuições privativas da Câmara dos Deputados estão previstas no artigo 51 da Constituição que prevê: compete privativamente à Câmara dos Deputados: I - autorizar, por dois terços de seus membros, a instauração de processo contra o Presidente e o Vice-Presidente da República e os Ministros de Estado; II - proceder à tomada de contas do Presidente da República, quando não apresentadas ao Congresso Nacional dentro de sessenta dias após a abertura da sessão legislativa; III - elaborar seu regimento interno; IV - dispor sobre sua organização, funcionamento, polícia, criação, transformação ou extinção dos cargos, empregos e funções de seus serviços, e a iniciativa de lei para fixação da respectiva remuneração, observados os parâmetros estabelecidos na lei de diretrizes orçamentárias; V - eleger membros do Conselho da República, nos termos do art. 89, VII.

302 Foram autorizadas as instaurações de processos de responsabilidade contra os Presidentes Fernando Collor, em 1992, e Dilma Rousseff, em 2016.

303 As competências destinadas privativamente ao Senado Federal estão dispostas no artigo 52 da Constituição, nos seguintes termos: compete privativamente ao Senado Federal: I - processar e julgar o Presidente e o Vice-Presidente da República nos crimes de responsabilidade, bem como os Ministros de Estado e os Comandantes da Marinha, do Exército e da Aeronáutica nos crimes da mesma natureza conexos com aqueles; II processar e julgar os Ministros do Supremo Tribunal Federal, os membros do Conselho Nacional de Justiça e do Conselho Nacional do Ministério Público, o Procurador-Geral da República e o Advogado-Geral da União nos crimes de responsabilidade; III - aprovar previamente, por voto secreto, após argüição pública, a escolha de: a) Magistrados, nos casos estabelecidos nesta Constituição; b) Ministros do Tribunal de Contas da União indicados pelo Presidente da República; c) Governador de Território; d) Presidente e diretores do banco central; e) Procurador-Geral da República; f) titulares de outros cargos que a lei determinar; IV - aprovar previamente, por voto secreto, após argüição em sessão secreta, a escolha dos chefes de missão diplomática de caráter permanente; V - autorizar operações externas de natureza financeira, de interesse da União, dos Estados, do Distrito Federal, dos Territórios e dos Municípios; VI - fixar, por proposta do Presidente da República, limites globais para o montante da dívida consolidada da União, dos Estados, do Distrito Federal e dos Municípios; VII - dispor sobre limites globais e condições para as operações de crédito externo e interno da União, dos Estados, do Distrito Federal e dos Municípios, de suas autarquias e demais entidades controladas pelo Poder Público federal; VIII - dispor sobre limites e condições para a concessão de garantia da União em operações de crédito externo e interno; IX - estabelecer limites globais e condições para o montante da dívida mobiliária dos Estados, do Distrito Federal e dos

o processamento e julgamento do Presidente e do Vice-Presidente nos crimes de responsabilidade, cujo processo tem a sua instauração autorizada pela Câmara dos Deputados. Cabe, também, ao Senado Federal ratificar, após a realização de sabatina, as indicações do Presidente para determinados cargos de alto escalão, tais como o de Ministro do Supremo Tribunal Federal e do Superior Tribunal de Justiça, bem como o de Procurador-Geral da República.

Assim, a partir da análise das atribuições e competências destinadas ao chefe do Executivo brasileiro e ao poder Legislativo, verifica-se que o modelo presidencial brasileiro, comparado a outros sistemas presidenciais, é um dos que mais concentra poderes no Presidente. A vasta amplitude dos poderes presidenciais no Brasil é abordada por Virgílio Afonso da Silva, que, ao analisar estudos que comparam e classificam os poderes destinados ao chefe do Executivo em sistemas presidenciais, conclui que "o presidente do Brasil aparece entre os mais poderosos".[304]

Essa afirmação, combinada com a leitura isolada dos poderes atribuídos de forma exclusiva ao Presidente da República pelo já citado artigo 84 da Constituição, tende a produzir a compreensão de que o chefe do Executivo brasileiro exerce protagonismo irrestrito no arranjo institucional brasileiro.

Somam-se a isso a compreensível suposição de fragilidade institucional do Congresso Nacional brasileiro, abordada no tópico subsequente, que decorre da percepção da multiplicidade de partidos políticos com representatividade nas Casas legislativas federais, inclusive com a presença de legendas fisiológicas e com baixa disciplina

---

Municípios; X - suspender a execução, no todo ou em parte, de lei declarada inconstitucional por decisão definitiva do Supremo Tribunal Federal; XI - aprovar, por maioria absoluta e por voto secreto, a exoneração, de ofício, do Procurador-Geral da República antes do término de seu mandato; XII - elaborar seu regimento interno; XIII - dispor sobre sua organização, funcionamento, polícia, criação, transformação ou extinção dos cargos, empregos e funções de seus serviços, e a iniciativa de lei para fixação da respectiva remuneração, observados os parâmetros estabelecidos na lei de diretrizes orçamentárias; XIV - eleger membros do Conselho da República, nos termos do art. 89, VII. XV - avaliar periodicamente a funcionalidade do Sistema Tributário Nacional, em sua estrutura e seus componentes, e o desempenho das administrações tributárias da União, dos Estados e do Distrito Federal e dos Municípios. Parágrafo único. Nos casos previstos nos incisos I e II, funcionará como Presidente o do Supremo Tribunal Federal, limitando-se a condenação, que somente será proferida por dois terços dos votos do Senado Federal, à perda do cargo, com inabilitação, por oito anos, para o exercício de função pública, sem prejuízo das demais sanções judiciais cabíveis.

[304] SILVA, Virgílio Afonso da. *Direito constitucional brasileiro*. São Paulo: Universidade de São Paulo, 2021. p. 478.

partidária de seus membros, bem como a fragmentação produzida pelo sistema partidário.

Diante dessas constatações, a conclusão imediata seria a de que o Presidente da República é o principal ator político, com capacidade para impor sua agenda governamental e política sem maiores empecilhos, sendo o poder Executivo predominante perante esse Legislativo disfuncional. Porém, essa não é a realidade observada desde a promulgação da Constituição de 1988, muito pelo contrário. Por essas razões, o próximo tópico terá como objetivo central analisar a mecânica institucional do presidencialismo brasileiro, bem como o seu desempenho na contemporaneidade.

2.2 A mecânica institucional do presidencialismo brasileiro e o seu desempenho na contemporaneidade

O arranjo institucional concebido pela Constituição de 1988, cujas linhas centrais foram acima descritas, gerou questionamentos e apreensão em Sérgio Abranches desde os primeiros embates e discussões a esse respeito na Constituinte de 1987. Dessa forma, coube ao referido cientista político descrever e cunhar esse modelo político, então em implementação, como *presidencialismo de coalizão*.[305]

Em pioneira obra, submetida à publicação em novembro de 1987, finalizada, portanto, quase um ano antes da promulgação da nova Constituição em outubro de 1988, Sérgio Abranches já abordava problemáticas que considerava inerentes ao sistema proposto naquela oportunidade. Além disso, o artigo, apesar da brevidade, sendo de extensão inferior a 30 páginas, é de síntese apurada, tendo conseguido abordar com precisão algumas das disfuncionalidades observadas até os dias de hoje no modelo presidencialista brasileiro.

Assim, Sérgio Abranches concluiu em sua obra original, que a situação em que o Brasil se encontrava à época, em razão de sua construção histórica, indicaria a produção de um modelo com tendências de:

> (a) alto grau de heterogeneidade estrutural, quer na economia, quer na sociedade, além de fortes disparidades regionais; (b) alta propensão

---

305 ABRANCHES, Sérgio. Presidencialismo de coalizão: o dilema institucional brasileiro. Dados. *Revista de Ciências Sociais*, v. 31, n. 1, 1988.

> ao conflito de interesses, cortando a estrutura de classes, horizontal e verticalmente, associada a diferentes manifestações de clivagens inter e intra-regionais; (c) fracionamento partidário-parlamentar, entre médio e mediano, e alta propensão à formação de governos baseados em grandes coalizões, muito provavelmente com índices relativamente elevados de fragmentação governamental; (d) forte tradição presidencialista e proporcional. A primeira indicando, talvez, a inviabilidade de consolidação do regime parlamentarista puro. A segunda, apontando para a natural necessidade de admitir à representação os diversos segmentos da sociedade plural brasileira; (e) insuficiência e inadequação do quadro institucional do Estado para resolução de conflitos e inexistência de mecanismos institucionais para a manutenção do equilíbrio constitucional.[306]

Entre os prognósticos de Sérgio Abranches acerca do modelo que estava sendo proposto naquela Constituinte, o que diz respeito ao fracionamento partidário-parlamentar e sua tendência a produzir a formação de governos baseados em grandes coalizões é o de maior importância para a descrição do que seria o presidencialismo de coalizão.

Isso porque o presidencialismo de coalizão tem como principal característica a eleição de um Presidente da República que obtém uma quantidade de votos superior ao que seu próprio partido consegue atingir nas eleições legislativas que acontecem naquele mesmo momento, já que as eleições presidenciais e legislativas federais são realizadas de forma concomitante.

Assim, o chefe do Executivo é incapaz de impor sua agenda de governo com apoio exclusivo de seu partido político, tendo em vista que não tem a maioria no Congresso Nacional. Desse modo, após eleito, o Presidente terá de buscar com outros partidos a formação de uma ampla coalizão, que, na maioria das vezes, é formada por agremiações partidárias que não têm afinidade ideológica e programática, mas que serão a base de sustentação para esse novo governo.

É digno de nota que, posteriormente à publicação inovadora de Sérgio Abranches, diversos autores[307] se dedicaram à análise da mecânica

---

306 ABRANCHES, Sérgio. Presidencialismo de coalizão: o dilema institucional brasileiro. Dados. *Revista de Ciências Sociais*, v. 31, n. 1, 1988. p. 31-32.

307 Destacam-se, apenas a título exemplificativo, alguns autores e obras que tratam da mecânica institucional do presidencialismo brasileiro: (a) VICTOR, Sérgio Antônio Ferreira. *Presidencialismo de coalizão*: exame do atual sistema de governo brasileiro. São Paulo: Saraiva, 2017; (b) AVRITZER, Leonardo. *Impasses da democracia no Brasil*. São Paulo e Rio de Janeiro: José Olympio, 2016; (c) FIGUEIREDO, Argelina Cheibub; LIMONGI, Fernando. *Executivo e legislativo na nova ordem constitucional*. Rio de Janeiro: FGV, 2001; (b)

institucional do presidencialismo brasileiro, objetivando, na maioria das vezes, compreender as funcionalidades e as disfuncionalidades inerentes ao modelo concebido no Brasil com a promulgação do texto constitucional de 1988.

Há que se destacar que não houve conclusões uníssonas entre esses autores, existindo uma tendência de alteração progressiva no entendimento de grande parte deles, que caminha de uma compreensão inicial de funcionalidade, especialmente quanto aos índices de governabilidade, apesar das problemáticas, para uma a percepção de que o sistema seria, em verdade, disfuncional, conforme será devidamente analisado a seguir.

Sérgio Victor defende que, apesar dos aparentes níveis de boa governabilidade e estabilidade observados no presidencialismo brasileiro no período posterior à Constituição de 1988, o quadro efetivo em que o Brasil se encontra é de "ausência de limitação ao poder, baixos índices de representatividade e de democracia e ínfima possibilidade de responsabilização política dos ocupantes de mandatos eletivos",[308] não sendo adequado concluir pelo bom funcionamento do sistema de governo nos moldes hoje vislumbrados.

No mesmo sentido, Carlos Blanco de Morais sustenta que o cenário institucional observado no Brasil após a promulgação da Constituição de 1988 é de uma "Presidência Imperial com uma composição parlamentar multipartidária, o que implicaria a formação de executivos apoiados em grandes coligações".[309] Assim, demonstra que essas amplas coligações produzem riscos iminentes ao devido funcionamento desse modelo presidencial, porque o distanciamento ideológico entre esses parceiros momentâneos deve ser interpretado como fator capaz de produzir e/ou amplificar conflitos na condução das políticas de governo.

Sustenta, ademais, que esse modelo flerta, de forma contínua, com a possibilidade de "rotura dessas alianças, as quais debilitariam

SANTOS, Fabiano Guilherme Mendes. *O poder legislativo no presidencialismo de coalizão*. Belo Horizonte: UFMG, 2003; (d) MAINWARING, Scott. Presidentialism, multipartism, and democracy: the difficult combination. *Comparative Political Studies*, v. 26, n. 2, p. 198-228, 1993; e (e) PIVA, Otávio. *Presidencialismo sem coalizão*: a ruptura do modelo de relacionamento entre poderes no governo Collor. Dissertação (Mestrado) – Pontifícia Universidade Católica do Rio Grande do Sul, Porto Alegre, 2010.

308 VICTOR, Sérgio Antônio Ferreira. *Presidencialismo de coalizão*: exame do atual sistema de governo brasileiro. São Paulo: Saraiva, 2017.

309 MORAIS, Carlos Blanco de. *O sistema político*: no contexto da erosão da democracia representativa. Coimbra: Almedina, 2017. p. 406.

a autoridade presidencial e importariam recomposições intermitentes do Governo suscetíveis de pressionar o Presidente e ajustar o Executivo à sua base de apoio".[310]

Por fim, Carlos Blanco de Morais sustenta que esse modelo, em prol da governabilidade, traz enormes custos, dentre os quais, se destacam o sacrifício do "equilíbrio orçamental em favor da frágil manutenção da chamada base aliada",[311] bem como o "défice de prestação de contas (*accountability*), de transparência da Administração, de respeito pela ética pública e de legitimação democrática do poder",[312] fatores que são descartados em prol de relações promíscuas entre o Executivo e a sua base parlamentar.

Desse modo, Carlos Blanco de Morais atribui à fragmentação partidária no Congresso Nacional a responsabilidade por esse presidencialismo que: (a) favorece "coligações fluídas cozinhadas pela Presidência em troca de favores num quadro de feudalismo patrimonialista pós-moderno";[313] (b) bonifica a ausência de fidelidade partidária, prestigiando a fluidez momentânea de representantes em detrimento de seu comprometimento partidário; (c) enfraquece a oposição com maior coerência partidária; (d) premia a falta de programas partidários efetivos e com possibilidade de se contrapor ao governo, apresentando-se como alternativa real; e (e) dificulta a distinção entre governo e oposição.[314]

Gilmar Mendes também se alinha a essa compreensão negativa acerca do modelo presidencial brasileiro, sintetizando-o como uma nefasta combinação entre o pragmatismo e o oportunismo, que produz, como extrato final, a instabilidade institucional.[315]

Ressalta, ainda, que, apesar de essas práticas não serem novidades no Brasil, "o problema é que chegaram a tal ponto que hoje em dia já não se sabe identificar quem, na realidade, é refém de quem",[316] visto que o Executivo tem de ser cada vez mais contundente nas suas ofensivas para aprovar medidas favoráveis ao seu governo no Congresso

---

310 Idem, p. 407.

311 Idem, p. 416.

312 Idem.

313 Idem, p. 417.

314 Idem.

315 MENDES, Gilmar Ferreira. Posfácio. *In*: VICTOR, Sérgio Antônio Ferreira. *Presidencialismo de coalizão*: exame do atual sistema de governo brasileiro. São Paulo: Saraiva, 2017. p. 157-159.

316 VICTOR, Sérgio Antônio Ferreira. *Presidencialismo de coalizão*: exame do atual sistema de governo brasileiro. São Paulo: Saraiva, 2017. p. 157.

Nacional, utilizando-se, para tanto, de liberações excessivas de emendas orçamentárias para a base aliada, bem como de distribuição de cargos, e o Legislativo é descaracterizado como poder independente.

José Levi Mello do Amaral Júnior[317] é mais um autor a tecer críticas ao funcionamento do modelo presidencial brasileiro. Em sua visão, as principais deficiências do modelo estão no multipartidarismo atomístico e na equação institucional atualmente estabelecida, conceitos que devem ser interpretados de forma conjunta e que serão devidamente descritos a seguir.

O multipartidarismo atomístico pode ser sintetizado como "uma crescente fragmentação partidária da representação parlamentar".[318] Por sua vez, a equação institucional hoje estabelecida no presidencialismo de coalizão brasileiro é a de que o Presidente da República é eleito, mas não consegue eleger bancada de seu partido político que tenha maioria no Congresso Nacional.[319] Desse modo, após sua eleição, o chefe do Executivo busca apoio de outras bancadas para formar maioria no Legislativo e, consequentemente, ser capaz de impor sua agenda de governo.

Assim, a dificuldade do partido político do Presidente da República em obter a maioria no órgão Legislativo decorre, em grande extensão, da fragmentação partidária existente, na medida em que uma ampla gama de partidos consegue ter participação no Congresso Nacional,[320] impossibilitando a formação de maiorias claras. Essa situa-

---

317 AMARAL JÚNIOR, José Levi Mello do. 20 anos da Constituição brasileira de 1988: a Constituição foi capaz de limitar o poder?. *In*: MORAES, Alexandre de (Org.). *Os 20 anos da Constituição da República Federativa do Brasil*. São Paulo: Atlas, 2009; AMARAL JÚNIOR, José Levi Mello do. Prefácio. *In*: VICTOR, Sérgio Antônio Ferreira. *Presidencialismo de coalizão*: exame do atual sistema de governo brasileiro. São Paulo: Saraiva, 2017 p. 11-14; e AMARAL JÚNIOR, José Levi Mello do; AMARAL, João Marcos. Multipartidarismo atomístico e (semi) presidencialismo de coalizão. *Revista de Estudos Constitucionais, Hermenêutica e Teoria do Direito*, v. 9, n. 3, p. 355-365, set./dez. 2017.

318 AMARAL JÚNIOR, José Levi Mello do; AMARAL, João Marcos. Multipartidarismo atomístico e (semi) presidencialismo de coalizão. *Revista de Estudos Constitucionais, Hermenêutica e Teoria do Direito*, v. 9, n. 3, p. 355-365, set./dez. 2017. p. 356.

319 A equação institucional do presidencialismo brasileiro é em muito distinta dos sistemas parlamentaristas, bem como dos presidencialismos bipartidários ou com menor fragmentação partidária. Isso porque, no parlamentarismo, o governo decorre necessariamente da maioria no Legislativo, de modo que, em tese, já parte de uma maioria estável para efetivar sua agenda de governo. Por sua vez, nos sistemas presidenciais bipartidários ou com baixa fragmentação, é muito mais usual a confluência entre o Presidente e a maioria parlamentar, cenário que permite a implementação dos projetos de governo de forma simplificada, se contrastado com o presidencialismo de coalizão brasileiro.

320 As eleições legislativas de 2018 produziram a ampliação do cenário de fragmentação partidária no Congresso Nacional brasileiro. Isso porque, antes do pleito de 2018, a Câmara

ção se torna ainda mais complexa quando se verifica a ausência de conteúdo programático e ideológico de grande parte dessas agremiações partidárias, razão pela qual são conhecidas como legendas de aluguel.[321]

Virgílio Afonso da Silva também analisa o funcionamento do presidencialismo de coalizão sob a perspectiva do multipartidarismo e da fragmentação partidária existente no Congresso Nacional brasileiro. Demostra, para tanto, que "os partidos pelos quais os presidentes foram eleitos nunca obtiveram mais do que 20%[322] dos assentos no Congresso Nacional",[323] de modo que todos precisaram viabilizar a formação de maiorias minimamente estáveis no Legislativo, compostas por coalizões com outras agremiações partidárias.

Ainda nesse sentido, complementa que a formação dessa base aliada ao Presidente no Legislativo é conduzida pela distribuição de cargos no primeiro, segundo e terceiro escalões do governo federal, bem como pela liberação de dotações orçamentárias aos representantes dessa bancada, dentre outros métodos. Além disso, os cargos e as emendas orçamentárias são distribuídos de acordo com a relevância que cada um desses partidos políticos da coalizão detém no Parlamento brasileiro, fator que pode ser mensurado pelo tamanho da bancada partidária ou

dos Deputados contava com representação de 25 partidos e o Senado Federal de 15 legendas. Após a disputa de 2018, a Câmara dos Deputados passou a ter 30 partidos com representação na Casa, e o Senado saltou para 21 agremiações representadas. Além disso, o Partido Social Liberal (PSL), partido do Presidente eleito naquela mesma ocasião, Jair Bolsonaro, elegeu 52 deputados e 4 senadores, quantidade muito abaixo da necessária para a formação de maioria estável em favor do chefe do Executivo nas duas Casas do Congresso Nacional. Assim, tornou-se essencial, no mesmo molde dos governos anteriores, a formação de coalizões com outros partidos para impor sua agenda de governo. Informações disponíveis em: https://www.camara.leg.br/deputados/bancada-na-eleicao; e https://www12.senado.leg.br/noticias/materias/2019/01/03/composicao-do-senado-salta-de-15-para-21-partidos-em-2019. Acesso em: 1 set. 2022.

321 Luís Roberto Barroso define como legendas de aluguel os partidos políticos que servem a interesses privados, bem como aqueles não têm penetração social, compromissos ideológicos e pautas programáticas. BARROSO, Luís Roberto. A reforma política: uma proposta de sistema de governo, eleitoral e partidário para o Brasil. *Revista de Direito do Estado*, n. 3, p. 1-105, jul./set. 2006.

322 Conforme levantamento publicado por Virgílio Afonso da Silva, o partido do Presidente eleito que conseguiu a maior bancada no Legislativo foi Partido da Social Democracia Brasileira (PSDB), quando da reeleição do Presidente Fernando Henrique Cardoso, tendo conseguido 18,32% dos assentos legislativos federais, enquanto o Partido da Reconstrução Nacional (PRN) foi que conseguiu formar a menor bancada, 5,05% das cadeiras no Congresso Nacional, quando elegeu o Presidente Fernando Collor em 1989. (SILVA, Virgílio Afonso da. *Direito constitucional brasileiro*. São Paulo: Universidade de São Paulo, 2021. p. 480.)

323 SILVA, Virgílio Afonso da. *Direito constitucional brasileiro*. São Paulo: Universidade de São Paulo, 2021. p. 480.

pela influência de seus representantes na implementação da agenda de governo no Legislativo.

Do mesmo modo, Luís Roberto Barroso aborda as disfuncionalidades do presidencialismo brasileiro a partir da compreensão da fragmentação excessiva das agremiações partidárias. Segundo o autor, são três as principais consequências decorrentes desse cenário de pulverização partidária: (a) deslegitimação do processo eleitoral; (b) enfraquecimento dos partidos políticos; e (c) redução da governabilidade.[324]

De acordo com Luís Roberto Barroso, a deslegitimação do processo eleitoral ocorre na medida em que, diante do elevado número de legendas partidárias, o tempo destinado a cada candidato é reduzido ao mínimo, dificultando-se a efetiva propaganda eleitoral pelos meios de comunicação. Assim, os candidatos se limitam à "conquista de simpatias pela imagem e pelos bordões"[325] e o eleitor, por sua vez, "faz sua escolha por critérios que em nada se relacionam aos projetos de governo",[326] chegando ao extremo da utilização de seu "voto nessas candidaturas exóticas como forma de manifestar sua rejeição ao próprio sistema, como se estivessem votando nulo".[327]

O enfraquecimento das agremiações políticas é apontado por Luís Roberto Barroso como a segunda consequência da pulverização partidária. Para o autor, o principal fator responsável por essa consequência é a existência de partidos artificiais, conhecidos popularmente como legendas de aluguel e que não têm "compromisso programático sério, nem verdadeiro projeto de poder nacional",[328] dificultando, assim, "uma relação mais programática entre os partidos e tornando o sistema partidário incompreensível para o cidadão".[329]

A terceira e última consequência destacada por Luís Roberto Barroso é a redução da governabilidade em decorrência da fragmentação partidária excessiva observada no arranjo institucional brasileiro. De acordo com o autor, "o governo fica obrigado a negociar com uma multiplicidade heterogênea de agremiações, muitas delas voltadas para a satisfação de interesses eleitorais ou privados e não para a construção

[324] BARROSO, Luís Roberto. A reforma política: uma proposta de sistema de governo, eleitoral e partidário para o Brasil. *Revista de Direito do Estado*, n. 3, p. 1-105, jul./set. 2006.

[325] Idem, p. 80.

[326] Idem.

[327] Idem.

[328] Idem, p. 81.

[329] Idem.

de acordos inspirados pelo interesse público",[330] de modo que "a gestão da coalizão se torna complexa e onerosa",[331] prejudicando a "qualidade do processo político e prolongando excessivamente as deliberações parlamentares".[332]

Também nesse sentido, Manoel Gonçalves Ferreira Filho aponta que "a vivência democrática tem demonstrado que o número excessivo de partidos é prejudicial ao funcionamento das suas instituições",[333] principalmente quando a sua proliferação excessiva dificulta a formação de maiorias que permitam a condução estável do governo.

Todavia, acrescenta a essa compreensão o entendimento de que a pluralidade partidária "é uma decorrência natural da liberdade",[334] sendo, inclusive, mecanismo de preservação dos direitos das minorias existentes na sociedade. Assim, deve-se buscar conceber um arranjo institucional que tenha instrumentos capazes de produzir o pluralismo necessário, mas sem atingir o multipartidarismo inconveniente.

Na visão de Manoel Gonçalves Ferreira Filho, o sistema partidário projetado na Constituição de 1988 tem diversos vícios, e o principal deles é a conivência com "o número excessivo de partidos que participam do processo político brasileiro",[335] um claro exemplo de multipartidarismo inconveniente, "que fragmenta a representação política no Congresso, a ponto de se dizer que no Brasil somente existem pequenos partidos",[336] haja vista que o partido com maior representação na Câmara dos Deputados não conseguiu eleger, no último pleito legislativo, "mais que 11% do total de integrantes da Casa".[337]

Assim, considera a proliferação dos partidos políticos um dos efeitos perversos observados no arranjo institucional brasileiro após a promulgação da Constituição de 1988. Isso porque o objetivo central da Constituinte – no que se refere aos partidos políticos – era apresentar contraposição ao regime anterior, que cerceava a atividade política, tendo concebido um sistema multipartidário. Essa compreensão foi

---

330 Idem.

331 Idem.

332 Idem, p. 82.

333 FILHO FERREIRA, Manoel Gonçalves. *Curso de direito constitucional*. 42 ed. Rio de Janeiro: Grupo GEN, 2022. p. 107.

334 Idem.

335 Idem, p. 110.

336 Idem.

337 Idem.

guiada na Constituinte pela ideia de que "cada corrente deve poder manifestar-se num partido que a exprima, para pregá-las e, disputando eleições, quiçá, chegue ao poder",[338] facilitando, assim, a proliferação partidária.

Além disso, Manoel Gonçalves Ferreira Filho destaca que os partidos políticos brasileiros não têm, em regra, qualquer diretriz programática e ideológica, sendo "meros discursos vagos, quando não contraditórios, visando agradar ao máximo e desagradar o mínimo".[339]

Ainda em sua visão, o multipartidarismo observado no Brasil, e que tem sido cada vez mais amplificado, "dificulta a formação de maioria estável que apoie a atuação governamental, o que leva a meios escusos para construí-la e mantê-la (v. o processo dito do 'Mensalão'), afora obscurecer a definição da vontade política do povo".[340] Assim, o cenário hoje observado no Brasil é de ausência integral de legitimidade no sistema partidário, seja sob o prisma das agremiações políticas, seja sob o prisma de seus representantes e líderes partidários.

Manoel Gonçalves Ferreira Filho sintetiza a problemática afirmando que o número excessivo de partidos políticos leva a um "esfarinhamento da opinião pública e da representação popular nas Câmaras"[341] e provoca um "verdadeiro círculo vicioso, a pequenização dos partidos – todos os partidos tendem a ser pequenos partidos, elegendo frações cada vez menores em relação ao total da Câmara".[342]

A denominada pequenização dos partidos políticos é considerada problemática desde a obra clássica de Alexis de Tocqueville sobre a temática, na qual o autor francês sustenta que "os grandes partidos subvertem a sociedade, os pequenos agitam-na; uns a dilaceram, outros a depravam; os primeiros a salvam às vezes perturbando-a, salutarmente, os segundos a perturbam sempre, sem proveito".[343]

Ainda conforme Alexis de Tocqueville, muito embora sua análise tenha se dado em momento muito inicial da formação do sistema partidário, os pequenos partidos políticos, "em geral, não têm fé política.

338 FERREIRA FILHO, Manoel Gonçalves. *Aspectos do direito constitucional contemporâneo*. 3. ed. São Paulo: Saraiva, 2012. p. 155.

339 Idem.

340 Idem.

341 FERREIRA FILHO, Manoel Gonçalves. *Aspectos do direito constitucional contemporâneo*. 3. ed. São Paulo: Saraiva, 2012. p. 155.

342 Idem.

343 TOCQUEVILLE, Alexis de. *A democracia na América*. 2. ed. São Paulo: Martins Fontes, 2005. p. 201.

Como não se sentem elevados e sustentados por grandes objetivos, seu caráter é marcado por um egoísmo que se manifesta ostensivamente em cada um de seus atos".[344]

O quadro se torna ainda mais insustentável por inexistir qualquer óbice para que o representante tenha posicionamento diverso daquele previsto em seu programa e diretrizes partidárias, quando das deliberações parlamentares.

Diante desse cenário, Manoel Gonçalves Ferreira Filho aponta que o multipartidarismo produz efeitos nefastos à governabilidade, tendo em vista que estabilizar essa maioria complexa e de difícil constatação se torna um amplo desafio para o chefe do Executivo.

Destaca-se que, apesar do presidencialismo não ser um sistema de governo que pressupõe aderência integral da maioria ao governo, nível mínimo de coordenação entre os poderes é requisito essencial para o seu devido funcionamento institucional e democrático.

Assim, conclui que a "pulverização e a indisciplina partidárias fragilizam a separação dos poderes",[345] uma vez que dificultam a percepção de maiorias favoráveis e contrárias à agenda de governo, "dando pretexto à concentração do poder via medidas provisórias",[346] que deixam de ser mecanismos excepcionais e se tornam ordinários além de incentivarem a formação artificial de maioria por meio de comportamentos mercantis decorrentes de barganhas de todas as espécies.

O desempenho do presidencialismo de coalizão brasileiro na contemporaneidade também é objeto central da obra coletiva elaborada por João Villaverde e Rodrigo Brandão.[347] Para os autores, o arranjo institucional brasileiro concebeu uma particular relação entre o Presidente e o Congresso Nacional, sendo responsável por fomentar diversas crises institucionais, que chegaram ao ápice de culminar na submissão de dois chefes do Executivo a julgamentos de pedidos de

---

344 TOCQUEVILLE, Alexis de. *A democracia na América*. 2. ed. São Paulo: Martins Fontes, 2005. p. 200.

345 FERREIRA FILHO, Manoel Gonçalves. *Aspectos do direito constitucional contemporâneo*. 3. ed. São Paulo: Saraiva, 2012. p. 156.

346 Idem.

347 BRANDÃO, Rodrigo; VILLAVERDE, João. Democracia e inclusão: reflexões sobre parlamentarismo e presidencialismo para o Brasil de 2023. *In*: SALTO, Felipe; VILLAVERDE, João; KARPUSKA, Laura. *Reconstrução*: o Brasil nos anos 20. São Paulo: Saraiva, 2022. (Série IDP). p. 20-27.

impeachment perante o Congresso Nacional em pouco mais de trinta anos da aprovação da Constituição de 1988.[348]

E mais, todos os Presidentes eleitos – e aqueles que assumiram em decorrência dos afastamentos definitivos dos Presidentes eleitos que foram condenados pelo cometimento de crimes de responsabilidade – tiveram pedidos de *impeachment* formulados contra seus governos, o que demonstra a recorrência da utilização desse instrumento, que deveria ser excepcional.[349]

Assim, apontam que "há problemas graves com o formato do nosso presidencialismo quando aquele que dá nome a esse sistema – o presidente – é constantemente afastado do cargo",[350] sendo o principal fator catalizador desse sistema disfuncional o multipartidarismo inconveniente, que produz como consequência um Congresso Nacional hiperfragmentado, impossibilitando a formação de maiorias estáveis na condução do governo.

Nesse sentido, João Villaverde e Rodrigo Brandão rememoram o processo de proliferação dos partidos políticos no Brasil a partir da redemocratização. Demonstram que o Partido do Movimento Democrático Brasileiro (PMDB) assumiu, já naquele período e até pouco tempo atrás, o papel de garante da maioria, sendo essencial a sua presença na base aliada para o bom funcionamento institucional. Além disso, a esquerda e a direita passaram a ter, cada uma delas, duas legendas robustas: (a) o Partido dos Trabalhadores (PT) e o Partido Democrático Trabalhista (PDT) no campo da esquerda; e (b) o Partido Progressista Brasileiro (PPB) e o Partido da Frente Liberal (PFL) na direita.

Em complementação, os autores destacam que, "com o passar dos anos, mais siglas surgiram: de partidos grandes, como o Partido da Social Democracia Brasileira (PSDB), a partidos médios, passando

---

348 Fernando Collor, em 1992, e Dilma Rousseff, em 2016, foram os dois Presidentes brasileiros submetidos ao julgamento de pedidos de *impeachment* perante o Congresso Nacional, tendo ambos sido condenados pelo cometimento de crimes de responsabilidade.

349 Fernando Collor, Itamar Franco, Fernando Henrique Cardoso, Luiz Inácio Lula da Silva, Dilma Rousseff, Michel Temer e Jair Bolsonaro, tiveram pedidos de *impeachment* formulados contra seus governos, sendo que Itamar Franco foi o Presidente com o menor número de pedidos formulados, enquanto Jair Bolsonaro o com o maior número de pedidos de *impeachment*. Informação disponível em: https://apublica.org/impeachment-bolsonaro/quantos-pedidos-de-impeachment-os-ultimos-presidentes-receberam/. Acesso em: 2 set. 2022.

350 BRANDÃO, Rodrigo; VILLAVERDE, João. Democracia e inclusão: reflexões sobre parlamentarismo e presidencialismo para o Brasil de 2023. *In*: SALTO, Felipe; VILLAVERDE, João; KARPUSKA, Laura. *Reconstrução*: o Brasil nos anos 20. São Paulo: Saraiva, 2022. (Série IDP). p. 20.

por pequenos e até minúsculos".[351] O cenário atual é, portanto, de eleição de representantes de trinta partidos políticos para a Câmara dos Deputados na última eleição, ocorrida em 2018.

Diante desse cenário, Jairo Nicolau demonstra que o Brasil tem "um número de partidos representados na Câmara dos Deputados superior ao de qualquer outra democracia".[352] E a partir de análise que aborda as legislaturas envolvidas no período de 1995 até 2016,[353] verifica que, em apenas uma legislatura (1995-1999), houve diminuição na fragmentação partidária no Congresso Nacional, tendo sido os principais fatores para tanto "a migração na direção do PSDB e do PFL, principais partidos do governo Fernando Henrique Cardoso, e a criação do Partido Progressista Brasileiro (PPB), em 1995, resultado da fusão de dois partidos (PRP e PP)".[354]

Complementa a análise com a conclusão de que as legislaturas iniciadas a partir de 1999 "terminaram mais fragmentadas do que começaram, indicando que as migrações contribuíram para aumentar a dispersão das forças partidárias no interior da Câmara dos Deputados".[355]

Sustenta, ainda, que há um "claro esvaziamento das maiores legendas em direção às menores",[356] fenômeno que pode ser bem ilustrado pela verificação daquela que seria a maior bancada na Câmara dos Deputados na primeira legislatura após a promulgação da Constituição de 1988, isto é, o Partido do Movimento Democrático Brasileiro (PMDB) em 1990 com 108 deputados[357] e o Partido dos Trabalhadores (PT) em 2018, com 54 deputados.[358]

Do mesmo modo, Afonso Arinos já abordava, nos anos 1960, a fragmentação partidária no Congresso Nacional brasileiro, destacando

---

351 BRANDÃO, Rodrigo; VILLAVERDE, João. Democracia e inclusão: reflexões sobre parlamentarismo e presidencialismo para o Brasil de 2023. *In*: SALTO, Felipe; VILLAVERDE, João; KARPUSKA, Laura. *Reconstrução*: o Brasil nos anos 20. São Paulo: Saraiva, 2022. (Série IDP). p. 21.

352 NICOLAU. Jairo. *Representantes de quem?*. Os (des) caminhos do seu voto da urna à Câmara dos Deputados. Rio de Janeiro: Zahar, 2017. p. 89.

353 50ª legislatura até a 55ª legislatura.

354 NICOLAU. Jairo. *Representantes de quem?*. Os (des) caminhos do seu voto da urna à Câmara dos Deputados. Rio de Janeiro: Zahar, 2017. p. 94.

355 Idem.

356 Idem, p. 95.

357 O resultado do pleito eleitoral de 1990 está disponível em: https://app.powerbi.com/view?r=eyJrIjoiMzk5MjQ4OTQtMjljOS00Yjc1LWExYzctMmY2MWM2ZDBlYzk5IiwidCI6ImFiNzcyYzYzLWViMzgtNGIxZS1iZWY3LTdiNjBlZDhhY2RmMSJ9. Acesso em: 2 set. 2022.

358 Informação disponível em: https://www.camara.leg.br/deputados/bancada-na-eleicao. Acesso em: 2 set. 2022.

as suas consequências para a governabilidade e a estabilidade pela formação e manutenção de maiorias precárias e flutuantes. Nessa perspectiva, aponta que "a atomização das maiorias, principalmente na Câmara, retira de qualquer partido a possibilidade de controlar a situação, seja nas comissões, seja em plenário".[359]

Assim, ainda na visão de Afonso Arinos, há uma supervalorização no papel dos pequenos partidos, de modo que adquirem "uma importância desmesurada, muito maior do que seu peso numérico, sempre que o resultado das votações for apertado".[360] Complementa essa compreensão com o apontamento de que essas "maiorias flutuantes e precárias, integradas por grupos que se aproximam sem se juntar, impõem uma constante necessidade de transação, às vezes no pior sentido da barganha, de troca de favores até chantagens e corrupção".[361]

Por sua vez, André Ramos Tavares constata que o multipartidarismo tem a tendência de amplificar as crises institucionais, na medida em que propicia a "perpetuação de partidos sem real vocação para defesa de uma ideologia, de um segmento social, ou mesmo sem real interesse de se firmar como alternativa útil de representação política".[362]

No mesmo sentido, Pedro Banhos sustenta que a situação atual é crítica, tendo em vista que a "proliferação e a multiplicidade exacerbada de partidos acabam por dificultar a governabilidade e a efetiva representação dos interesses da sociedade na esfera política".[363]

Giovanni Sartori consegue descrever as disfuncionalidades do sistema partidário brasileiro em síntese muito apurada, afirmando que "provavelmente nenhum país no mundo é tão avesso aos partidos como

---

359 FRANCO, Afonso Arinos de Melo. *Evolução da crise brasileira*. Rio de Janeiro: Topbooks, 2005. p. 91.

360 Idem.

361 Idem.

362 TAVARES, André Ramos. A jurisprudência sobre partidos políticos no Supremo Tribunal Federal: entre eleições, poder econômico e a democracia. *In*: NORONHA, João Otávio de; KIM, Richard Pae (Coord.). *Sistema político e direito eleitoral brasileiros*: estudos em homenagem ao Ministro Dias Toffoli. São Paulo: Atlas, 2016. p. 43-74. p. 46.

363 BANHOS, Pedro Paes de Andrade. Emenda Constitucional n. 97/2017: reflexões sobre a cláusula de desempenho e o fim das coligações partidárias. *In*: COSTA, Daniel Castro Gomes da; FONSECA, Reynaldo Soares da; BANHOS, Sérgio Silveira; CARVALHO NETO, Tarcisio Vieira de (Coord.) *Democracia, justiça e cidadania*: desafios e perspectivas – homenagem ao Ministro Luís Roberto Barroso. Belo Horizonte: Fórum, 2020. t. 1: Direito eleitoral, política e democracia.

o Brasil, na teoria e na prática. Os políticos se relacionam com os seus partidos como 'partidos de aluguel'".[364]

Ao analisarem o desempenho do presidencialismo brasileiro, especialmente sob a ótica dos mecanismos de remoção do chefe do Executivo, Aline Osorio e Ademar Borges,[365] utilizando os parâmetros sugeridos por Pérez-Liñám,[366] constataram que o aspecto essencial para manutenção do Presidente até o final de seu governo é ter apoio parlamentar.

O multipartidarismo atomístico observado no Brasil, associado à ampla fragmentação partidária existente no Congresso Nacional brasileiro, torna hercúlea a missão do Presidente da República na formação de maiorias estáveis que sustentem seu plano de governo. Ademais, o cenário descrito favorece a manutenção de maiorias por mecanismos mercantis decorrentes de barganhas de todas as espécies, de modo que o interesse coletivo é frequentemente prejudicado em prol de interesses privados dos detentores do poder.

Em livro que complementa o seu artigo original, publicado no trigésimo aniversário de promulgação da Constituição, Sérgio Abranches analisa o funcionamento e o desempenho do presidencialismo brasileiro nessas três décadas. Em sua visão, o sistema "não é inexoravelmente instável, nem promove a ingovernabilidade crônica ou cíclica".[367]

---

[364] SARTORI, Giovanni. *Engenharia constitucional*. Brasília: Universidade de Brasília, 1996. p. 112.

[365] OSORIO, Aline Rezende Peres; SOUZA FILHO, Ademar Borges de. Crise do presidencialismo, *impeachment* e democracia. *In*: COSTA, Daniel Castro Gomes da; FONSECA, Reynaldo Soares da; BANHOS, Sérgio Silveira; CARVALHO NETO, Tarcisio Vieira de (Coord.) *Democracia, justiça e cidadania*: desafios e perspectivas -homenagem ao Ministro Luís Roberto Barroso. Belo Horizonte: Fórum, 2020. t. 1: Direito eleitoral, política e democracia. p. 169-193.

[366] Aline Osorio e Ademar Borges esclarecem que os parâmetros sugeridos por Pérez-Liñám eram: "(i) escândalos de corrupção ou acusações de abuso de poder que envolvam o presidente; (ii) um ambiente institucional hostil a intervenções militares; (iii) ausência de controle do legislativo pelo partido ou coalizão do presidente ou divisão da coalizão governamental em facções; (iv) manifestações populares contra o presidente; (v) a ocorrência de crises econômicas e insatisfação com o desempenho econômico do governo". OSORIO, Aline Rezende Peres; SOUZA FILHO, Ademar Borges de. Crise do presidencialismo, *impeachment* e democracia. *In*: COSTA, Daniel Castro Gomes da; FONSECA, Reynaldo Soares da; BANHOS, Sérgio Silveira; CARVALHO NETO, Tarcisio Vieira de (Coord.) *Democracia, justiça e cidadania*: desafios e perspectivas -homenagem ao Ministro Luís Roberto Barroso. Belo Horizonte: Fórum, 2020. t. 1: Direito eleitoral, política e democracia. p. 185; e PÉREZ-LIÑÁN, Aníbal. *Presidential impeachment and the new political instability in Latin America*. Cambridge: Cambridge University Press, 2007. p. 14-15.

[367] ABRANCHES, Sérgio. *Presidencialismo de coalizão*: raízes e evolução do modelo político brasileiro. São Paulo: Companhia das Letras, 2018. p. 341.

Contudo, em decorrência de suas particularidades, em especial "a dependência da Presidência da República para com uma grande coalizão, com graus irredutíveis de heterogeneidade, ele requer mecanismos muito ágeis de mediação institucional e resolução de conflitos entre os poder políticos da República",[368] instrumentos esses que não existem no arranjo institucional brasileiro.

Sérgio Abranches conclui, portanto, que a principal disfuncionalidade do presidencialismo brasileiro nessas três últimas décadas é a hiperfragmentação partidária, tendo em vista que "afeta diretamente a formação de coalizões, o seu tamanho e a probabilidade de serem estáveis, além de propiciar terreno fértil para o clientelismo e a corrupção".[369]

Além dos tópicos já devidamente constatados e desenvolvidos, o sistema eleitoral proporcional para os pleitos legislativos também é considerado por diversos autores como importante catalizador da proliferação dos partidos políticos no Brasil.

Nessa perspectiva, Manoel Gonçalves Ferreira Filho[370] dialoga com os ensinamentos propostos por Maurice Duverger[371] em sua obra tradicional sobre os partidos políticos, no sentido de que esse modelo proporcional tende a multiplicar o número de partidos.

No mesmo sentido, Virgílio Afonso da Silva faz diagnóstico idêntico ao de Manoel Gonçalves Ferreira Filho, destacando que "os sistemas eleitorais majoritários tendem a estar associados ao bipartidarismo, enquanto os sistemas eleitorais proporcionais tenderiam a estar associados ao multipartidarismo".[372]

Do mesmo modo, José Levi Mello do Amaral Júnior tece as seguintes considerações sobre a temática: (a) "os sistemas eleitorais majoritários favorecem a formação de vínculo entre eleito e eleitor, enquanto sistemas proporcionais diluem esse vínculo, uma vez que o candidato, em verdade, é o partido político";[373] e (b) "os sistemas

---

368 Idem.

369 Idem, p. 344.

370 FERREIRA FILHO, Manoel Gonçalves. *Curso de Direito Constitucional*. 42. ed. Rio de Janeiro: Grupo GEN, 2022. p. 89.

371 DUVERGER, Maurice. *Los partidos políticos*. Madri: Fondo de Cultura Económica, 2002.

372 SILVA, Virgílio Afonso da. Partidos e reforma política. *Revista Brasileira de Direito Público*, v. 11, p. 9-19, 2005. p. 13.

373 AMARAL JÚNIOR. José Levi Mello do. Partidos políticos: estudo em homenagem ao Ministro José Antonio Dias Toffoli. *In*: Moraes, Alexandre de; MENDONÇA, André Luiz de Almeida (Coord.) *Democracia e sistema de justiça*: obra em homenagem aos 10 anos do Ministro Dias Toffoli no Supremo Tribunal Federal. Belo Horizonte: Fórum. 2020. p. 318.

proporcionais parecem mais representativos porque são mais propensos a refletir o pluralismo ou, até mesmo, a heterogeneidade de dada sociedade política".[374]

Há de se ressaltar que as constatações dos referidos autores foram facilmente comprovadas na realidade brasileira até o pleito eleitoral de 2022, tendo em vista que a cada eleição os partidos com representatividade na Câmara dos Deputados eram ampliados,[375] demonstrando-se o caráter multiplicador de legendas partidárias do sistema eleitoral proporcional, bem como eram reduzidos os vínculos entre eleito e eleitor, dificultando a compreensão da destinação do voto de cada eleitor e sua influência na eleição dos representantes.[376]

Todavia, o avanço na aplicação da cláusula de desempenho e o fim das coligações nas disputas proporcionais começaram a dar sinais positivos no pleito eleitoral de 2022. Isso porque o número de partidos com representação na Câmara dos Deputados foi reduzido em relação ao período anterior. Isto é, em 2018, trinta partidos eram representados, enquanto foram eleitos representantes de vinte e três partidos em 2022.

Além disso, como consequência dessas modificações, partidos se fundiram,[377] bem como se iniciou a formação de federações[378] para o cumprimento dos requisitos previstos na Emenda Constitucional

---

[374] Idem.

[375] A multiplicação dos partidos com representantes na Câmara dos Deputados pode ser constatada da análise das eleições subsequentes à promulgação da Constituição de 1988: (a) eleições de 1990: 19 partidos; (b) eleições de 1994: 19 partidos; (c) eleições de 1998: 18 partidos; (d) eleições de 2002: 19 partidos; (e) eleições de 2006: 21 partidos; (f) eleições de 2010: 22 partidos; (g) eleições de 2014: 28 partidos; (h) eleições de 2018: 30 partidos. Dados disponíveis nas páginas do Tribunal Superior Eleitoral e da Câmara dos Deputados, nos seguintes *links:* (a) https://app.powerbi.com/view?r=eyJrIjoiMzk5MjQ4OTQtMjljOS00Yjc1LWExYzctMmY2MWM2ZDBlYzk5IiwidCI6ImFiNzcyYzYzLWViMzgtNGIxZS1iZWY3LTdiNjBlZDhhY2RmMSJ9; e (b) https://www.camara.leg.br/deputados/bancada-na-eleicao. Acesso em: 6 set. 2022.

[376] A obra de Jairo Nicolau, já citada anteriormente, demonstra a redução do vínculo entre eleito e eleitor, bem como a dificuldade na compreensão da destinação do voto de cada eleitor e sua influência na eleição dos representantes. NICOLAU. Jairo. *Representantes de quem?*. Os (des) caminhos do seu voto da urna à Câmara dos Deputados. Rio de Janeiro: Zahar, 2017.

[377] Com o resultado das eleições de 2018, três partidos optaram pela fusão com outros três. São eles: Partido Humanista da Solidariedade (PHS) se fundiu ao Podemos; b) Partido Pátria Livre (PPL) se juntou ao Partido Comunista do Brasil PCdoB; e c) Partido Republicano Progressista (PRP) se incorporou ao Patriota.

[378] A legislatura que se inicia em 2023 será composta por três federações. São elas: a) Partido dos Trabalhadores (PT), Partido Comunista do Brasil (PCdoB) e Partido Verde (PV); b) Partido da Social Democracia Brasileira (PSDB) e Cidadania; e c) Partido Socialismo e Liberdade (PSOL) Rede Sustentabilidade.

97/2017, o traz como efeitos práticos a vinculação desses partidos a atuarem como se fossem apenas um, produzindo, em verdade, uma redução ainda mais significativa para a legislatura que se inicia em 2023.

Diante dessas constatações acerca da mecânica institucional e do desempenho do presidencialismo brasileiro na contemporaneidade, pretende-se cumprir a missão de responder o questionamento condutor deste tópico: as disputas políticas concretas e reais observadas na realidade institucional brasileira contemporânea justificam a alteração do sistema de governo?

Como visto, o presidencialismo funciona bem em arranjos institucionais bipartidários, mas seu funcionamento se torna mais complexo em cenários multipartidários, chegando à situação-limite do multipartidarismo atomístico combinado com a maior fragmentação partidária legislativa do mundo, como se observa no Brasil.

E isso pode ser sintetizado pelos seguintes aspectos: (a) os Presidentes tendem a acreditar que são a maior autoridade do sistema, quando, em verdade, são incapazes de implementar sua agenda de governo sem o apoio de sua base aliada no Legislativo, produzindo o engessamento do sistema; (b) o equilíbrio orçamental é prejudicado ante a necessidade de manutenção da ampla, fluída e precária base aliada; (c) prevalência dos interesses clientelistas sobre o interesse público, especialmente pela distribuição de cargos em todos os escalões do governo, nos quais as capacidades técnicas são descartadas em prol de indicações político-partidárias; e (d) mecanismos de retirada do chefe do Executivo, como o *impeachment*, tornaram-se moção de censura.

Sobre essa questão, Ives Gandra sintetiza o seu diagnóstico com a conclusão de que apenas a alteração do sistema de governo seria mecanismo hábil para superar as crises institucionais sucessivas a que o presidencialismo brasileiro tem sido submetido, facilmente constatada pelos "dois *impeachments* presidenciais dos cinco eleitos, um atendado que quase levou à morte o atual presidente, o encarceramento de um terceiro presidente, assim como prisão provisória, rapidamente suspensa, de um quarto presidente, eleito como vice-presidente".[379]

---

[379] MARTINS, Ives Gandra da Silva. Reforma política e o parlamentarismo. *In*: COSTA, Daniel Castro Gomes da; FONSECA, Reynaldo Soares da; BANHOS, Sérgio Silveira; CARVALHO NETO, Tarcisio Vieira de (Coord.) *Democracia, justiça e cidadania*: desafios e perspectivas – homenagem ao Ministro Luís Roberto Barroso. Belo Horizonte: Fórum, 2020. t. 1: Direito eleitoral, política e democracia. p. 225.

No mesmo sentido, ao analisar o desempenho contemporâneo do presidencialismo de coalizão brasileiro, Manoel Gonçalves Ferreira Filho enfatiza que o a crise hoje vivenciada é insustentável, sendo possível a sua resolução apenas pelo conflito ou pela superação do conflito. Nesse sentido, sustenta que o caminho adequado é a superação desse conflito a partir da alteração do sistema de governo brasileiro.[380]

Desse modo, tornou-se possível concluir que as disputas concretas e reais observadas na realidade institucional brasileira justificam a alteração do presidencialismo de coalizão hoje vivenciado no Brasil. Mas qual seria o sistema de governo adequado para solucionar as problemáticas apontadas anteriormente? O semipresidencialismo poderia ser o remédio para superação das crises institucionais sucessivas verificadas no Brasil? Esses questionamentos conduzirão o desenvolvimento do próximo tópico.

2.3 Análise comportamental do presidencialismo de coalizão brasileiro na prática constitucional: aproximação ou distanciamento do semipresidencialismo

O tópico anterior foi dedicado à análise da mecânica institucional e do desempenho do presidencialismo brasileiro na contemporaneidade. Constatou-se, ao final, que as crises institucionais hoje vivenciadas chegaram à situação- limite, não sendo mais possível a sua superação sem que sejam realizadas alterações no arranjo institucional brasileiro.

Concluiu-se, portanto, que a mudança mais efetiva e mais adequada seria a modificação do próprio sistema de governo. Surge, então, o questionamento acerca de qual seria o sistema de governo mais apto a minimizar as mazelas e maximizar as virtudes existentes no arranjo institucional brasileiro, bem como preservar a tradição histórica constitucional do Brasil.

Michel Temer e Gilmar Mendes, dentre outros, são autores que defendem que, apesar de ser denominado de presidencialismo, o sistema de governo brasileiro somente é governável e funcional se, na

---

[380] Manoel Gonçalves Ferreira Filho exarou esse entendimento no ciclo de debates Conferências Paulo Brossard acerca da reforma política e democracia: um olhar para o futuro, evento virtual organizado pelo IDP no dia 14/06/2021. A íntegra dos debates está disponível em: https://youtu.be/tqHcjITGbyU. Acesso em: 15 set. 2022.

prática constitucional, for exercida, em verdade, uma modalidade do semipresidencialismo.

Sendo assim, e como serão devidamente abordados os entendimentos de cada um dos autores, caso se confirme essa aproximação do presidencialismo brasileiro com o semipresidencialismo em razão de sua governabilidade e funcionalidade, não seria o caso de adotar, de uma vez por todas, o semipresidencialismo como sistema de governo para superar a crise institucional hoje vivenciada? Esse será o objetivo central do presente tópico.

Michel Temer[381] aborda a questão relativa à governabilidade e à funcionalidade do sistema presidencial brasileiro com conhecimento adquirido em toda vida pública, consagrado pelo exercício da Presidência da República de agosto de 2016 até dezembro de 2018.

Cabe também lembrar que Michel Temer assumiu a Presidência da República após o afastamento e a condenação da Presidente Dilma Rousseff por cometimento de crime de responsabilidade, de modo que a situação à época era de patente instabilidade institucional, existindo, inclusive, uma ampla comoção popular contra a classe política e contra as instituições.

Assim, os argumentos de Michel Temer são carregados da vivência da prática constitucional contemporânea e devem ser em muito considerados para as conclusões aqui adotadas. Em sua visão, o alto grau de governabilidade em sua presidência se deve ao fato de ter convocado o Congresso Nacional para dentro do governo, estabelecendo diálogos constantes e eficientes, formando, assim, uma maioria estável para aprovar sua agenda política.

Nesse sentido, complementa que, até mesmo no presidencialismo clássico, é necessário o apoio do Legislativo ao Presidente da República para que possa impor a sua agenda de governo. Mas essa missão se torna hercúlea e quase impraticável em um modelo presidencial multipartidário, como o brasileiro, no qual o chefe do Executivo deve compor com diversas legendas para conseguir alcançar a maioria no Congresso Nacional.

Desse modo, Michel Temer critica a equação democrática atinente ao presidencialismo, na qual o Presidente é eleito e, apenas

---

[381] As manifestações de Michel Temer sobre a questão foram proferidas no ciclo de debates – conferências Paulo Brossard – acerca da reforma política e democracia: um olhar para o futuro, evento virtual organizado pelo IDP no dia 14/06/2021. A íntegra dos debates está disponível em: https://youtu.be/tqHcjITGbyU. Acesso em: 15 set. 2022.

posteriormente, busca obter a maioria parlamentar. Assim, o Presidente não é governo porque detém de início a maioria legislativa, e sim porque foi buscar essa maioria após o seu êxito nas eleições presidenciais.

Sobre essa questão, demonstra que, nos dias atuais, a situação se tornou ainda mais sensível, em decorrência da ampla fragmentação partidária existente no Congresso Nacional brasileiro, onde as maiorias têm sido cada vez mais precárias, fluidas e instáveis, funcionando como fatores catalizadores de instabilidade democrática.

Diante desse cenário, Michel Temer constata ser inevitável a aproximação do presidencialismo brasileiro do semipresidencialismo, pois seu afastamento implica impossibilidade governativa. Defende, nesse sentido, que a adoção efetiva do semipresidencialismo é o melhor caminho para a superação das crises institucionais hoje vivenciadas.

Para tanto, aduz que o semipresidencialismo é um sistema de governo hábil a minimizar as mazelas e maximizar as virtudes existentes no arranjo institucional brasileiro, tendo em vista que agrega as vantagens governativas e estabilizadoras do parlamentarismo, bem como preserva a tradição presidencialista brasileira ao distribuir poderes relevantes ao Presidente da República, que será eleito pelo voto direto.

Entende, ainda, que a alteração do sistema de governo em direção ao semipresidencialismo exerce importante função na diminuição dos traumas institucionais, haja vista facilitar os mecanismos de retirada da chefia de governo, bem como a formação do novo governo, evitando o engessamento institucional decorrente dos longos processos de *impeachment*, que têm se tornado não tão incomuns no Brasil.

De acordo com Temer, o semipresidencialismo é capaz de fornecer maiorias estáveis ao Congresso Nacional, na medida em que, ao se formar o governo, verifica-se, de maneira clara, a situação e a oposição, não mais havendo a flutuação de maiorias precárias como as existentes no presidencialismo de coalizão brasileiro. Desse modo, do ponto de vista prático, observa-se quase um bipartidarismo, materializado pela situação e pela oposição.

Michel Temer aponta também que o semipresidencialismo tem a virtude de dividir a responsabilidade governativa entre o Executivo e o Congresso Nacional, dissociando-se, assim, do presidencialismo, no qual toda a responsabilidade é destinada ao Presidente da República, enquanto o Congresso Nacional tem mais preocupação em conseguir destinação de verbas públicas para suas bases.

Com essa divisão de responsabilidade governativa entre Executivo e Legislativo, todos os parlamentares tenderão a mudar de comportamento para com o governo, buscando, por um lado, governar bem e, por outro, opor-se com qualidade, visto que passarão a ser reconhecidos em suas bases eleitorais por sua atuação governativa.

Na mesma perspectiva, Manoel Gonçalves Ferreira Filho[382] demonstra que a coalizão serve apenas como base de apoio para o Presidente da República no modelo presidencial brasileiro, não se associando a ele, como no semipresidencialismo. Por essa razão, o fracasso político recai exclusivamente sobre o Presidente no presidencialismo de coalizão brasileiro, o que deixa o chefe do Executivo em posição de ampla exposição, vulnerabilidade e dependência do Legislativo.

Gilmar Mendes[383] também analisa o posicionamento do presidencialismo de coalizão brasileiro no espectro dos sistemas de governo. Nesse sentido, sustenta que, na prática constitucional brasileira contemporânea, observa-se, em verdade, a aplicação de mecanismos inerentes ao semipresidencialismo, existindo a divisão das funções governativas entre o Presidente e o Congresso Nacional, muito embora essa divisão não seja necessariamente às claras ou prevista em qualquer normativo legal.

Para tanto, Gilmar Mendes exemplifica essa questão a partir da proposta de emenda constitucional do "orçamento de guerra", medida aprovada pelo Congresso Nacional que contou com pouca participação do Poder Executivo, tendo o Parlamento exercido a função governativa de forma predominante, sobressaindo-se perante o chefe do Executivo.

Assim, esclarece que o presidencialismo de coalizão tem se tornado, na vida prática, um modelo com comportamento semipresidencial, na medida em que virtualmente alguém já está exercendo o papel de Primeiro-Ministro, compartilhando, portanto, o poder Executivo com o Presidente da República.

Desse modo, compreende que alteração do sistema de governo em direção ao semipresidencialismo significaria apenas uma adaptação do modelo já concretamente existente, mas passando a ter disposições

382 Manoel Gonçalves Ferreira Filho expôs esse entendimento em seminário virtual organizado pelo IDP em 23/08/2021. A íntegra do seminário está disponível em: https://youtu.be/wG5HeG1h4Vg. Acesso em: 16 set. 2022.

383 O entendimento de Gilmar Mendes foi manifestado em evento virtual organizado pelo Jota no dia 04/04/2022. A íntegra da manifestação está disponível em: https://youtu.be/RnzF-UkvX3g. Acesso em: 16 set. 2022.

legais expressas e claras no arranjo institucional, que auxiliariam na melhora do funcionamento do sistema de governo brasileiro.

Além disso, Gilmar Mendes acompanha o entendimento de Michel Temer e Manoel Gonçalves Ferreira Filho no sentido de que a efetiva implementação do semipresidencialismo no arranjo institucional brasileiro seria de suma importância para amplificar a formação de maiorias legislativas estáveis, nas quais os parlamentares seriam também responsáveis pela atuação governativa.

Isso porque, no contexto atual, o parlamentar não tem qualquer responsabilidade governativa, não se filiando a eventuais fracassos do Presidente. Por sua vez, introduzido o semipresidencialismo, o parlamentar da base aliada passa a ser corresponsável pelo sucesso da agenda de governo, compartilhando das responsabilidades governativas com o Presidente.

Enrico Misasi[384] também adere à compreensão de que o presidencialismo de coalizão brasileiro tem se aproximado, na prática constitucional, de um funcionamento semipresidencial. Nesse sentido, sustenta que, em grande medida, governar é aprovar leis e, até mesmo, emendas constitucionais, funções precípuas do Parlamento.

Assim, conquanto esteja previsto constitucionalmente que o Executivo, a partir do Presidente da República, é o responsável por governar, a prática constitucional tem oferecido interpretação distinta, tendo em vista que quem tem governado é o Executivo, mas em conjunto com o Parlamento. Deve-se, portanto, distinguir a estrutura jurídica constitucional da dinâmica que é estabelecida a partir dessa estrutura quando essa é aplicada na realidade institucional.

Desse modo, Enrico Misasi defende que a principal virtude da implementação do semipresidencialismo no Brasil seria a consolidação, do ponto de vista de estrutura jurídica constitucional, do que já observado há muito na prática constitucional brasileira, que pode ser sintetizada pela associação entre Presidente e Congresso Nacional.[385]

---

384 Enrico Misasi proferiu essas manifestações nas reuniões do conselho consultivo do Grupo de Trabalho da Câmara dos Deputados que trata do sistema de governo semipresidencialista ocorridas nos dias 13/04/2022 e 06/07/2022. Os conteúdos integrais desses debates estão disponíveis em: https://youtu.be/O79ffobTkgk?list=TLGGUgjiowqgANcxNjA5MjAyMg;https://youtu.be/CI4bBzlfarI?list=TLGGrvTdAXKgZeYxNjA5MjAyMg. Acesso em: 16 set. 2022.

385 Também nessa perspectiva, José Levi Mello do Amaral Júnior e João Marcos Amaral apontam que, "na prática, busca-se a formação de coalizão de partidos políticos no Congresso Nacional para apoiar os projetos do Governo, mormente, claro, aqueles que necessitam de aprovação parlamentar. Não há dúvida: isso é essencial para a governabilidade, ou seja,

Demonstra, também, que serão amplificados os incentivos para a atuação governativa dos parlamentares, na medida em que, no presidencialismo de coalizão hoje vivenciado, o único instrumento é a divisão das fatias do orçamento, fator que se tornou ainda mais complexo a partir do denominado orçamento secreto.[386]

---

para o sucesso do governo e do próprio país no enfrentamento de desafios e problemas que são inerentes à vida em sociedade. Ademais, importa lembrar que, sob a Constituição de 1988, dois Presidentes da República pretenderam prescindir do Congresso Nacional. Quando enfrentaram crise de maior gravidade, foram apeados do poder por força de impeachment. Todos os demais Presidentes da República buscaram entendimento político para composição de base de apoio parlamentar. No contexto, essa postura é necessária, imprescindível.". (AMARAL JÚNIOR, José Levi Mello do; AMARAL, João Marcos. Multipartidarismo atomístico e (semi) presidencialismo de coalizão. *Revista de Estudos Constitucionais, Hermenêutica e Teoria do Direito*, v. 9, n. 3, p. 355-365, set./dez. 2017. p. 364.)

386 O denominado orçamento secreto, também conhecido pela sigla de RP-9, foi objeto de quatro Arguições de Descumprimento de Preceito Fundamental ajuizadas perante o Supremo Tribunal Federal e o julgamento das referidas ações se encerrou na última sessão do ano de 2022 (19 de dezembro de 2022). O entendimento majoritário da Corte, seguindo o voto da Relatora – Ministra Rosa Weber –, foi no sentido de declarar incompatível a prática orçamentária com a ordem constitucional brasileira, podendo ser utilizada apenas para correção de erros e omissões. Além disso, afastou-se o caráter vinculante das indicações orçamentárias formuladas pelo relator do orçamento e devem ser identificados os parlamentares que solicitarem o empenho de verbas e quem serão os beneficiários. Os acórdãos das Ações de Descumprimento de Preceito Fundamental ainda não foram publicados até a data da submissão da obra para publicação, mas a decisão de julgamento é a seguinte: "O Tribunal, por maioria, (i) assentou o prejuízo das ADPFs 854 e 1.014 no que impugnam o Decreto n. 11.190/2022, ante a perda superveniente do objeto, na fração de interesse; e (ii) conheceu integralmente das ADPFs 850 e 851 e, em parte, das ADPFs 854 e 1.014, rejeitando todas as preliminares suscitadas, vencido o Ministro Nunes Marques. No mérito, por maioria, julgou procedentes os pedidos deduzidos nas ADPFs 850, 851, 854 e 1.014, para (a) declarar incompatíveis com a ordem constitucional brasileira as práticas orçamentárias viabilizadoras do chamado "esquema do orçamento secreto", consistentes no uso indevido das emendas do Relator-Geral do orçamento para efeito de inclusão de novas despesas públicas ou programações no projeto de lei orçamentária anual da União; (b) declarar a inconstitucionalidade material do art. 4º do Ato Conjunto das Mesas da Câmara dos Deputados e do Senado Federal n. 1/2021 e do inteiro teor da Resolução CN n. 2/2021; (c) conferir interpretação conforme às leis orçamentárias anuais de 2021 (Lei n. 14.144/2021) e de 2022 (Lei n. 14.303/2022), vedando a utilização das despesas classificadas sob o indicador orçamentário RP 9 para o propósito de atender a solicitações de despesas e indicações de beneficiários realizadas por Deputados Federais, Senadores da República, Relatores da Comissão Mista de Orçamento (CMO) e quaisquer "usuários externos" não vinculados aos órgãos da Administração Pública Federal, independentemente de tal requisição ter sido formulada pelos sistemas formais ou por vias informais (cabendo, ainda, aos Ministros de Estado titulares das pastas beneficiadas com recursos consignados sob a rubrica RP 9 orientarem a execução desses montantes em conformidade com os programas e projetos existentes nas respectivas áreas, afastado o caráter vinculante das indicações formuladas pelo relator-geral do orçamento, nos moldes do art. 2º, § 1º, do Decreto n. 10.888/2021); (d) determinar, a todas as unidades orçamentárias e órgãos da Administração Pública em geral que realizaram o empenho, liquidação e pagamento de despesas classificadas sob o indicador orçamentário RP 9, nos exercícios financeiros de 2020 a 2022, a publicação dos dados referentes aos serviços, obras e compras realizadas com tais verbas públicas, assim como a identificação dos respectivos solicitadores e beneficiários, de modo acessível, claro e

Por outro lado, caso seja adotado, do ponto de vista do arranjo institucional, o semipresidencialismo, o parlamentar passa a ter efetivas funções governativas, tendo em vista que passa a compartilhar as responsabilidades com o Executivo, a partir de instrumentos como: (a) o contrato de coalizão;[387] (b) a possibilidade de dissolução do Parlamento; (c) a influência na indicação do Primeiro-Ministro, dentre outros.

Nesse sentido, o autor aponta que o cenário atual é extremamente cômodo para os parlamentares, visto que hoje já têm o poder, mas não compartilham de qualquer responsabilidade governativa, existindo bônus e nenhum ônus para sua atuação institucional.

Conclui, então, Enrico Misasi que o protagonismo exercido pelo Congresso Nacional na condução na agenda governativa brasileira, principalmente nas figuras dos Presidentes da Câmara dos Deputados e do Senado Federal, faz com que exista, no presidencialismo de coalizão atual, um compartilhamento informal dos poderes executivos, no qual o Presidente é eleito para conduzir o governo, mas o poder de agenda está destinado ao Congresso Nacional, evidenciando-se a divisão dos poderes na condução do governo.

Desse modo, Enrico Misasi aduz que uma das maiorias virtudes da introdução do semipresidencialismo seria o reconhecimento institucional às claras de algo que já está presente na prática constitucional contemporânea, destinando, de forma expressa, quais poderes seriam de cada autoridade.

Com essas considerações, passa-se a responder os questionamentos condutores deste tópico. São eles: (a) "o presidencialismo de coalizão pode ser interpretado como aproximação do semipresidencialismo?"; e (b) caso a primeira resposta seja afirmativa, "por que não adotar o semipresidencialismo no Brasil?".

Em relação à primeira questão, evidenciou-se que o presidencialismo de coalizão hoje observado no contexto institucional brasileiro,

---

fidedigno, no prazo de 90 (noventa) dias. Tudo nos termos do voto da Ministra Rosa Weber (Presidente e Relatora), vencidos, em parte, nos termos dos votos proferidos, os Ministros André Mendonça, Nunes Marques, Alexandre de Moraes, Dias Toffoli e Gilmar Mendes. Nesta assentada, o Procurador-Geral da República, Dr. Antônio Augusto Brandão de Aras, requereu que restasse consignado em ata que alterou seu parecer, manifestando-se no mesmo sentido do voto da Relatora. Plenário, 19.12.2022".

387 O contrato de coalizão é o acordo formalizado entre os partidos que representam a maioria no Congresso Nacional, quando da composição do novo Governo. Nesse contrato de caráter vinculante, constarão as diretrizes fundamentais que servirão como guia do programa de governo a ser implementado pelo Primeiro-Ministro e seu Gabinete.

para que seja governável e funcional, deve ser praticado em aproximação com os mecanismos inerentes ao modelo semipresidencial, na medida em que, conforme se verifica na prática constitucional, a governabilidade somente é alcançada pela associação entre o Presidente da República e o Congresso Nacional.

Nesse sentido, o sucesso institucional demanda compartilhamento das funções executivas entre Presidente da República e Congresso Nacional, produzido a partir do estabelecimento de diálogos constantes e eficientes, hábeis a formar uma maioria estável para aprovar as medidas do governo. Desse modo, o presidencialismo de coalizão deve ser interpretado como aproximação ao semipresidencialismo.

Ante a resposta afirmativa ao primeiro questionamento, passa-se a analisar a indagação: "por que não adotar o semipresidencialismo no Brasil?". Em primeira observação, que será devidamente desenvolvida no próximo capítulo, cujo objeto central será a verificação da proposta do semipresidencialismo no Brasil e suas consequências, conclui-se que a adoção do semipresidencialismo representaria, em verdade, uma mera adaptação do modelo já concretamente existente, o qual, entretanto, passaria a ter disposições legais expressas e claras no arranjo institucional, que auxiliariam na melhora do funcionamento do sistema de governo brasileiro.

Além disso, a adoção efetiva do semipresidencialismo implicaria a ampliação das responsabilidades governativas do parlamentar, já que, no contexto atual, o parlamentar não tem qualquer responsabilidade governativa, não se filiando a eventuais fracassos do Presidente, enquanto, no semipresidencialismo, o parlamentar da base aliada passará a ser corresponsável pelo sucesso da agenda de governo, compartilhando das responsabilidades governativas com o Presidente.

Destarte, ante as diversas disfuncionalidades observadas, e já devidamente demonstradas, no arranjo institucional brasileiro, não mais se verificam razões para não buscar, via introdução do semipresidencialismo, o aprimoramento do sistema de governo no Brasil, haja vista que se compreende que o semipresidencialismo é capaz, nos termos defendidos por José Levi Mello do Amaral Júnior, de "potencializar virtudes e decantar dificuldades".[388]

[388] A manifestação de José Levi Mello do Amaral Júnior aconteceu no ciclo de debates – conferências Paulo Brossard – acerca da reforma política e democracia: um olhar para o futuro, evento virtual organizado pelo IDP no dia 14/06/2021. A íntegra dos debates está disponível em: https://youtu.be/tqHcjITGbyU. Acesso em: 19 set. 2022.

CAPÍTULO 3

O SEMIPRESIDENCIALISMO E O BRASIL

3.1 A proposta do semipresidencialismo no Brasil

A discussão em torno dos sistemas de governo tem sido contínua na realidade política brasileira desde a Constituinte de 1987, quando se contrastaram, de acordo com as nomenclaturas adotadas na época, as correntes presidencialistas e parlamentaristas. Como já demonstrado, apesar da vitória dos parlamentaristas nas subcomissões, comissões e na comissão de sistematização, o presidencialismo se sagrou vitorioso ao final da Constituinte, em especial pela atuação do agrupamento político conservador denominado de Centrão e do então Presidente da República, José Sarney.[389]

Todavia, os defensores da introdução do parlamentarismo no Brasil conseguiram, a partir de acordo formulado em conjunto com os parlamentares que defendiam a monarquia, em especial o deputado paulista Cunha Bueno, aprovar, no Ato das Disposições Constitucionais Transitórias,[390] a previsão de plebiscito a ser realizado cinco anos após a promulgação do novo texto constitucional, estabelecido para ocorrer

[389] O fracasso dos parlamentaristas ao final da Constituinte é abordado na obra coletiva de Paulo Bonavides e Paes de Andrade, a partir de recorte de síntese das votações elaborada pelo jornalista Mário Lopes, da Folha de São Paulo, em setembro de 1988. De acordo com o jornalista, "os parlamentaristas nadaram, nadaram e acabaram morrendo na praia. Venceram em todas as etapas iniciais da Constituinte – subcomissões, comissões e comissão de sistematização – e acabaram perdendo no plenário para os presidencialistas. Foi a única votação da Constituinte em que compareceram todos os 559 parlamentares". (BONAVIDES, Paulo; PAES DE ANDRADE, Antônio. *História constitucional do Brasil*. 4. ed. Brasília: OAB, 2002. p. 923.)

[390] Redação original do artigo 2º do ADCT: "No dia 7 de setembro de 1993 o eleitorado definirá, através de plebiscito, a forma (república ou monarquia constitucional) e o sistema de governo (parlamentarismo ou presidencialismo) que devem vigorar no País".

inicialmente 7 de setembro de 1993,[391] a fim de submeter à consulta popular o debate atinente ao regime e ao sistema de governo, contrapondo-se, respectivamente, a república e a monarquia constitucional, e o parlamentarismo e o presidencialismo.

O resultado dessa consulta popular, como já abordado, ratificou as escolhas adotadas em plenário pela maioria dos constituintes no que tange ao regime e ao sistema de governo, tendo prevalecido, por ampla maioria,[392] a república e o presidencialismo.

Entretanto, o debate em torno dessas questões, especialmente sobre o sistema de governo, não se encerrou nessa oportunidade, tendo havido diversas Propostas de Emenda Constitucional sobre o tema após o plebiscito de 1993, conforme será demonstrado a seguir.

Na Câmara dos Deputados, foram elaboradas as seguintes Propostas de Emenda Constitucional relativas aos sistemas de governo: (a) PEC 20/1995,[393] de autoria do deputado Eduardo Jorge, que buscava estabelecer o parlamentarismo; (b) PEC 282/2004,[394] de autoria do deputado Roberto Jefferson, cujo objeto também era o estabelecimento do parlamentarismo; (c) PEC 238/2016[395] e PEC 245/2016,[396] ambas de autoria do deputado Beto Rosado, que também previam a introdução do parlamentarismo; (d) PEC 309/2017,[397] de autoria do deputado Bonifácio de Andrada, que buscava a introdução de mecanismos do

[391] Com o advento da Emenda Constitucional n. 2, o plebiscito – inicialmente estabelecido para ocorrer no dia 7 de setembro de 1993 – aconteceu no dia 21 de abril do mesmo ano, antecipando-se, assim, a consulta popular em cerca de seis meses.

[392] Como já demonstrado anteriormente, no plebiscito de 1993, o presidencialismo superou o parlamentarismo por ampla maioria de votos, tendo alcançado 55,67% dos votos, enquanto o parlamentarismo obteve apenas 24,91% dos votos. Por sua vez, a república obteve 66,26% dos votos, enquanto a monarquia conseguiu tão somente 10,25% dos votos. O resultado completo do plebiscito de 1993 está disponível em: https://www.justicaeleitoral.jus.br/++theme++justica_eleitoral/pdfjs/web/viewer.html?file=https://www.justicaeleitoral.jus.br/arquivos/plebiscito-de-1993/@@download/file/plebiscito-de-1993.pdf. Acesso em: 28 set. 2022.

[393] Disponível em: https://www.camara.leg.br/proposicoesWeb/fichadetramitacao?idProposicao=14267. Acesso em: 23 set. 2022.

[394] Disponível em: https://www.camara.leg.br/proposicoesWeb/fichadetramitacao?idProposicao=255587. Acesso em: 23 set. 2022.

[395] Disponível em: https://www.camara.leg.br/proposicoesWeb/fichadetramitacao?idProposicao=208800. Acesso em: 23 set. 2022.

[396] Disponível em: https://www.camara.leg.br/proposicoesWeb/fichadetramitacao?idProposicao=2088445 Acesso em: 23 set. 2022.

[397] Disponível em: https://www.camara.leg.br/proposicoesWeb/fichadetramitacao?idProposicao=2127715 Acesso em: 23 set. 2022.

semipresidencialismo; e (e) PEC 178/2019,[398] de autoria do deputado Giovani Cherini, com objetivo de adotar o parlamentarismo no Brasil.

No mesmo sentido, o Senado Federal também teve ampla produção legislativa sobre o tema, são elas: (a) PEC 7/2004,[399] de iniciativa do senador Antero Paes de Barros, com o objetivo de instituir o sistema parlamentar de governo; (b) PEC 31/2007[400] e PEC 32/2015,[401] ambas de iniciativa do senador Fernando Collor, com vistas a instituir o parlamentarismo no Brasil; (c) PEC 102/2015,[402] de iniciativa do senador Antônio Carlos Valadares, cujo objeto é a adoção do sistema parlamentar; (d) PEC 9/2016,[403] de iniciativa do senador Aloysio Nunes, com objetivo de introduzir o parlamentarismo no Brasil; e (e) PEC 217/2019,[404] de iniciativa do senador José Serra, que também visa adotar o sistema parlamentar de governo no Brasil.

Destaca-se que a ampla maioria dessas Propostas de Emenda Constitucional apontam que a alteração seria do presidencialismo para o parlamentarismo, mas ao se analisar o conteúdo proposto nessas alterações, verifica-se que, em verdade, seriam mudanças em direção ao semipresidencialismo, repetindo-se, assim, os equívocos terminológicos já apontados por Virgílio Afonso da Silva por ocasião da Constituinte de 1987 e do plebiscito de 1993.

Nesse sentido, reitera-se que o erro na nomenclatura traz problemáticas ainda mais nefastas, tendo em vista que dificulta a compreensão do debate,[405] bem como gera concepções equivocadas, que tendem a obstruir o devido trâmite legislativo, razão pela qual as

398 Disponível em: https://www.camara.leg.br/proposicoesWeb/fichadetramitacao?idProposicao=2226594 Acesso em: 23 set. 2022.

399 Disponível em: https://www25.senado.leg.br/web/atividade/materias/-/materia/66371. Acesso em: 23 set. 2022.

400 Disponível em: https://www25.senado.leg.br/web/atividade/materias/-/materia/80629. Acesso em: 23 set. 2022.

401 Disponível em: https://www25.senado.leg.br/web/atividade/materias/-/materia/120242. Acesso em: 23 set. 2022.

402 Disponível em: https://www25.senado.leg.br/web/atividade/materias/-/materia/122400. Acesso em: 23 set. 2022.

403 Disponível em: https://www25.senado.leg.br/web/atividade/materias/-/materia/125060. Acesso em: 23 set. 2022.

404 Disponível em: https://www25.senado.leg.br/web/atividade/materias/-/materia/140153. Acesso em: 23 set. 2022.

405 A compreensão do debate fica ainda mais prejudicada na medida em que a alteração do presidencialismo para o parlamentarismo representaria mudanças mais amplas e significativas do que as que estão sendo defendidas nessas Propostas de Emenda Constitucional, de modo que inclusive a aceitação e a adesão popular seriam maiores com a devida nomenclatura ao sistema de governo proposto, isto é, o semipresidencialismo.

referidas Propostas de Emenda Constitucional não têm se desenvolvido na velocidade almejada por seus autores.

Por outro lado, ressalta-se o importante papel do Presidente da Câmara dos Deputados, deputado Artur Lira, no debate acerca dos sistemas de governo. Isso porque, no dia 16 de março de 2022, a partir de ato do Presidente da Casa, foi instituído Grupo de Trabalho "destinado a analisar temas relacionados ao sistema de governo semipresidencialista".[406]

Nesse ato, previu-se que o Grupo de Trabalho seria coordenado pelo deputado Samuel Moreira, crítico do presidencialismo de coalizão brasileiro e entusiasta do semipresidencialismo, bem como pelos seguintes parlamentares: (a) Enrico Misasi; (b) Felipe Rigoni; (c) Luísa Canziani; (d) Luiz Philipe de Orleans e Bragança; (e) Marcel van Hattem; (f) Margarete Coelho; e (g) Sílvio Costa.

Além disso, foram apontados como membros do conselho consultivo – também nesse ato – os seguintes juristas: (a) Nelson Jobim, coordenador do conselho consultivo; (b) Michel Temer; (c) Ellen Gracie; (d) Mônica Caggiano; (e) Manoel Gonçalves Ferreira Filho; (f) Rodrigo Mudrovitsch; (g) Jorge Galvão; e (h) Elival da Silva Ramos.

A motivação para instituição do desse Grupo de Trabalho é bem descrita no parecer final,[407] de autoria do deputado Samuel Moreira, o qual assinala que existe atualmente a "percepção de que o sistema político brasileiro tem evoluído de maneira a tornar as relações entre os Poderes e a atuação de cada um deles crescentemente disfuncionais e potencialmente produtoras de crises institucionais".[408]

Assim, complementa que se tornou essencial ampliar o debate daquela que seria a solução mais adequada para suprir essas disfuncionalidades: "a alteração do sistema de governo em direção a um formato,

---

[406] A íntegra do referido ato do Presidente da Câmara está disponível em: https://www2.camara.leg.br/atividade-legislativa/comissoes/grupos-de-trabalho/56a-legislatura/sistema-de-governo-semipresidencialista/conheca-a-comissao/criacao-e-constituicao/ato-de-criacao-e-aditamentos. O referido trecho está na fl. 1 desse documento. Acesso em: 23 set. 2022.

[407] É digno de nota que o parecer final já foi submetido aos membros do Grupo de Trabalho na reunião do dia 06/07/2022, tendo sido requerida vista coletiva por parte dos membros Enrico Misasi, Margarete Coelho e Marcel van Hattem. Desse modo, o parecer está, até a presente data, pendente de aprovação. A íntegra do relatório, bem como sua complementação, pode ser visualizada em: https://www.camara.leg.br/proposicoesWeb/fichadetramitacao?idProposicao=2331440 e https://www.camara.leg.br/proposicoesWeb/fichadetramitacao?idProposicao=2332389. Acesso em: 27 set. 2022.

[408] Câmara dos Deputados, Parecer do deputado Samuel Moreira. p. 1. Disponível em: https://www.camara.leg.br/proposicoesWeb/fichadetramitacao?idProposicao=2332389. Acesso em: 27 set. 2022.

genericamente chamado de semipresidencialismo, mais compatível com as condições políticas e sociais do país".[409]

Nesse sentido, o parecer do deputado Samuel Moreira, elaborado em consonância com as conclusões adotadas nas audiências públicas e em reuniões do conselho consultivo do Grupo de Trabalho, assentou que a necessidade de alteração do sistema de governo se baseia em dois fundamentos centrais.

O primeiro fundamento é "a excessiva rigidez da duração dos mandatos, que impede adequações de rumo, mesmo em casos de confrontos insuperáveis entre os Poderes, sem possibilidade sequer de recurso ao próprio eleitorado para os dirimir".[410] Dessa forma, observa-se um sistema de governo com baixa capacidade de enfrentamento de "crises de deslegitimação popular e parlamentar dos governos ocorridas em meio aos mandatos".[411]

Essa razão "contribuiu, ao longo de nossa história, para as quebras do regime representativo e sua substituição por regimes de exceção"[412] ou, quando em casos não tão extremos, isto é, em situações de tensões evitáveis, verificou-se a compulsão dos processos de *impeachment*, que resultaram no afastamento definitivo de dois dos cinco Presidentes eleitos sob a égide da Constituição de 1988.

Por sua vez, o segundo fundamento sustentado no parecer final do Grupo de Trabalho é o de que a excessiva separação de poderes observada no presidencialismo de coalizão brasileiro tem produzido disfuncionalidades no sistema de governo, na medida em que o Poder Executivo e o Poder Legislativo não têm conseguido exercer de forma adequada suas atribuições constitucionais.

E isso pode ser demonstrado pela força crescente obtida pelo Congresso Nacional, especialmente no exercício da última palavra no processo legislativo, inclusive, o orçamentário, cumulada com a "inexistência de estímulo institucional correspondente para que os partidos e legisladores da base parlamentar de governo assumam

409 Idem.

410 Câmara dos Deputados, Parecer do deputado Samuel Moreira. p. 38-39 Disponível em: https://www.camara.leg.br/proposicoesWeb/fichadetramitacao?idProposicao=2332389. Acesso em: 27 set. 2022.

411 Idem.

412 Idem.

a responsabilidade pela execução do programa governamental".[413] Verifica-se, portanto, cenário no qual as crises institucionais são contínuas e o funcionamento estatal é incessantemente prejudicado.

Assim, o parecer conclui que a adoção do semipresidencialismo como sistema de governo seria solução hábil a corrigir as disfuncionalidades existentes no cenário institucional brasileiro, tendo em vista tratar-se de um sistema com maior flexibilidade na superação das crises institucionais e no qual o Legislativo e os parlamentares passam a ser corresponsáveis pelo bom funcionamento do Governo, corrigindo as problemáticas da rigidez do sistema presidencial e da ausência de responsabilidade do Congresso Nacional e de seus membros.

Desse modo, em sintonia com as razões devidamente expostas no segundo capítulo acerca das disfuncionalidades observadas no presidencialismo de coalizão brasileiro e da necessidade de alteração em direção ao semipresidencialismo, na medida em que esse sistema de governo tem a capacidade de "potencializar virtudes e decantar dificuldades",[414] adentra-se na análise da proposta de introdução do semipresidencialismo no Brasil, nos termos defendidos pelo parecer final do Grupo de Trabalho.

A proposta do semipresidencialismo no Brasil formulada no Grupo de Trabalho se baseia em três elementos fundamentais: (a) eleição direta e por sufrágio universal do Presidente da República, mantendo-se, assim, a tradição constitucional brasileira; (b) indicação do Primeiro-Ministro pelo Presidente da República de acordo com a maioria no Congresso Nacional, devendo o cargo ser exercido enquanto dispuser da confiança da referida maioria; (c) existência de Executivo bicéfalo, uma vez que a chefia de Estado caberá ao Presidente da República, e a chefia de Governo ao Primeiro-Ministro.

Assim, verifica-se que a proposta do semipresidencialismo no Brasil está em consonância com as concepções de Maurice Duverger acerca de sistema de governo, tendo em vista que os atributos dogmáticos sustentados pelo autor francês para a sua caracterização são todos

[413] Câmara dos Deputados, Parecer do deputado Samuel Moreira. p. 39. Disponível em: https://www.camara.leg.br/proposicoesWeb/fichadetramitacao?idProposicao=2332389. Acesso em: 27 set. 2022.

[414] A manifestação de José Levi Mello do Amaral Júnior aconteceu no ciclo de debates – conferências Paulo Brossard – acerca da reforma política e democracia: um olhar para o futuro, evento virtual organizado pelo IDP no dia 14/06/2021. A íntegra dos debates está disponível em: https://youtu.be/tqHcjITGbyU. Acesso em: 19 set. 2022.

respeitados, isto é, (a) a eleição direta e por sufrágio universal e com poderes significativos do Presidente; (b) dualidade no Poder Executivo, no qual se contrapõe ao Presidente um Primeiro-Ministro; e (c) a responsabilidade política do Primeiro-Ministro perante o Parlamento.[415]

Feitas essas constatações, passa-se a analisar as características estruturais do modelo semipresidencial a ser introduzido no Brasil, a partir dos seguintes tópicos de desenvolvimento: (a) distribuição de competências entre o Presidente da República e o Primeiro-Ministro; (b) os procedimentos para indicação e nomeação do Primeiro-Ministro; (c) a responsabilidade política do Primeiro-Ministro perante o Congresso Nacional; e (d) a formalização do contrato de coalizão e do programa de governo.

A distribuição de competências entre o Presidente da República e o Primeiro-Ministro na proposta do semipresidencialismo no Brasil é decorrência inerente à existência de um Poder Executivo bicéfalo, dividido entre "um Presidente eleito popularmente (o chefe de Estado), com mandato fixo e independente, junto a um Primeiro-Ministro (o chefe de Governo) e aos demais Ministros do Gabinete, sujeitos à confiança de uma maioria parlamentar".[416] Desse modo, serão repartidas as atribuições que hoje são exclusivas do Presidente da República, conforme disposição do artigo 84 da Constituição de 1988.[417]

---

415 DUVERGER, Maurice. *O regime semi-presidencialista*. São Paulo: Sumaré, 1993. p. 75. Ver também: DUVERGER, Maurice. A new political system model: semi-presidential government. *European Journal of Political Research*, v. 8, n. 2, p. 165-187, 1980. p. 166.

416 Câmara dos Deputados, Parecer do deputado Samuel Moreira. p. 41. Disponível em: https://www.camara.leg.br/proposicoesWeb/fichadetramitacao?idProposicao=2332389. Acesso em: 27 set. 2022.

417 O artigo 84 da Constituição de 1988 prevê as seguintes atribuições ao Presidente da República: Compete privativamente ao Presidente da República: I - nomear e exonerar os Ministros de Estado; II - exercer, com o auxílio dos Ministros de Estado, a direção superior da administração federal; III - iniciar o processo legislativo, na forma e nos casos previstos nesta Constituição; IV - sancionar, promulgar e fazer publicar as leis, bem como expedir decretos e regulamentos para sua fiel execução; V - vetar projetos de lei, total ou parcialmente; VI - dispor sobre a organização e o funcionamento da administração federal, na forma da lei; VI - dispor, mediante decreto, sobre: (Redação dada pela Emenda Constitucional n. 32, de 2001) a) organização e funcionamento da administração federal, quando não implicar aumento de despesa nem criação ou extinção de órgãos públicos; (Incluída pela Emenda Constitucional n. 32, de 2001) b) extinção de funções ou cargos públicos, quando vagos; (Incluída pela Emenda Constitucional n. 32, de 2001) VII - manter relações com Estados estrangeiros e acreditar seus representantes diplomáticos; VIII - celebrar tratados, convenções e atos internacionais, sujeitos a referendo do Congresso Nacional; IX - decretar o estado de defesa e o estado de sítio; X - decretar e executar a intervenção federal; XI - remeter mensagem e plano de governo ao Congresso Nacional por ocasião da abertura da sessão legislativa, expondo a situação do País e solicitando as providências que julgar necessárias; XII - conceder indulto e comutar penas, com audiência, se necessário, dos órgãos instituídos em lei; XIII - exercer o

Assim, caberá ao Presidente da República, por ser o chefe de Estado, o exercício das denominadas "linhas-mestras estatais, como as relações diplomáticas com outros países e o aperfeiçoamento das instituições políticas nacionais",[418] exercendo, também, o comando supremo das Forças Armadas. Além disso, terá como poder mais significativo o de dissolução do Congresso Nacional em situações de crise política e institucional, requisito essencial para configuração de sistema semipresidencial de governo no entendimento de Carlos Blanco de Morais.[419]

Nesse sentido, para que sejam maximizadas as virtudes do semipresidencialismo, defende-se que sejam destinadas ao Presidente, em síntese, as seguintes atribuições: (a) possibilidade de dissolução do Congresso Nacional em situações de crise política e institucional; (b) indicação e nomeação do Primeiro-Ministro; (c) nomeação dos demais

---

comando supremo das Forças Armadas, promover seus oficiais-generais e nomeá-los para os cargos que lhes são privativos; XIII - exercer o comando supremo das Forças Armadas, nomear os Comandantes da Marinha, do Exército e da Aeronáutica, promover seus oficiais-generais e nomeá-los para os cargos que lhes são privativos; (Redação dada pela Emenda Constitucional n. 23, de 02/09/99) XIV - nomear, após aprovação pelo Senado Federal, os Ministros do Supremo Tribunal Federal e dos Tribunais Superiores, os Governadores de Territórios, o Procurador-Geral da República, o presidente e os diretores do banco central e outros servidores, quando determinado em lei; XV - nomear, observado o disposto no art. 73, os Ministros do Tribunal de Contas da União; XVI - nomear os magistrados, nos casos previstos nesta Constituição, e o Advogado-Geral da União; XVII - nomear membros do Conselho da República, nos termos do art. 89, VII; XVIII - convocar e presidir o Conselho da República e o Conselho de Defesa Nacional; XIX - declarar guerra, no caso de agressão estrangeira, autorizado pelo Congresso Nacional ou referendado por ele, quando ocorrida no intervalo das sessões legislativas, e, nas mesmas condições, decretar, total ou parcialmente, a mobilização nacional; XX - celebrar a paz, autorizado ou com o referendo do Congresso Nacional; XXI - conferir condecorações e distinções honoríficas; XXII - permitir, nos casos previstos em lei complementar, que forças estrangeiras transitem pelo território nacional ou nele permaneçam temporariamente; XXIII - enviar ao Congresso Nacional o plano plurianual, o projeto de lei de diretrizes orçamentárias e as propostas de orçamento previstos nesta Constituição; XXIV - prestar, anualmente, ao Congresso Nacional, dentro de sessenta dias após a abertura da sessão legislativa, as contas referentes ao exercício anterior; XXV - prover e extinguir os cargos públicos federais, na forma da lei; XXVI - editar medidas provisórias com força de lei, nos termos do art. 62; XXVII - exercer outras atribuições previstas nesta Constituição. XXVIII - propor ao Congresso Nacional a decretação do estado de calamidade pública de âmbito nacional previsto nos arts. 167-B, 167-C, 167-D, 167-E, 167-F e 167-G desta Constituição. (Incluído pela Emenda Constitucional n. 109, de 2021) Parágrafo único. O Presidente da República poderá delegar as atribuições mencionadas nos incisos VI, XII e XXV, primeira parte, aos Ministros de Estado, ao Procurador-Geral da República ou ao Advogado-Geral da União, que observarão os limites traçados nas respectivas delegações.

418 Câmara dos Deputados, Parecer do deputado Samuel Moreira. p. 42. Disponível em: https://www.camara.leg.br/proposicoesWeb/fichadetramitacao?idProposicao=2332389. Acesso em: 27 set. 2022.

419 Carlos Blanco de Morais já expressou esse entendimento em seminário virtual organizado pelo IDP em 23/08/2021. A íntegra do seminário está disponível em: https://youtu.be/wG5HeG1h4Vg. Acesso em: 28 set. 2022

Ministros de Estado, após indicação do Primeiro-Ministro; (d) nomeação, após aprovação pelo Senado Federal, dos Ministros do Supremo Tribunal Federal, dos Tribunais Superiores e do Tribunal de Contas da União, bem como do Procurador-Geral da República, na medida em que são funções não relacionadas à execução do programa de governo; (e) exercício do comando supremo das Forças Armadas; (f) capacidade de iniciativa de processo legislativo, bem como competência para sancionar e vetar projetos de lei, e promulgar e fazer publicar leis; e (g) competência para decretar o estado de defesa, o estado de sítio e a intervenção federal.

A partir dessas atribuições, não restam questionamentos quanto à importância institucional atribuída ao Presidente da República, visto que não se limita a competências simbólicas e cerimoniais, tendo, em verdade, poderes significativos no arranjo institucional, requisito necessário para configuração do sistema semipresidencial de governo.

Ao Primeiro-Ministro, por sua vez, na condição de chefe de Governo, caberá exercer a direção superior da Administração Pública federal, liderando, assim, as políticas públicas nacionais, sendo-lhe destinadas as seguintes atribuições, também em síntese: (a) elaboração do programa de governo e consequente submissão para aprovação no Congresso Nacional; (b) indicação dos demais Ministros que irão compor o Gabinete, bem como solicitação das respectivas exonerações; (c) indicação do Advogado-Geral da União, do Presidente e dos diretores do Banco Central, por se tratarem de indicações relativas à execução do programa de governo; (d) envio ao Congresso Nacional do Plano Plurianual, do projeto de Lei De Diretrizes Orçamentárias e das propostas de orçamento; e (e) prestação de contas, anualmente, ao Congresso Nacional, dentro de sessenta dias após a abertura da sessão legislativa, referentes ao exercício anterior.

É digno de nota que não há a pretensão de exaurir todas as competências que serão destinadas ao Presidente da República e ao Primeiro-Ministro, mas, apenas e tão somente, elaborar claras distinções das atribuições de cada um dos cargos, de modo a reduzir a possibilidade de crises institucionais decorrentes de tentativas de usurpações de poderes. Nessa perspectiva, foram propostos limitadores e demarcadores da atuação de cada um dos membros desse Executivo bicéfalo.

Após as considerações acerca da distribuição de competência no Poder Executivo, passa-se a analisar o procedimento de indicação e nomeação do Primeiro-Ministro. Há de se destacar que o primeiro passo para formalização dessa indicação decorre da formalização do contrato de coalizão entre as legendas que têm a maioria no Congresso Nacional, cujo conteúdo será devidamente abordado em momento oportuno.

Em seguida, caberá ao Presidente da República, com base nesse contrato de coalizão, indicar o Primeiro-Ministro, que, por sua vez, deverá apresentar ao Congresso Nacional, em prazo de dez dias, seguindo a experiência da Constituição Portuguesa,[420] programa de governo a ser aprovado em sessão unicameral. Ato contínuo à aprovação do programa de governo por parte do Congresso Nacional, caberá ao Presidente da República nomear o Primeiro-Ministro e, a partir de suas indicações, nomear os demais ministros de Estado, formando-se, assim, o Governo.

Além da indicação e nomeação do Primeiro-Ministro, também é essencial abordar a responsabilização do chefe de Governo perante o Congresso Nacional e, eventualmente, perante o Presidente da República.

Sobre a questão, é digna de nota a caracterização proposta por Shugart e Carey[421] no sentido que existem duas modalidades de semipresidencialismo, sendo que na primeira existe responsabilização do Primeiro-Ministro apenas perante o Congresso Nacional, modalidade denominada de *premier-presidential*, enquanto, na segunda modalidade, há responsabilização do Primeiro-Ministro perante o Presidente da República e perante o Congresso Nacional, chamada de *presidential-parliamentary*.

De todo modo, destaca-se que qualquer uma modalidades de responsabilização do Primeiro-Ministro deve ser considerada aprimoramento dos mecanismos de retirada do Presidente da República nos sistemas presidenciais, tendo em vista que todas permitem maior flexibilidade na superação das crises institucionais e política, uma vez que possibilitam a substituição da chefia de Governo que não mais conta com apoio suficiente para condução da nação de forma mais eficiente e menos traumática do que a partir dos processos de *impeachment*.

Todavia, os regimes em que é permitida apenas e tão somente a responsabilização do Primeiro-Ministro perante o Parlamento têm maior governabilidade, enquanto aqueles que permitem a dupla

---

420 Previsão do artigo 192º da Constituição portuguesa de 1976: "O programa do Governo é submetido à apreciação da Assembleia da República, através de uma declaração do Primeiro-Ministro, no prazo máximo de dez dias após a sua nomeação".

421 SHUGART, Matthew Soberg; CAREY, John. *Presidents and assemblies*: constitutional design and electoral dynamics. Cambridge: Cambridge University Press, 1992.

responsabilização, com a consequente livre demissão do chefe de Governo pelo chefe de Estado, tendem a ter pior governabilidade.

O caso português, já devidamente abordado, bem exemplifica essa afirmação. Isso porque a redação original da Constituição de 1976 permitia a dupla responsabilização, tendo sido formados governos de curta duração. Com o advento da revisão constitucional de 1982, no entanto, na qual foi retirada a possibilidade de responsabilização do Primeiro-Ministro perante o Presidente da República, o sistema passou a ter maior governabilidade e estabilidade, passando o chefe de Estado a intervir apenas como moderador e árbitro.

Assim, revela-se mais adequado para o caso brasileiro, em que se busca ampliação da governabilidade e da estabilidade política e institucional, a adoção de um modelo *premier-presidential*, no qual o Primeiro-Ministro seja responsabilizado apenas perante o Congresso Nacional, não se permitindo a livre demissão do chefe de Governo pelo chefe de Estado.

Além disso, verifica-se a pertinência da aplicação no semipresidencialismo brasileiro da moção de censura construtiva, que pode ser sintetizada pela necessidade de aprovação simultânea da destituição do Governo e da formação de um novo Governo. Com essa previsão, protege-se o arranjo institucional de instabilidades desnecessárias, quando se tem maioria para derrubar o Governo, mas não há coesão na formação de seu substituto, evitando-se, assim, a banalização do mecanismo de retirada do Governo.

Há de destacar também o que seria o contrato de coalizão, conceito já citado em diversos momentos, mas cuja conceituação será apresentada agora. O referido instrumento é indispensável para o bom funcionamento do sistema semipresidencial, haja vista fornecer maiorias estáveis ao Governo, de modo que não mais dependem de negociações a cada votação importante para implementação de seu programa.

O contrato de coalizão nada mais é do que um acordo formalizado entre os partidos que representam a maioria do Congresso Nacional e que, consequentemente, irão formar o Governo, acerca de diretrizes fundamentais para guiar o programa de governo, a ser efetivado pelo Primeiro-Ministro e seu Gabinete. Importante salientar que o contrato de coalizão tem caráter vinculante às partes que o subscrevem, de modo a produzir uma efetiva base sólida de sustentação ao Governo, gerando, consequentemente, estabilidade, previsibilidade e segurança para o Governo.

Assim, se comparado com o atual cenário brasileiro, verifica-se amplo aprimoramento na adesão de uma maioria estável aos projetos de governo, evitando-se, portanto, os mecanismos de barganha dos parlamentares, cada vez mais presentes no presidencialismo de coalizão brasileiro, cujo apoio tem sido especialmente obtido por meio de fatias do orçamento.

Além disso, amplia-se a responsabilidade do parlamentar para com o governo, tendo em vista que, ao ser parte da base governativa, torna-se corresponsável pelo sucesso na implementação da agenda de governo. Como consequência, as emendas parlamentares passariam a ser utilizadas para implementar o programa de governo, e não mais para atender demandas individuais e locais como requisito para adesão ao Governo, cenário atualmente vislumbrado no Brasil.

Desse modo, verifica-se que o arranjo institucional brasileiro clama pela alteração do atual sistema de governo, tendo sido demonstrado que a proposta do semipresidencialismo no Brasil está apta a produzir resultados satisfatórios para superar as recorrentes crises institucionais e políticas observadas no presidencialismo de coalizão.

Conclui-se, portanto, com a afirmação de José Levi Melo do Amaral Júnior no sentido de que o semipresidencialismo é uma forma mais civilizada de conduzir o arranjo institucional brasileiro, na medida em que permite maior divisão do poder, bem como empodera ainda mais representantes eleitos pelo povo, ao vincular o governo à maioria parlamentar.[422]

3.2 Condicionantes à introdução do semipresidencialismo: análise das mudanças estruturais para sua implementação

Muito já se discute na doutrina se a introdução do semipresidencialismo no Brasil demandaria outras alterações estruturais no arranjo institucional pátrio, bem como qual seria o momento adequado para alterar o sistema de governo e para elaborar essas demais modificações estruturais.

---

[422] José Levi Mello do Amaral Júnior proferiu essa manifestação na audiência pública do Grupo de Trabalho da Câmara dos Deputados sobre o sistema semipresidencial de governo ocorrida no dia 11/05/2022. A íntegra dos debates está disponível em: https://youtu.be/tMwRXY1GBb0?list=TLGGnnOSxW3jobMyNzA5MjAyMg. Acesso em: 27 set. 2022.

Assim, entre as diversas discussões sobre o tema do semipresidencialismo no atual quadro do direito constitucional e da ciência política no Brasil, o trabalho focará nas contribuições doutrinárias e acadêmicas dos membros do Conselho Consultivo do Grupo de Trabalho da Câmara dos Deputados, exatamente porque é desse grupo que decorre a proposta mais concreta e politicamente consistente para alteração do sistema de governo. Desse modo, serão destacadas, a seguir, as três correntes bem marcadas sobre o tema.

A primeira corrente defende que, para que a implementação do semipresidencialismo seja bem-sucedida, devem ser realizadas mudanças estruturais prévias, com especial ênfase na modificação do sistema partidário brasileiro, sendo Carlos Blanco de Morais[423] o principal defensor desse entendimento.

Por sua vez, a segunda corrente, sustentada por Manoel Gonçalves Ferreira Filho[424] e Nelson Jobim,[425] entende que a alteração do sistema de governo deve ser anterior a qualquer outra modificação estrutural, devendo ser interpretada como passo inicial para racionalidade do arranjo institucional como um todo, o que, é claro, não inviabiliza que eventuais mudanças estruturais sejam feitas posteriormente.

Já a terceira corrente, que tem como principal defensora Lara Mesquita,[426] compreende que a alteração do sistema de governo em direção ao semipresidencialismo não deve ser realizada no atual momento,

423 Carlos Blanco de Morais já expressou esse entendimento acerca da necessidade de alterações estruturais prévias em seminário virtual organizado pelo IDP em 23/08/2021. A íntegra do seminário está disponível em: https://youtu.be/wG5HeG1h4Vg. Acesso em: 19 set. 2022.

424 Manoel Gonçalves Ferreira Filho proferiu essas manifestações na audiência pública, ocorrida no dia 27/04/2022, e na reunião do Conselho Consultivo, ocorrido no dia 04/05/2022, ambas do Grupo de Trabalho da Câmara dos Deputados que trata do sistema de governo semipresidencialista. A íntegra desses debates está disponível em: https://youtu.be/1sauCO2Ui3E?list=TLGGr8zp5q_ROlwxOTA5MjAyMg; e https://youtu.be/eAX9Z5n36t8?list=TLGGVc8OUdsiqu0xOTA5MjAyMg. Ambos acessados em 19 set. 2022.

425 Nelson Jobim expôs essa compreensão na audiência pública, ocorrida no dia 27/04/2022, e na reunião do Conselho Consultivo, ocorrido no dia 04/05/2022, ambas do Grupo de Trabalho da Câmara dos Deputados que trata do sistema de governo semipresidencialista. A íntegra desses debates está disponível em: https://youtu.be/1sauCO2Ui3E?list=TLGGr8zp5q_ROlwxOTA5MjAyMg; e https://youtu.be/eAX9Z5n36t8?list=TLGGVc8OUdsiqu0xOTA5MjAyMg. Acesso em 19 set. 2022.

426 Lara Mesquita abordou essa questão na audiência pública, ocorrida no dia 27/04/2022, do Grupo de Trabalho da Câmara dos Deputados que trata do sistema de governo semipresidencialista. O debate completo está disponível em: https://youtu.be/1sauCO2Ui3E?list=TLGGr8zp5q_ROlwxOTA5MjAyMg. Acesso em: 19 set. 2022.

devendo-se aguardar os resultados da última reforma eleitoral,[427] que pode fornecer realidade institucional distinta nos próximos anos e, assim, ser realizada alteração com capacidade de maximizar os resultados.

Ressalta-se que as duas primeiras linhas de pensamento se demonstram mais coerentes e serão devidamente aprofundadas no presente tópico. Por outro lado, a terceira corrente, sustentada por Lara Mesquita, será refutada desde já, utilizando-se, para tanto, dos apontamentos de Nelson Jobim e Jorge Galvão[428] sobre a questão.

Ao abordar o tema, em resposta direta à compreensão de Lara Mesquita, Nelson Jobim destacou não ser possível aguardar os resultados da última reforma eleitoral, na medida em que a reforma do sistema de governo é da dinâmica política, dependendo das contingências políticas do momento de sua votação, de modo em que as advertências não podem ser impeditivas das mudanças, tendo em vista que a natureza do processo político é produzir consenso em situações de dissenso.

Desse modo, Nelson Jobim dialoga com a tese da reação às reformas proposta por Albert Hirschman, na qual essas reações decorrem da

---

[427] A última reforma eleitoral foi a Emenda Constitucional n. 97/2017, que tem por objeto a alteração da Constituição para vedar as coligações partidárias nas eleições proporcionais, estabelecer normas sobre acesso dos partidos políticos aos recursos do fundo partidário e ao tempo de propaganda gratuito no rádio e na televisão e dispor sobre regras de transição, especialmente no que se refere à denominada cláusula de desempenho progressiva, disposta nos seguintes termos: Art. 3º O disposto no § 3º do art. 17 da Constituição Federal quanto ao acesso dos partidos políticos aos recursos do fundo partidário e à propaganda gratuita no rádio e na televisão aplicar-se-á a partir das eleições de 2030. Parágrafo único. Terão acesso aos recursos do fundo partidário e à propaganda gratuita no rádio e na televisão os partidos políticos que: I - na legislatura seguinte às eleições de 2018: a) obtiverem, nas eleições para a Câmara dos Deputados, no mínimo, 1,5% (um e meio por cento) dos votos válidos, distribuídos em pelo menos um terço das unidades da Federação, com um mínimo de 1% (um por cento) dos votos válidos em cada uma delas; ou b) tiverem elegido pelo menos nove Deputados Federais distribuídos em pelo menos um terço das unidades da Federação; II - na legislatura seguinte às eleições de 2022: a) obtiverem, nas eleições para a Câmara dos Deputados, no mínimo, 2% (dois por cento) dos votos válidos, distribuídos em pelo menos um terço das unidades da Federação, com um mínimo de 1% (um por cento) dos votos válidos em cada uma delas; ou b) tiverem elegido pelo menos onze Deputados Federais distribuídos em pelo menos um terço das unidades da Federação; III - na legislatura seguinte às eleições de 2026: a) obtiverem, nas eleições para a Câmara dos Deputados, no mínimo, 2,5% (dois e meio por cento) dos votos válidos, distribuídos em pelo menos um terço das unidades da Federação, com um mínimo de 1,5% (um e meio por cento) dos votos válidos em cada uma delas; ou b) tiverem elegido pelo menos treze Deputados Federais distribuídos em pelo menos um terço das unidades da Federação. Conteúdo disponível em: http://www.planalto.gov.br/ccivil_03/constituicao/Emendas/Emc/emc97.htm. Acesso em: 19 set. 2022.

[428] Jorge Galvão sustentou esse entendimento na audiência pública, ocorrida no dia 27/04/2022, do Grupo de Trabalho da Câmara dos Deputados que trata do sistema de governo semipresidencialista. O debate completo está disponível em: https://youtu.be/1sauCO2Ui3E?list=TLGGr8zp5q_ROlwxOTA5MjAyMg. Acesso em: 19 set. 2022.

perversidade ou da futilidade, isto é, respectivamente, que a reforma produzirá efeito mais nefasto do que o que pretende corrigir, exacerbando, assim, as disfuncionalidades que pretendia remediar, e de que a reforma não produzirá os efeitos pretendidos, sendo infrutífera, na medida em que tudo se mantém como antes.

Assim, entende que devem ser afastadas essas reações à modificação do sistema de governo brasileiro, por compreender que o cenário atual demanda a experimentação dessa alteração, não sendo possível antecipar eventuais consequências dessa busca pela produção de uma solução ótima. É claro, por outro lado, que não é possível também prever que será essa a alteração perfeita, mas que essas advertências não podem ser impeditivas para tanto.

No mesmo sentido e também em resposta direta a essa compreensão, Jorge Galvão salientou que não existe momento adequado para reformas da profundidade e da importância como a do sistema de governo, de modo que é indispensável, uma vez constatada a disfuncionalidade do presidencialismo brasileiro, debater a alteração desde já. Além disso, sustenta que a última reforma eleitoral, ante suas virtudes, somente terá a agregar à proposta do semipresidencialismo, o que afasta a necessidade de inércia até que seus resultados sejam produzidos.

Desse modo, esta pesquisa alinha-se às compreensões adotadas por Nelson Jobim e Jorge Galvão para afastar a corrente defendida por Lara Mesquita, verificando-se que o contexto institucional brasileiro atual clama pela alteração do sistema de governo em direção ao semipresidencialismo, situação que deve ser ainda mais prestigiada com a proibição das coligações nas eleições proporcionais e com os avanços das regras de transição relativas às cláusulas de desempenho, ambas previstas na Emenda Constitucional n. 97/2017.[429]

---

[429] Pedro Banhos analisa os impactos da Emenda Constitucional n. 97/2017, sintetizando os seus avanços em dois pontos, são eles: (a) diminuição das distorções na representação dos partidos em decorrência da proibição das coligações nas eleições proporcionais, que até então se evidenciavam "no momento posterior às votações em que os candidatos sem votos suficientes acabam se elegendo pelo somatório de votos obtidos pela coligação", prejudicando "a governabilidade, a representatividade, a transparência na identificação do voto pelo eleitorado, bem como intensificando a fragmentação partidária.", e (b) redução do multipartidarismo atomístico em decorrência da introdução da cláusula de desempenho, que irá priorizar "aqueles partidos que conseguirem atingir níveis eleitorais suficientes para representação parlamentar", sem, contudo, vedar a criação de novos partidos, nem retirar da esfera política as minorias, não sendo, portanto, uma "violação ao princípio do pluralismo político, tampouco significa menor representatividade das minorias". BANHOS, Pedro Paes de Andrade. Emenda Constitucional n. 97/2017: reflexões sobre a cláusula de desempenho e o fim das coligações partidárias. *In*: COSTA, Daniel Castro Gomes da;

Além disso, destaca-se a expectativa, haja vista a impossibilidade de certeza da solução ótima de qualquer mudança estrutural, de que essa modificação, no momento atual, seja capaz de produzir aprimoramento institucional e democrático, bem como de gerar consequências positivas no âmbito da governabilidade e da funcionalidade.

Feitas essas considerações que afastam o entendimento defendido por Lara Mesquita, retoma-se a análise da corrente defendida por Carlos Blanco de Morais, que sustenta, por sua vez, a necessidade de alterações estruturais prévias para o sucesso na introdução do semipresidencialismo no Brasil.

Na visão de Carlos Blanco de Morais, inexiste solução ou remédio universal e mágico para solucionar problemáticas institucionais estruturais, tais como a observada no Brasil. Assim, aponta que a fragmentação partidária deve ser resolvida conjuntamente com a mudança do sistema de governo, sendo a realização de reformas profundas o caminho para o sucesso do semipresidencialismo.

Nessa perspectiva, Carlos Blanco de Morais sustenta ser necessário dar racionalidade ao sistema partidário brasileiro, com a redução do número de partidos políticos, viabilizando o êxito do semipresidencialismo. Isso porque, caso não seja resolvida a problemática atinente à fragmentação partidária, a captação, hoje observada em relação ao Presidente da República, passaria a ser do Governo no semipresidencialismo em um arranjo partidário hiperfragmentado como o brasileiro.

Cabe destacar que os apontamentos de Carlos Blanco de Morais são de significativa importância e não podem ser desconsiderados de forma alguma, tendo em vista. como já extensivamente demonstrado, que a fragmentação partidária excessiva em conjunto com o multipartidarismo atomístico tem sido catalizadora de ampla gama de crises institucionais observadas no Brasil após a promulgação da Constituição de 1988.

Entretanto, a única discordância possível ao entendimento do autor português refere-se ao momento de realização de tais alterações estruturais complementares à introdução do semipresidencialismo no Brasil, pois o trabalho se alinha ao entendimento de Manoel Gonçalves Ferreira Filho e Nelson Jobim no sentido de que devem ser realizadas *a posteriori*.

FONSECA, Reynaldo Soares da; BANHOS, Sérgio Silveira; CARVALHO NETO, Tarcisio Vieira de (Coord.) *Democracia, justiça e cidadania*: desafios e perspectivas – homenagem ao Ministro Luís Roberto Barroso. Belo Horizonte: Fórum, 2020. t. 1: Direito eleitoral, política e democracia. p. 307-308.

Nesse sentido, Manoel Gonçalves Ferreira Filho sintetiza que a mudança do sistema de governo deve ser interpretada como o primeiro grande passo na retomada por um sistema funcional e governável, abrindo caminho para as demais alterações estruturais necessárias. Além disso, aponta que a reforma mais complexa a ser realizada na realidade institucional brasileira é a partidária, de modo que alteração do sistema de governo terá o condão de facilitar a sua implementação, ante a força aglutinativa das agremiações partidárias existente no semipresidencialismo.

Manoel Gonçalves Ferreira Filho finaliza o seu diagnóstico sobre o tema traçando paralelo com a realidade institucional francesa na transição da IVª para a Vª República, e destaca que a fragmentação partidária que tanto produziu disfuncionalidades na IVª República conseguiu ser racionalizada com a implementação do semipresidencialismo a partir da Constituição de 1958. Assim, entende que cenário semelhante poderá ser produzido no Brasil, gerando um fortalecimento das legendas partidárias.

Ainda em sua visão, sustenta não ser possível reformar de modo artificial o sistema partidário, como realizado pelo Ato Institucional n. 2, com a extinção de todos os partidos e a criação de novos, solução à qual Manoel Gonçalves Ferreira Filho chama de "desastrosa".[430]

Por outro lado, entende que a introdução do semipresidencialismo não seria uma solução artificial, tendo em vista que "estimulará a renovação partidária, a reestruturação partidária, porque um gabinete, para permanecer em condições, tem que ter o apoio parlamentar. Precisando ter o apoio parlamentar, haverá a necessidade de estabelecer uma associação entre eles".[431]

Nelson Jobim compartilha desse entendimento, defendendo que, a partir da alteração do sistema de governo, as demais problemáticas tenderão a ser resolvidas naturalmente, especialmente porque o semipresidencialismo terá a capacidade de reestruturar os sistemas

---

430 Manoel Gonçalves Ferreira Filho considerou como desastrosa a reforma artificial do sistema partidário brasileiro por meio do Ato Institucional n. 2 na reunião do Conselho Consultivo do Grupo de Trabalho da Câmara dos Deputados que trata do sistema de governo semipresidencialista ocorrida no dia 04/05/2022. O trecho específico está no minuto 19:40 da íntegra dos debates. Conteúdo disponível em: https://youtu.be/eAX9Z5n36t8?list=TLGGVc8OUdsiqu0xOTA5MjAyMg. Acesso em: 19 set. 2022.

431 O referido trecho está disponível entre 19:54 e 20:11 da íntegra dos debates. Disponível em: https://youtu.be/eAX9Z5n36t8?list=TLGGVc8OUdsiqu0xOTA5MjAyMg. Acesso em: 19 set. 2022.

eleitoral e partidário brasileiro, que já estão em aprimoramento ante as virtudes da Emenda Constitucional n. 97/2017, cujos efeitos completos ainda estão por vir.

Além disso, Nelson Jobim dialoga com a proibição das coligações partidárias nas eleições proporcionais e com a cláusula de desempenho progressiva, preceitos fundamentais da Emenda Constitucional n. 97/2017, apontando que "a redução da fragmentação e a consolidação partidária é um processo político que vai ocorrer nesta eleição e também na subsequência do mandato da nova legislatura",[432] de modo que não é o momento adequado para alterar o sistema partidário, nem para condicionar a mudança do sistema de governo a essa modificação, devendo-se deixar que "o sistema partidário e o sistema eleitoral evoluam conforme sejam um processo".[433]

Assim, Nelson Jobim considera que a funcionalidade deve ser interpretada como único critério adequado e hábil a mensurar a qualidade de um sistema, seja de governo, partidário ou eleitoral, e o defeito de outro, de modo que o sistema será bom quando funcionar e, quando deixar de funcionar, será ruim.

Enrico Misasi[434] também tece considerações no sentido de que as demais mudanças estruturais que venham a ser necessárias para o devido funcionamento do semipresidencialismo devem ser feitas *a posteriori*, não devendo ser imputadas como requisito anterior essas modificações à alteração do sistema de governo.

Nesse sentido, sustenta que o Congresso Nacional já tem caminhado em direção à racionalização do sistema eleitoral e partidário, especialmente com o advento da Emenda Constitucional n. 97/2017. Assim, Enrico Misasi demonstra que o sistema eleitoral e partidário que observará com a efetivação dessas mudanças será em muito mais adequado para a introdução de uma modalidade semipresidencial de sistema de governo, na medida em que terá a tendência de reduzir e remediar o multipartidarismo atomístico.

---

[432] O trecho específico no qual Nelson Jobim faz essa citação está entre 17:14 e 17:40 da íntegra dos debates. Disponível em: https://youtu.be/eAX9Z5n36t8?list=TLGGVc8OUdsiqu0xOTA5MjAyMg. Acesso em: 19 set. 2022.

[433] Idem.

[434] Enrico Misasi se manifestou nesse sentido na reunião do conselho consultivo do Grupo de Trabalho da Câmara dos Deputados que trata do sistema de governo semipresidencialista ocorrida no dia 06/07/2022. Conteúdo disponível em: https://youtu.be/CI4bBzlfarI?list=TLGGrvTdAXKgZeYxNjA5MjAyMg. Acesso em: 21 set. 2022.

Desse modo, sintetiza que o cenário institucional brasileiro atual já está preparado para a devida implementação do semipresidencialismo, e que estará ainda mais adequado nos próximos anos com os avanços nas regras de transição relativas às cláusulas de barreira e com as consequências do fim das coligações nos pleitos proporcionais. Em sua visão, observa-se cenário em que não há que se temer qualquer incompatibilidade do arranjo institucional pátrio com o sistema semipresidencial de governo.

Assim, sintetizam-se as constatações dos referidos autores que defendem a aptidão do arranjo institucional brasileiro para a introdução, desde já, do semipresidencialismo como sistema de governo, pela compreensão de que o semipresidencialismo tem o condão de reestruturar o arranjo institucional como um todo, tendo em vista a capacidade aglutinadora inerente ao seu próprio funcionamento.

Além disso, a Emenda Constitucional n. 97/2017, ao proibir as coligações nas eleições proporcionais e prever a introdução da cláusula de barreira progressiva, representou significativo avanço no sistema político-eleitoral e partidário brasileiro, cujos efeitos positivos já estão sendo observados e serão verificados em maior extensão nos pleitos eleitorais subsequentes.

Por essas razões, esta pesquisa alinha-se ao entendimento compartilhado por Manoel Gonçalves Ferreira Filho, Nelson Jobim e Jorge Galvão para concluir que o arranjo institucional brasileiro está – de fato – apto à introdução do semipresidencialismo como sistema de governo, não se fazendo necessária a realização de reformas estruturais prévias a sua implementação para a devida consecução dos objetivos almejados com a sua adoção no Brasil.

3.3 Meios e instrumentos democráticos para alteração do atual sistema de governo

Muito se discute quais seriam os meios e os instrumentos democráticos para alteração do atual sistema de governo brasileiro, especialmente após a ratificação da opção presidencial da Constituinte no plebiscito de 1993.[435] Assim, são contrapostas três correntes bem mar-

[435] Importante distinguir, desde já, o plebiscito do referendo. Nesse sentido, Gilmar Mendes e Paulo Gonet Branco bem sintetizam os referidos instrumentos de consulta popular nos seguintes termos: "A diferença entre plebiscito e referendo concentra-se no momento de sua

cadas: (a) o presidencialismo é cláusula pétrea, tendo como principais defensores Ciro Gomes,[436] Carlos Roberto Siqueira Castro[437] e Luiz Viana Queiroz;[438] (b) o presidencialismo não é cláusula pétrea, mas a sua alteração demandaria novo plebiscito, corrente capitaneada por Daniel Sarmento;[439] e (c) o presidencialismo não é cláusula pétrea e não há necessidade de novo plebiscito para alterar o sistema de governo no Brasil, entendimento defendido por Manoel Gonçalves Ferreira Filho,[440] Nelson Jobim,[441] Gilmar Mendes,[442] entre outros.

A primeira corrente pode ser afastada de forma simplificada, tendo em vista que as cláusulas pétreas estão previstas, de forma extensiva, no artigo 60, § 4º, da Constituição de 1988, que assim dispõe: "não serão objeto de deliberação a proposta de emenda tendente a abolir:

---

realização. Enquanto o plebiscito configura consulta realizada aos cidadãos sobre matéria a ser posteriormente discutida no âmbito do Congresso Nacional, o referendo é uma consulta posterior sobre determinado ato ou decisão governamental, seja para atribuir-lhe eficácia que ainda não foi reconhecida (condição suspensiva), seja para retirar a eficácia que lhe foi provisoriamente conferida (condição resolutiva)". MENDES, Gilmar Ferreira; BRANCO, Paulo Gustavo Gonet. *Curso de direito constitucional*. 16. ed. São Paulo: Saraiva, 2021. p. 850.

[436] Ciro Gomes, em entrevista à Folha de São Paulo, defendeu que o plebiscito de 1993 tornou cláusula pétrea o sistema presidencial brasileiro. Íntegra da entrevista disponível em: https://www1.folha.uol.com.br/poder/2022/04/presidenciaveis-veem-golpe-de-lira-ao-encampar-plano-do-semipresidencialismo.shtml&cd=2&hl=pt-BR&ct=clnk&gl=br. Acesso em: 12 set. 2022.

[437] Carlos Roberto Siqueira Castro defende esse entendimento em artigo publicado na página da Seccional do Rio de Janeiro da Ordem dos Advogados do Brasil. Disponível em: https://www.oabrj.org.br/tribuna/combate-ao-caixa-2-nova-campanha-oabrj/parlamentarismo-constituicao. Acesso em: 14 set. 2022.

[438] Luiz Viana Queiroz defende a questão em artigo publicado no site do jornal Migalhas. Disponível em: https://www.migalhas.com.br/depeso/364038/semipresidencialismo-e-inconstitucional. Acesso em: 14 set. 2022.

[439] A manifestação de Daniel Sarmento foi proferida na audiência pública ocorrida no dia 06/04/2022 no Grupo de Trabalho da Câmara dos Deputados que trata do sistema de governo semipresidencialista. Conteúdo disponível em: https://youtu.be/9e8Gge5IYP4?list=TLGGIquPCFN2kN8xMjA5MjAyMg. Acesso em: 12 set. 2022.

[440] As manifestações de Manoel Gonçalves Ferreira Filho foram proferidas nas audiências públicas e nas reuniões do conselho consultivo do Grupo de Trabalho da Câmara dos Deputados que trata do sistema de governo semipresidencialista. Íntegra do debate relativo à necessidade de realização de plebiscito está disponível em: https://youtu.be/eAX9Z5n36t8?list=TLGGVc8OUdsiqu0xMjA5MjAyMg. Acesso em: 12 set. 2022.

[441] As manifestações de Nelson Jobim também foram proferidas nas audiências públicas e nas reuniões do conselho consultivo do Grupo de Trabalho da Câmara dos Deputados que trata do sistema de governo semipresidencialista. Integra do debate relativo à necessidade de realização de plebiscito está disponível em: https://youtu.be/eAX9Z5n36t8?list=TLGGVc8OUdsiqu0xMjA5MjAyMg. Acesso em: 12 set. 2022.

[442] O entendimento de Gilmar Mendes foi manifestado em evento virtual organizado pelo Jota no dia 04/04/2022. A íntegra da manifestação está disponível em: https://youtu.be/RnzF-UkvX3g. Acesso em: 12 set. 2022.

I – a forma federativa de Estado; II – o voto direto, secreto, universal e periódico; III – a separação dos Poderes; IV – os direitos e garantias individuais".[443]

A alteração do presidencialismo para o semipresidencialismo não importaria em violação de nenhuma das cláusulas pétreas previstas, de forma explícita e implícita, na Constituição brasileira. Isso porque não retira a forma federativa do Estado, bem como o voto permanece sendo direto, tendo em vista que é preservada a eleição do Presidente de forma direta, secreto, universal e periódico.

Além disso, como bem explicita Elival da Silva Ramos,[444] a separação dos poderes é mantida no semipresidencialismo, apesar de se tornar uma separação flexível entre os poderes, mas o que não retira a sua essência, muito menos pode ser interpretada como violação ao referido princípio, que é cláusula pétrea da Constituição brasileira de 1988. Por fim, não resta questionamento quanto à manutenção dos direitos e garantias individuais com a alteração do sistema de governo para o semipresidencialismo.

No mesmo sentido, José Levi Mello do Amaral Júnior[445] sustenta que as cláusulas pétreas previstas no artigo 60, § 4º, da Constituição não se referem a tipos ideais, de modo que essas previsões seriam intocáveis.[446] Isso porque, em verdade, o cerne dessa proteção é contra a desnaturação dos princípios fundantes do texto constitucional brasileiro.

Assim, demonstra que o objetivo central da separação dos poderes é a limitação do poder, de modo que a ampliação de três para quatro, ou até eventualmente cinco poderes, não significaria desnaturação da separação dos poderes. Muito pelo contrário, a tendência seria a

---

443 Disponível em http://www.planalto.gov.br/ccivil_03/constituicao/constituicao.htm. Acesso em: 12 set. 2022.

444 Elival da Silva Ramos proferiu essa manifestação na reunião do conselho consultivo do Grupo de Trabalho da Câmara dos Deputados que trata do sistema de governo semipresidencialista ocorrida no dia 13/04/2022. A íntegra dos debates do conselho consultivo nessa ocasião está disponível em: https://youtu.be/O79ffobTkgk?list=TLGGUgjiowqgANcxMjA5MjAyMg. Acesso em: 12 set. 2022.

445 José Levi Mello do Amaral Júnior defendeu esse entendimento na audiência pública do Grupo de Trabalho da Câmara dos Deputados que trata do sistema de governo semipresidencialista, ocorrida no dia 11/05/2022. A íntegra dos debates da audiência pública desse dia está disponível em: https://youtu.be/tMwRXY1GBb0?list=TLGGnnOSxW3jobMxMzA5MjAyMg. Acesso em: 13 set. 2022.

446 Em obra clássica em que aborda, dentre outras questões, a temática das cláusulas pétreas, Jorge Miranda defende que o escopo de tal restrição não está na proteção dos dispositivos constitucionais, mas sim na proteção dos princípios que são modelados em sua decorrência. MIRANDA, Jorge. *Manual de direito constitucional.* Coimbra: Coimbra, 1988. t. 2. p. 155.

ampliação da limitação do poder, sendo o princípio efetivado, inclusive, em maior extensão.

Gilmar Mendes e Paulo Gonet Branco compartilham do mesmo entendimento, sustentando que, especificamente em relação à cláusula pétrea da separação dos poderes, mas com raciocínio que seria aplicável às demais previstas no artigo 60, § 4º, da Constituição de 1988, "a emenda que suprima a independência de um dos Poderes ou que lhe estorve a autonomia é imprópria. Não se impede, decerto, o aprimoramento das instituições, aproximando-as da sua vocação elementar".[447] Desse modo, inexiste a proibição ao aperfeiçoamento do sistema democrático, desde que, para tanto, não seja desnaturado o cerne dos princípios fundantes do texto constitucional.

Além disso, o alcance e o sentido das cláusulas pétreas já foram objeto de julgados do Supremo Tribunal Federal (STF), dentre os quais se destacam a Ação Direta de Inconstitucionalidade n. 3.367/DF, de relatoria do Ministro Cézar Peluso, e a Ação Direta de Inconstitucionalidade n. 2024-MC/DF, de relatoria do Ministro Sepúlveda Pertence.

No primeiro julgado, que versava sobre eventual inconstitucionalidade da criação do Conselho Nacional de Justiça pela Emenda Constitucional n. 45/2004, o entendimento majoritário do STF foi no sentido de que os dispositivos impugnados, na medida em que preservam a essência do princípio da separação dos poderes, estão "longe de fraturar ou empobrecer o núcleo político e jurídico do sistema",[448] de modo que não há que se falar em violação à referida cláusula pétrea.

---

[447] MENDES, Gilmar Ferreira; BRANCO, Paulo Gustavo Gonet. *Curso de direito constitucional*. 16. ed. São Paulo: Saraiva, 2021. p. 130.

[448] Trecho do voto do Ministro Relator, Cézar Peluso, disponível na p. 223 dos autos integrais da ADI 3.367/DF. A ementa desse julgado tem o seguinte teor: 1. AÇÃO. Condição. Interesse processual, ou de agir. Caracterização. Ação direta de inconstitucionalidade. Propositura antes da publicação oficial da Emenda Constitucional n. 45/2004. Publicação superveniente, antes do julgamento da causa. Suficiência. Carência da ação não configurada. Preliminar repelida. Inteligência do art. 267, VI, do CPC. Devendo as condições da ação coexistir à data da sentença, considera-se presente o interesse processual, ou de agir, em ação direta de inconstitucionalidade de Emenda Constitucional que só foi publicada, oficialmente, no curso do processo, mas antes da sentença. 2. INCONSTITUCIONALIDADE. Ação direta. Emenda Constitucional n. 45/2004. Poder Judiciário. Conselho Nacional de Justiça. Instituição e disciplina. Natureza meramente administrativa. Órgão interno de controle administrativo, financeiro e disciplinar da magistratura. Constitucionalidade reconhecida. Separação e independência dos Poderes. História, significado e alcance concreto do princípio. Ofensa a cláusula constitucional imutável (cláusula pétrea). Inexistência. Subsistência do núcleo político do princípio, mediante preservação da função jurisdicional, típica do Judiciário, e das condições materiais do seu exercício imparcial e independente. Precedentes e súmula 649. Inaplicabilidade ao caso. Interpretação dos arts. 2º e 60, § 4º, III, da CF. Ação

Em complementação ao voto do Ministro Cézar Peluso, o Ministro Celso de Mello, dialogando com os ensinamentos de Pimenta Bueno,[449] bem demonstrou o cerne do princípio da separação dos poderes, "cuja razão de ser se apoia na necessidade de preservar os direitos dos cidadãos e de inibir, mediante controles interorgânicos recíprocos, o 'espírito usurpador do poder'".[450] Assim, conclui que, apesar de se tratar de cláusula pétrea, não deve ser interpretado como intocável, podendo ser alterado, desde que não desfigure a sua natureza.

---

julgada improcedente. Votos vencidos. São constitucionais as normas que, introduzidas pela Emenda Constitucional n. 45, de 8 de dezembro de 2004, instituem e disciplinam o Conselho Nacional de Justiça, como órgão administrativo do Poder Judiciário nacional. 3. PODER JUDICIÁRIO. Caráter nacional. Regime orgânico unitário. Controle administrativo, financeiro e disciplinar. Órgão interno ou externo. Conselho de Justiça. Criação por Estado membro. Inadmissibilidade. Falta de competência constitucional. Os Estados membros carecem de competência constitucional para instituir, como órgão interno ou externo do Judiciário, conselho destinado ao controle da atividade administrativa, financeira ou disciplinar da respectiva Justiça. 4. PODER JUDICIÁRIO. Conselho Nacional de Justiça. Órgão de natureza exclusivamente administrativa. Atribuições de controle da atividade administrativa, financeira e disciplinar da magistratura. Competência relativa apenas aos órgãos e juízes situados, hierarquicamente, abaixo do Supremo Tribunal Federal. Preeminência deste, como órgão máximo do Poder Judiciário, sobre o Conselho, cujos atos e decisões estão sujeitos a seu controle jurisdicional. Inteligência dos art. 102, caput, inc. I, letra "r", e § 4º, da CF. O Conselho Nacional de Justiça não tem nenhuma competência sobre o Supremo Tribunal Federal e seus ministros, sendo esse o órgão máximo do Poder Judiciário nacional, a que aquele está sujeito. 5. PODER JUDICIÁRIO. Conselho Nacional de Justiça. Competência. Magistratura. Magistrado vitalício. Cargo. Perda mediante decisão administrativa. Previsão em texto aprovado pela Câmara dos Deputados e constante do Projeto que resultou na Emenda Constitucional n. 45/2004. Supressão pelo Senado Federal. Reapreciação pela Câmara. Desnecessidade. Subsistência do sentido normativo do texto residual aprovado e promulgado (art. 103-B, § 4º, III). Expressão que, ademais, ofenderia o disposto no art. 95, I, parte final, da CF. Ofensa ao art. 60, § 2º, da CF. Não ocorrência. Argüição repelida. Precedentes. Não precisa ser reapreciada pela Câmara dos Deputados expressão suprimida pelo Senado Federal em texto de projeto que, na redação remanescente, aprovada de ambas as Casas do Congresso, não perdeu sentido normativo. 6. PODER JUDICIÁRIO. Conselho Nacional de Justiça. Membro. Advogados e cidadãos. Exercício do mandato. Atividades incompatíveis com tal exercício. Proibição não constante das normas da Emenda Constitucional n. 45/2004. Pendência de projeto tendente a torná-la expressa, mediante acréscimo de § 8º ao art. 103-B da CF. Irrelevância. Ofensa ao princípio da isonomia. Não ocorrência. Impedimentos já previstos à conjugação dos arts. 95, § único, e 127, § 5º, II, da CF. Ação direta de inconstitucionalidade. Pedido aditado. Improcedência. Nenhum dos advogados ou cidadãos membros do Conselho Nacional de Justiça pode, durante o exercício do mandato, exercer atividades incompatíveis com essa condição, tais como exercer outro cargo ou função, salvo uma de magistério, dedicar-se a atividade político-partidária e exercer a advocacia no território nacional. (ADI 3367, Relator(a): CEZAR PELUSO, Tribunal Pleno, julgado em 13/04/2005, DJ 17-03-2006 PP-00004 EMENT VOL-02225-01 PP-00182 REPUBLICAÇÃO: DJ 22-09-2006 PP-00029).

449 A obra de Pimenta Bueno indicada no voto do Ministro Celso de Mello é "Direito público brasileiro e análise da Constituição do Império", de 1958.

450 Trecho do voto proferido pelo Ministro Celso de Mello, disponível na p. 343-344 dos autos integrais da ADI 3.367/DF.

No segundo caso, que tratava de suposta violação à forma federativa do Estado brasileiro, o entendimento do Ministro Relator, Sepúlveda Pertence, foi no sentido de que as cláusulas pétreas "não são tipos ideais de princípios e instituições que é lícito supor que tenha a Constituição tido a pretensão de tornar imutáveis, mas sim as decisões políticas fundamentais, frequentemente compromissórias, que se materializaram no seu texto positivo".[451] Nesse sentido, conclui que, desde

[451] Trecho do voto do Ministro Relator, Sepúlveda Pertence, disponível na p. 85 dos autos integrais da ADI 2.024-MC/DF. A ementa desse julgado tem o seguinte teor: I. Ação direta de inconstitucionalidade: seu cabimento - afirmado no STF desde 1926 - para questionar a compatibilidade de emenda constitucional com os limites formais ou materiais impostos pela Constituição ao poder constituinte derivado: precedente. II. Previdência social (CF, art. 40, § 13, cf. EC 20/98): submissão dos ocupantes exclusivamente de cargos em comissão, assim como os de outro cargo temporário ou de emprego público ao regime geral da previdência social: argüição de inconstitucionalidade do preceito por tendente a abolir a "forma federativa do Estado" (CF, art. 60, § 4º, I): implausibilidade da alegação: medida cautelar indeferida. 1. A "forma federativa de Estado" - elevado a princípio intangível por todas as Constituições da República - não pode ser conceituada a partir de um modelo ideal e apriorístico de Federação, mas, sim, daquele que o constituinte originário concretamente adotou e, como o adotou, erigiu em limite material imposto às futuras emendas à Constituição; de resto as limitações materiais ao poder constituinte de reforma, que o art. 60, § 4º, da Lei Fundamental enumera, não significam a intangibilidade literal da respectiva disciplina na Constituição originária, mas apenas a proteção do núcleo essencial dos princípios e institutos cuja preservação nelas se protege. 2. À vista do modelo ainda acentuadamente centralizado do federalismo adotado pela versão originária da Constituição de 1988, o preceito questionado da EC 20/98 nem tende a aboli-lo, nem sequer a afetá-lo. 3. Já assentou o Tribunal (MS 23047 - ML, Pertence), que no novo art. 40 e seus parágrafos da Constituição (cf. EC 20/98), nela, pouco inovou "sob a perspectiva da Federação, a explicitação de que aos servidores efetivos dos Estados, do Distrito Federal e dos Municípios, "é assegurado regime de previdência de caráter contributivo, observados critérios que preservem o equilíbrio financeiro e atuarial", assim como as normas relativas às respectivas aposentadorias e pensões, objeto dos seus numerosos parágrafos: afinal, toda a disciplina constitucional originária do regime dos servidores públicos " inclusive a do seu regime previdenciário - já abrangia os três níveis da organização federativa, impondo-se à observância de todas as unidades federadas, ainda quando - com base no art. 149, parág. único - que a proposta não altera - organizem sistema previdenciário próprio para os seus servidores": análise da evolução do tema, do texto constitucional de 1988, passando pela EC 3/93, até a recente reforma previdenciária. 4. A matéria da disposição discutida é previdenciária e, por sua natureza, comporta norma geral de âmbito nacional de validade, que à União se facultava editar, sem prejuízo da legislação estadual suplementar ou plena, na falta de lei federal (CF 88, arts. 24, XII, e 40, § 2º): se já o podia ter feito a lei federal, com base nos preceitos recordados do texto constitucional originário, obviamente não afeta ou, menos ainda, tende a abolir a autonomia dos Estados-membros que assim agora tenha prescrito diretamente a norma constitucional sobrevinda. 5. Parece não ter pertinência o princípio da imunidade tributária recíproca - ainda que se discuta a sua aplicabilidade a outros tributos, que não os impostos - à contribuição estatal para o custeio da previdência social dos servidores ou empregados públicos. 6. A auto-aplicabilidade do novo art. 40, § 13 é questão estranha à constitucionalidade do preceito e, portanto, ao âmbito próprio da ação direta. (ADI 2024 MC, Relator(a): SEPÚLVEDA PERTENCE, Tribunal Pleno, julgado em 27/10/1999, DJ 01-12-2000 PP-00070 EMENT VOL-02014-01 PP-00073)

que respeitadas as decisões políticas fundamentais, seria juridicamente possível e adequado ampliar o alcance e o sentido das cláusulas pétreas.

Desse modo, não se sustentam os argumentos da corrente que defende que a alteração do presidencialismo para o semipresidencialismo importaria em violação de cláusulas pétreas previstas na Constituição brasileira, devendo ser afastada desde já essa primeira compreensão. Isso porque o cerne de todas as cláusulas pétreas previstas na Constituição de 1988 é devidamente preservado com a referida alteração no sistema de governo em direção ao semipresidencialismo.

De outro lado, as demais correntes que versam sobre os meios e instrumentos democráticos para alteração do presidencialismo no Brasil têm mais coerência constitucional, bem como permitem debates mais contundentes, que serão a seguir abordados.

Daniel Sarmento[452] defende que a manifestação direta do titular do Poder Constituinte, ou seja, a manifestação do povo no plebiscito de 1993 teria hierarquia jurídica constitucional superior a qualquer manifestação do Poder Constituinte derivado, isto é, o Parlamento, na qualidade de reformador da Constituição. Desse modo, torna-se necessária a realização de novo plebiscito para alterar o sistema de governo brasileiro, sendo impossibilitada a modificação do texto constitucional sem consulta pública.

Por outro lado, a maior parte da doutrina brasileira que se dedicou ao assunto entende ser desnecessária a realização de nova consulta popular, sendo aqui destacados os apontamentos de Manoel Gonçalves Ferreira Filho, Nelson Jobim, Gilmar Mendes e Michel Temer.

Manoel Gonçalves Ferreira Filho[453] sustenta que não há nenhuma necessidade de realizar plebiscito para reformar o sistema de governo brasileiro, por entender que a questão relativa aos sistemas de governo, apesar de sua importância incontestável para toda a sociedade, constitui debate tecnicamente complexo para ser submetido a uma consulta popular, e que a maioria responsável por sua deliberação não terá plena

---

[452] A manifestação de Daniel Sarmento foi proferida na audiência pública do Grupo de Trabalho da Câmara dos Deputados que trata do sistema de governo semipresidencialista, ocorrida no dia 06/04/2022. Conteúdo disponível em: https://youtu.be/9e8Gge5IYP4?list=TLGGIquPCFN2kN8xMjA5MjAyMg. Acesso em: 12 set. 2022.

[453] As manifestações de Manoel Gonçalves Ferreira Filho foram proferidas nas audiências públicas e nas reuniões do conselho consultivo do Grupo de Trabalho da Câmara dos Deputados que trata do sistema de governo semipresidencialista. Íntegra do debate relativo à necessidade de realização de plebiscito está disponível em: https://youtu.be/eAX9Z5n36t8?list=TLGGVc8OUdsiqu0xMjA5MjAyMg. Acesso em: 12 set. 2022.

consciência dos conceitos que estão sendo contrapostos, tornando-a, em verdade, uma discussão acerca daqueles que desejam que seja sua a palavra dominante no arranjo institucional brasileiro.

Nessa perspectiva, rememora os debates que estavam presentes nos plebiscitos de 1963 e 1993. No primeiro deles, não se tratava de uma discussão em torno do sistema de governo, a questão central era a devolução, ou não, dos poderes a João Goulart. Já o plebiscito de 1993 foi apenas uma tentativa de recolocar em discussão, sem a devida distinção doutrinária, os debates da Constituinte acerca do presidencialismo *versus* parlamentarismo, sendo o cerne desse embate interesses individuais de setores políticos que almejavam a ascensão e/ou a manutenção do poder.

O ceticismo de Manoel Gonçalves Ferreira Filho acerca da tendência das consultas populares se transformarem em disputas personalistas das lideranças é compartilhado por J.J. Gomes Canotilho, o qual, inclusive, denomina o fenômeno de "plebiscitarização pessoal".[454] Em seu entender, isso produz "não um aperfeiçoamento da democracia, mas uma precipitação decisionístico-plebiscitária da poliarquia governante".[455]

Manoel Gonçalves Ferreira Filho sustenta, ainda, que a sociedade não pode ser vinculada por decisões tomadas por gerações muito anteriores e, portanto, a decisão do eleitorado no plebiscito de 1993 não é vinculante, tendo em vista, inclusive, o fato de que houve alteração em grande parte do eleitorado desde aquela oportunidade. Nesse sentido, defende que a realização de novo plebiscito poderia se dar em homenagem à democracia, mas que, em sua visão, a democracia no Brasil não necessita de homenagem, e sim de efetivação.

Especificamente em relação ao argumento de Daniel Sarmento de prevalência da manifestação do povo no plebiscito de 1993 sobre eventual decisão do Poder Constituinte derivado na hierarquia jurídica constitucional, Manoel Gonçalves Ferreira Filho sustenta que, sem dúvida, a soberania na democracia pertence ao povo, bem como ao povo cabe tomar as decisões fundamentais. Trata-se, no entanto, de impossibilidade prática, razão pela qual se estabeleceu a representação popular e a eventualidade da consulta popular.

---

[454] CANOTILHO, J. J. Gomes. *"Brancosos" e interconstitucionalidade*: itinerários dos discursos sobre a historicidade constitucional. Coimbra: Almedina, 2012. p. 313.

[455] CANOTILHO, J. J. Gomes. *"Brancosos" e interconstitucionalidade*: itinerários dos discursos sobre a historicidade constitucional. Coimbra: Almedina, 2012. p. 313-314.

Nesse sentido, demonstra que, analisada a questão sob a ótica da tradição constitucional brasileira, que as mudanças constitucionais prescindiram de consultas populares, sendo realizadas por meio de emendas constitucionais, de modo que não se sustenta o argumento defendido por Daniel Sarmento.

Por sua vez, Nelson Jobim[456] entende que a compreensão acerca do plebiscito para alteração do sistema de governo deve ser analisada sob dois vieses. O primeiro seria a necessidade jurídica, isto é, se seria obrigatória juridicamente a realização de novo plebiscito para substituir a decisão popular de 1993. O segundo aspecto seria a prudência política.

Nesse sentido, sustenta que não há qualquer necessidade jurídica de plebiscito para aprovação da reforma do sistema de governo. Por outro lado, defende que a prudência política deve ser analisada dentro do parlamento quando da aprovação da emenda constitucional que eventualmente altere o sistema de governo, devendo ser esse viés medido em momento oportuno.

Gilmar Mendes[457] também se alinha ao entendimento de que, do ponto de vista jurídico, é desnecessária a realização de nova consulta popular para reformar o sistema de governo brasileiro. Sua compreensão tem, porém, fundamentação com nuances distintas das defendidas por Manoel Gonçalves Ferreira Filho e Nelson Jobim, apesar de todas chegarem a conclusão comum.

Em sua visão, o plebiscito não se faz um requisito essencial pelo fato de que a alteração para o semipresidencialismo seria uma mera adaptação do presidencialismo hoje vivenciado no Brasil, mantendo-se as diretrizes básicas, tais como a eleição direta do Presidente da República para o exercício de poderes substanciais, não sendo uma emenda em direção ao parlamentarismo como anteriormente submetido à consulta popular em 1993.

---

456 As manifestações de Nelson Jobim também foram proferidas nas audiências públicas e nas reuniões do conselho consultivo do Grupo de Trabalho da Câmara dos Deputados que trata do sistema de governo semipresidencialista. Íntegra do debate relativo à necessidade de realização de plebiscito está disponível em: https://youtu.be/eAX9Z5n36t8?list=TLGGVc8OUdsiqu0xMjA5MjAyMg. Acesso em: 12 set. 2022.

457 O entendimento de Gilmar Mendes foi manifestado em evento virtual organizado pelo Jota no dia 04/04/2022. A íntegra da manifestação está disponível em: https://youtu.be/RnzF-UkvX3g. Acesso em: 12 set. 2022.

Carlos Blanco de Morais[458] é mais um autor que defende que a mudança em direção ao semipresidencialismo no arranjo institucional brasileiro pode ser feita exclusivamente por meio de emenda constitucional, sem a necessidade de nova consulta popular. A sua compreensão é fundada no fato de que o sistema de governo não é cláusula pétrea da Constituição brasileira de 1988, sendo cláusula pétrea apenas a separação dos poderes, que não será afetada com a alteração para o semipresidencialismo.

Em complementação, Carlos Blanco de Morais é claro ao afastar o argumento ventilado especialmente por aqueles que se colocam na condição de presidenciáveis, cujas opiniões se fundam basicamente nos interesses individuais de ascensão e manutenção no poder, de que a reforma do sistema político para o semipresidencialismo seria uma espécie de golpe. Nesse sentido, pontua que esse argumento não tem qualquer fundamentação jurídica e não passaria daquilo que denomina de "psicose" ou "histeria" do golpe.

Além disso, assim como Nelson Jobim, superado o viés jurídico constitucional da reforma do sistema de governo, Carlos Blanco de Morais tece importantes comentários acerca da prudência política do plebiscito. Nessa perspectiva, defende que a principal vantagem da consulta popular seria a de submeter à população, de forma concomitante, a possibilidade de alterações significativas no sistema eleitoral que poderiam aprimorar o funcionamento institucional brasileiro.

No mesmo sentido, Michel Temer[459] também concorda com a desnecessidade de novo plebiscito para alteração do sistema de governo brasileiro para o semipresidencialismo, sustentando que cabe ao Congresso Nacional formatar e aprovar tal alteração por meio de emenda constitucional. Todavia, aponta que, em prestígio à prudência e à consistência política, revela-se importante que a reforma seja referendada posteriormente pela sociedade, com as devidas campanhas de esclarecimento sobre o que será ratificado, ou não.

---

458 Os apontamentos de Carlos Blanco de Morais acerca da necessidade de consulta popular para alteração do sistema de governo no Brasil foram proferidos em seminário virtual organizado pelo IDP em 23/08/2021. A íntegra do seminário está disponível em: https://youtu.be/wG5HeG1h4Vg. Acesso em: 12 set. 2022.

459 A manifestação de Michel Temer aconteceu no ciclo de debates – conferências Paulo Brossard – acerca da reforma política e democracia: um olhar para o futuro, evento virtual organizado pelo IDP no dia 14/06/2021. A íntegra dos debates está disponível em: https://youtu.be/tqHcjITGbyU. Acesso em: 14 set. 2022.

Octávio Amorim Neto[460] segue a linha de raciocínio defendida por Michel Temer, descartando a necessidade de plebiscito, mas considerando que o referendo seria um importante mecanismo de prudência e consistência política. Nesse sentido, destaca a relevância das campanhas de esclarecimento para a devida compreensão da sociedade acerca do tema que será submetido à consulta popular. Sustenta, ainda, que o referendo não deverá ocorrer imediatamente após a aprovação da emenda constitucional, mas sim após um período significativo.

Gilmar Mendes e Paulo Gonet Branco compartilham da compreensão de que as campanhas de esclarecimento são requisitos essenciais para a devida efetivação das consultas populares, tendo em vista que os instrumentos de consulta popular têm por objetivo "atenuar o formalismo da democracia representativa. A sua utilização não será efetiva, porém, sem que se identifique um adequado nível de politização da população".[461]

Além do debate sobre a realização de novo plebiscito para reformar o sistema de governo brasileiro, deve-se abordar, também neste tópico, outro importante instrumento procedimental para a adequada implementação do semipresidencialismo no Brasil: a extensão de sua *vacatio legis*.

Sobre o tema, Michel Temer assinala que a introdução do semipresidencialismo deve respeitar uma *vacatio legis* ampla, sendo evidente que não seria introduzida a reforma do sistema de governo desde a aprovação da emenda constitucional. Essa compreensão se funda no fato de que os eleitos em 2022 estão sob o sistema jurídico que permite a reeleição, não sendo possível retirar essa hipótese de imediato.

Nessa perspectiva, defende que, após aprovada a emenda constitucional pelo Congresso Nacional brasileiro, o novo sistema de governo entre em vigor ao menos em 2030, respeitando-se, desse modo, a transição de todos aqueles eleitos no regime anterior, incluindo-se os eleitos no pleito eleitoral presidencial de 2022.

---

460 Octávio Amorim Neto exarou seu entendimento sobre o tema durante a audiência pública do Grupo de Trabalho da Câmara dos Deputados que trata do sistema de governo semipresidencialista, ocorrida no dia 06/04/2022. A íntegra do debate está disponível em: https://youtu.be/9e8Gge5IYP4?list=TLGGIquPCFN2kN8xMjA5MjAyMg. Acesso em: 12 set. 2022.

461 MENDES, Gilmar Ferreira; BRANCO, Paulo Gustavo Gonet. *Curso de direito constitucional*. 16. ed. São Paulo: Saraiva, 2021. p. 850-851.

Portanto, a conclusão deste capítulo responderá às seguintes questões: (a) a alteração do sistema de governo brasileiro em direção ao semipresidencialismo viola alguma cláusula pétrea prevista na Constituição de 1988?; (b) há necessidade jurídica constitucional de novo plebiscito para alterar o sistema de governo?; (c) sob o viés da prudência política, seria adequada a realização de referendo para ratificar a decisão legislativa de alteração do sistema de governo por meio de emenda à constituição?; e (d) qual seria o termo inicial da produção de efeitos de eventual mudança no sistema de governo brasileiro?.

Como demonstrado, as compreensões doutrinárias e jurisprudenciais dominantes são no sentido de que a alteração do sistema de governo brasileiro em direção ao semipresidencialismo não implicaria nenhuma violação às cláusulas pétreas previstas no texto constitucional vigente, pois eventual modificação deve ser interpretada como aprimoramento das instituições democráticas e não temo condão de desnaturar o cerne dos princípios fundantes da Constituição brasileira de 1988.

Já em relação à necessidade jurídica constitucional de novo plebiscito, é importante rememorar que a corrente que defende a sua indispensabilidade se baseia no fundamento de que deve prevalecer a manifestação do povo no plebiscito de 1993 sobre eventual decisão do Poder Constituinte derivado na hierarquia jurídica constitucional.

Entretanto, esse argumento não se sustenta, especialmente porque, apesar de a soberania na democracia pertencer ao povoe a ele caber a tomada das decisões fundamentais, trata-se de impossibilidade prática na contemporaneidade, razão pela qual se estabeleceu a representação popular. Nesse sentido, analisada a tradição constitucional brasileira, verifica-se que as mudanças constitucionais prescindiram de consultas populares, tendo sido realizadas por meio de emendas constitucionais.

Além do mais, o plebiscito de 1993 não vinculou o Poder Constituinte derivado, cabendo ao Congresso Nacional formatar e aprovar tal alteração por meio de emenda constitucional. Assim, conclui-se ser desnecessária a realização de novo plebiscito para alterar o sistema de governo brasileiro.

Por outro lado, analisada a questão sob o viés da prudência política, por se tratar de discussão indiscutivelmente sensível a toda a sociedade e central a toda a democracia, não restam dúvidas quanto à adequação da realização de referendo para ratificar a decisão legislativa de alteração do sistema de governo brasileiro. Nessa perspectiva, o referendo tem o condão de conferir ampla legitimidade ao novo sistema de governo, representando a vontade popular por excelência.

De todo modo, caberá ao Parlamento analisar, quando da aprovação da emenda constitucional, o momento oportuno para sua realização, devendo ser veiculadas diversas campanhas de esclarecimento, para permitir, assim, a devida compreensão do debate por parte de toda a sociedade.

Por fim, em respeito ao sistema jurídico vigente, a alteração do sistema de governo somente poderá entrar em vigor a partir de 2030, a fim de que se possibilite aos eleitos até o pleito eleitoral presidencial de 2022 a tentativa de reeleição, instrumento permitido no momento de sua vitória eleitoral. Adicionalmente, a *vacatio legis* ampla permitirá o devido entendimento social do novo sistema de governo, bem como retirará os argumentos oportunistas dos interessados exclusivamente em sua ascensão e na manutenção do seu poder.

CONCLUSÃO

A presente obra foi guiada por indagações que conduziram o seu desenvolvimento para, ao final, alcançar o seu objetivo central, isto é, formular conclusões críveis aos seguintes questionamentos condutores: (a) as disputas concretas e reais observadas na realidade institucional brasileira justificam a alteração do sistema de governo em direção ao semipresidencialismo?; (b) o semipresidencialismo é o sistema capaz de potencializar as virtudes e decantar as dificuldades vislumbradas no Brasil?; (c) é viável, do ponto de vista jurídico-constitucional, a alteração do sistema de governo?; (d) há necessidade de outras alterações constitucionais, prévias e posteriores para alcançar os objetivos pretendidos?; e (e) há necessidade jurídico-constitucional e/ou prudência política na realização de plebiscito, bem como quando deveria entrar em vigor tal reforma constitucional?

Assim, à guisa de conclusão, passa-se a responder, um a um, aos questionamentos acima expostos. Como demonstrado, especialmente no primeiro capítulo, ao tratar-se das razões que conduziram a introdução do semipresidencialismo como sistema de governo na França e em Portugal, verificou-se que a alteração do sistema de governo demanda a observância das disputas concretas e reais existentes em determinado arranjo institucional. Nesse sentido, foram caracterizadas similitudes fáticas entre as realidades institucionais francesa e portuguesa quando da modificação em direção ao semipresidencialismo.

Por sua vez, a realidade institucional brasileira foi devidamente esmiuçada no capítulo seguinte, sendo possível sintetizar o cenário atual, nas palavras de Manoel Gonçalves Ferreira Filho,[462] como de crise insus-

---

462 Manoel Gonçalves Ferreira Filho exarou esse entendimento no ciclo de debates – conferências Paulo Brossard – acerca da reforma política e democracia: um olhar para o futuro, evento

tentável, cuja resolução ocorrerá apenas pelo conflito ou pela superação do conflito, demonstrando-se que a alteração do sistema de governo vigente deve ser interpretada como saída adequada para superação do conflito. Desse modo, constatou-se que as disputas concretas e reais hoje observadas no Brasil correspondem àquelas existentes na França e em Portugal nos anos de 1958 e 1976, respectivamente, e justificam a alteração do sistema de governo atual.

Desse modo, após verificar que há a necessidade de alterar o sistema de governo atual, passa-se a responder ao segundo questionamento condutor, isto é, se o semipresidencialismo seria o sistema capaz de potencializar as virtudes e decantar as dificuldades vislumbradas no Brasil. E a conclusão do presente estudo é a de que a adoção do semipresidencialismo tem o potencial de auxiliar na superação das crises institucionais hoje observadas, tendo em vista que o modelo semipresidencial representaria, em verdade, mera adaptação do modelo já concretamente existente, o qual, no entanto, passaria a ter disposições legais expressas e claras no arranjo institucional, que auxiliariam na melhora do funcionamento do sistema de governo brasileiro.

Ademais, a adoção efetiva do semipresidencialismo implicaria a ampliação das responsabilidades governativas do parlamentar, o qual passaria a ser corresponsável pelo sucesso da agenda de governo, compartilhando das responsabilidades governativas com o Presidente. Nessa perspectiva, alinha-se ao entendimento exarado por José Levi Mello do Amaral Júnior[463] no sentido de que o semipresidencialismo é uma forma mais civilizada de conduzir o arranjo institucional brasileiro, na medida em que permite maior divisão do poder, bem como empodera ainda mais representantes eleitos pelo povo, ao vincular o governo à maioria parlamentar.

Portanto, ante as diversas disfuncionalidades observadas no presidencialismo de coalizão brasileiro e as características inerentes ao semipresidencialismo, conclui-se que o semipresidencialismo é o sistema de governo capaz de potencializar as virtudes e decantar as dificuldades vislumbradas no Brasil.

---

virtual organizado pelo IDP no dia 14/06/2021. A íntegra dos debates está disponível em: https://youtu.be/tqHcjITGbyU. Acesso em: 15 set. 2022.

[463] José Levi Mello do Amaral Júnior proferiu essa manifestação na audiência pública do Grupo de Trabalho da Câmara dos Deputados sobre o sistema semipresidencial de governo ocorrida no dia 11/05/2022. A íntegra dos debates está disponível em: https://youtu.be/tMwRXY1GBb0?list=TLGGnnOSxW3jobMyNzA5MjAyMg. Acesso em: 27 set. 2022.

A partir dessas conclusões iniciais, caminha-se para a análise da viabilidade jurídico-constitucional dessa alteração, concluindo-se que não há qualquer vedação na Constituição de 1988 para alterar-se o sistema de governo brasileiro, tendo em vista que o sistema de governo não é cláusula pétrea do texto constitucional, bem como eventual modificação nesse sentido deve ser interpretada como aprimoramento das instituições democráticas sem o condão de desnaturar o cerne dos princípios fundantes da Constituição brasileira de 1988. Dessa forma, a modificação do sistema de governo em direção ao semipresidencialismo é, do ponto de vista jurídico-constitucional, viável, inexistindo qualquer óbice para sua reforma.

Por outro lado, muito já se discute na doutrina se a introdução do semipresidencialismo no Brasil demandaria outras alterações estruturais no arranjo institucional pátrio, bem como qual seria o momento adequado para alteração do sistema de governo e para elaboração dessas demais modificações estruturais. A conclusão a que se chegou foi a de que a mudança do sistema de governo deve ser interpretada como o primeiro grande passo na retomada por um sistema funcional e governável, abrindo caminho para as demais alterações estruturais necessárias, especialmente a partidária, que sofrerá diretamente com a força aglutinativa dos partidos, inerente ao semipresidencialismo.

Assim, as demais problemáticas tenderão a ser resolvidas naturalmente, especialmente em decorrência da capacidade do semipresidencialismo em reestruturar os sistemas eleitoral e partidário brasileiro, que já estão em aprimoramento ante as virtudes da Emenda Constitucional 97/2017, cujos efeitos completos ainda estão por vir.

Nesse sentido, conclui-se pela aptidão do arranjo institucional brasileiro para a introdução, desde já, do semipresidencialismo como sistema de governo, pela compreensão de que o semipresidencialismo tem o condão de reestruturar o arranjo institucional como um todo, tendo em vista a capacidade aglutinadora inerente ao seu próprio funcionamento. Assim, demonstram-se descabidas outras alterações constitucionais prévias à mudança do sistema de governo, bem como se verifica necessário aguardar os efeitos que serão produzidos pelo semipresidencialismo no Brasil para analisar se há necessidade de alterações posteriores para alcançar os objetivos pretendidos.

Por fim, passa-se a analisar a necessidade jurídico-constitucional e/ou a prudência política na realização de plebiscito para alterar o sistema de governo vigente e a duração da *vacatio legis* para sua efetivação na realidade institucional brasileira. Em relação à necessidade jurídico-constitucional de novo plebiscito, conclui-se que o plebiscito de 1993 não vinculou o Poder Constituinte derivado, portanto seria viável e cabível ao Congresso Nacional formatar e aprovar tal alteração por meio de emenda constitucional, sendo dispensável a realização de novo plebiscito para alterar o sistema de governo brasileiro.

Por outro lado, analisada a questão sob o viés da prudência política, por se tratar de discussão extremamente sensível a toda a sociedade e central a toda a democracia, não restam dúvidas quanto à adequação da realização de referendo para ratificar a decisão legislativa de alteração do sistema de governo brasileiro. Nessa perspectiva, o referendo tem o condão de conferir ampla legitimidade popular ao novo sistema de governo, representando a vontade popular por excelência.

De todo modo, caberá ao Parlamento analisar, quando da aprovação da emenda constitucional, o momento oportuno para a sua realização. Além disso, deverão ser veiculadas diversas campanhas de esclarecimento, permitindo-se, assim, a devida compreensão do debate por parte de toda a sociedade.

Já em relação à efetivação dessa alteração na realidade institucional brasileira, conclui-se que, em respeito ao sistema jurídico vigente, o semipresidencialismo somente poderá entrar em vigor a partir de 2030, a fim de facultar aos eleitos até o pleito eleitoral presidencial de 2022 a tentativa de reeleição, instrumento permitido no momento de sua vitória eleitoral, possibilitando-se, assim, a assimilação, por parte da sociedade, do novo sistema de governo e protegendo-se de argumentos oportunistas dos interessados exclusivamente em sua ascensão e sua manutenção no poder.

Dessa forma, sintetiza-se a conclusão com os seguintes apontamentos: as disputas concretas e reais observadas no arranjo institucional brasileiro demandam a alteração do seu sistema de governo vigente, tendo sido verificada a capacidade de o semipresidencialismo potencializar as virtudes e decantar as dificuldades observadas no Brasil. Além disso, a introdução do semipresidencialismo é viável do ponto de vista jurídico-constitucional, independentemente de qualquer outra alteração sistemática prévia, bem como se demonstra dispensável, sob o prisma jurídico-constitucional, a realização de consulta popular. Por outro lado, a consulta popular se revela adequada sob a perspectiva da prudência política, fornecendo maior legitimidade. Por fim, o semipresidencialismo seria instaurado, passando a ter plena eficácia, apenas a partir do pleito eleitoral previsto para 2030.

REFERÊNCIAS

Livros e artigos científicos

ABRANCHES, Sérgio. Presidencialismo de coalizão: o dilema institucional brasileiro. Dados. *Revista de Ciências Sociais*, v. 31, n. 1, 1988.

ABRANCHES, Sérgio. *Presidencialismo de coalizão*: raízes e evolução do modelo político brasileiro. São Paulo: Companhia das Letras, 2018.

ALBUQUERQUE, Martim de; ALBUQUERQUE, Ruy de. *História do direito português*. Lisboa: Sintra, 1983.

ALEXANDRINO, José de Melo. *A estruturação do sistema de direitos, liberdades e garantias na constituição portuguesa*. Coimbra: Almedina, 2006.

ALEXANDRINO, José de Melo. *Lições de direito constitucional*. 2. ed. Lisboa: AAFDL, 2017.

AMARAL JÚNIOR, José Levi Mello do. 20 anos da Constituição brasileira de 1988: a Constituição foi capaz de limitar o poder?. *In*: MORAES, Alexandre de (Org.). *Os 20 anos da Constituição da República Federativa do Brasil*. São Paulo: Atlas, 2009.

AMARAL JÚNIOR, José Levi Mello do. Prefácio. *In*: VICTOR, Sérgio Antônio Ferreira. *Presidencialismo de coalizão*: exame do atual sistema de governo brasileiro. São Paulo: Saraiva, 2017.

AMARAL JÚNIOR, José Levi Mello do; AMARAL, João Marcos. Multipartidarismo atomístico e (semi) presidencialismo de coalizão. *Revista de Estudos Constitucionais, Hermenêutica e Teoria do Direito*, v. 9, n. 3, p. 355-365, set./dez. 2017.

AMARAL JÚNIOR. José Levi Mello do. Partidos políticos: estudo em homenagem ao Ministro José Antonio Dias Toffoli. *In*: Moraes, Alexandre de; MENDONÇA, André Luiz de Almeida (Coord.) *Democracia e sistema de justiça*: obra em homenagem aos 10 anos do Ministro Dias Toffoli no Supremo Tribunal Federal. Belo Horizonte: Fórum, 2020.

AMATO, Lucas Fucci. A Constituição de 1988 e o debate sobre Parlamentarismo e Presidencialismo: modelos, trajetórias e alternativas institucionais. *Revista de Informação Legislativa*, v. 219, p. 182-208, 2008.

AVRITZER, Leonardo. *Impasses da democracia no Brasil*. São Paulo e Rio de Janeiro: José Olympio, 2016.

BAHRO, Horst; BAYERLEIN, Bernhard H.; VESER, Ernst. Duverger's concept: semi-presidential government revisited. *European Journal of Political Research*, v. 34, n. 2, p. 201-224, 1998.

BALLADUR, Édouard. Le deux tentations. *Pouvoirs*, v. 1, p. 199-204, 1984.

BANHOS, Pedro Paes de Andrade. Emenda Constitucional n. 97/2017: reflexões sobre a cláusula de desempenho e o fim das coligações partidárias. *In*: COSTA, Daniel Castro Gomes da; FONSECA, Reynaldo Soares da; BANHOS, Sérgio Silveira; CARVALHO NETO, Tarcisio Vieira de (Coord.) *Democracia, justiça e cidadania*: desafios e perspectivas – homenagem ao Ministro Luís Roberto Barroso. Belo Horizonte: Fórum, 2020. t. 1: Direito eleitoral, política e democracia.

BARROSO, Luís Roberto. A reforma política: uma proposta de sistema de governo, eleitoral e partidário para o Brasil. *Revista de Direito do Estado*, n. 3, p. 1-105, jul./set. 2006.

BERLIA, Georges. Le problème de la constitutionnalité du référendum du 28 octobre 1962. *Revue du Droit Public et de la Science Politique*, v. 78, p. 936-946, 1962.

BONAVIDES, Paulo; PAES DE ANDRADE, Antônio. *História constitucional do Brasil*. 4. ed. Brasília: OAB, 2002.

BOTELHO, Catarina Santos. A história faz a Constituição ou a Constituição faz a história? – Reflexões sobre a história constitucional portuguesa. *Revista do Instituto de Direito Brasileiro*, v. 2, n. 1, p. 229-247, 2013.

BOUISSOU, Michel. La pratique référendaire en France. *Revue Internationale de Droit Compare*, v. 28, n. 2, p. 265-286, 1976.

BOURMAUD, Daniel. *Les Vª Républiques*: monarchie, dyarchie, polyarchie – variations autour du pouvoir sous la Vª République. *Pouvoirs*, n. 99, p. 7-17, 2001.

BRANDÃO, Rodrigo; VILLAVERDE, João. Democracia e inclusão: reflexões sobre parlamentarismo e presidencialismo para o Brasil de 2023. *In*: SALTO, Felipe; VILLAVERDE, João; KARPUSKA, Laura. *Reconstrução*: o Brasil nos anos 20. São Paulo: Saraiva, 2022. (Série IDP)

CANOTILHO, J. J. Gomes. *"Brancosos" e interconstitucionalidade*: itinerários dos discursos sobre a historicidade constitucional. Coimbra: Almedina, 2012.

CANOTILHO, J. J. Gomes; MOREIRA, Vital. *Constituição da república portuguesa anotada*. 4. ed. Coimbra: Coimbra, 2010.

CANOTILHO, J. J. Gomes; MOREIRA, Vital. *Os poderes do presidente da república*. Coimbra: Coimbra, 1991.

CARCASSONNE, Guy. Ce que fait Matignon. *Pouvoirs*, n. 68, p. 31-44, 1994.

CARCASSONNE, Guy. Frein ou moteur?. *Pouvoirs*, n. 91, p. 97-107, 1999.

CARTIER, Emmanuel. *La transition constitutionnelle en France*: (1940-1945). Paris: LGDJ, 2005.

CHARLOT, Jean. La Vª République: primauté présidentielle ou fait majoritaire?. *Pouvoirs*, v. 4, p. 125, 1982.

CHARLOT, Jean. La Vª République: une mutation politique. *Pouvoirs*, v. 4, p. 107-116, 1982.

COLLIARD, Jean-Claude. L'alternance en France. *Pouvoirs*, v. 1, p. 131, 1984.

COLLIARD, Jean-Claude. Que peut le Président. *Pouvoirs*, v. 68, p. 15-29, 1994.

COLLIARD, Jean-Claude. The power in the semi-presidentialism. *Cuestiones Constitucionales*, n. 20, p. 85-102, 2009.

DEBBASCH, Charles; DAUDET, Yves. *Lexique de politique*: états, vie politique, relations internationales. Paris: Dalloz, 1984.

DUHAMEL, Olivier. De l'alternance à la cohabitation ou l'énigme résolue de la constitution. *Revue Française de Science Politique*, p. 1102-1117, 1984.

DUHAMEL, Olivier. Une démocratie à part. *Pouvoirs*, n. 3, p. 17-26, 2008.

DUVERGER, Maurice. A new political system model: semi-presidential government. *European Journal of Political Research*, v. 8, n. 2, p. 165-187, 1980.

DUVERGER, Maurice. Les institutions de la cinquième république. *Revue Française de Science Politique*, v. 9, n. 1, p. 101-134, 1959.

DUVERGER, Maurice. *Los partidos políticos*. Madri: Fondo de Cultura Económica, 2002.

DUVERGER, Maurice. *O regime semi-presidencialista*. São Paulo: Sumaré, 1993.

DUVERGER, Maurice. *Xeque-mate*: análise comparativa dos sistemas políticos semipresidenciais. Lisboa: Rolim, 1979.

DUVERGER, Maurice; LIJPHART, Arend; PASQUINO, Gianfranco. A new political system. *European Journal of Political Research*, v. 31, n. 1-2, p. 125-146, 1997.

ELGIE, Robert. A fresh look at semipresidentialism: variations on a theme. *Journal of Democracy*, v. 16, n. 3, p. 98-112, 2005.

ELGIE, Robert. Duverger, semi-presidentialism and the supposed French archetype. *West European Politics*, v. 32, n. 2, p. 248-267, 2009.

ELGIE, Robert. Semipresidencialism: concepts, consequences and contesting explanations. *Political Studies Review*, v. 2, n. 3, p. 314-330, 2004.

ELGIE, Robert. *Semi-presidentialism*: sub-types and democratic perfomance. Oxford: Oxford University Press, 2011.

ELGIE, Robert. The perils of semi-presidentialism. Are they exaggerated?. *Democratisation*, v. 15, n. 1, p. 49-66, 2008.

FAUVET, Jacques. L'alternance en France. *Pouvoirs*, v. 1, p. 132, 1984.

FAVOREU, Louis. (Coord.). *Droit constitutionnel*. Paris, Dalloz, 2017.

FERNANDES, Paulo Jorge. O Sistema Político na Monarquia Constitucional (1834–1910). *O Sistema Político Português, Séculos XIX–XXI:* Continuidades e Rupturas, 2012. p. 25-49.

FERREIRA FILHO, Manoel Gonçalves. *Aspectos do direito constitucional contemporâneo*. 3. ed. São Paulo: Saraiva, 2012.

FERREIRA FILHO, Manoel Gonçalves. *Curso de direito constitucional*. 42 ed. Rio de Janeiro: Grupo GEN, 2022.

FERREIRA FILHO, Manoel Gonçalves. Reforma, revisão e emenda constitucional, no direito brasileiro. *Revista de Direito Administrativo*, v. 223, p. 53-74, 2001.

FIGUEIREDO, Argelina Cheibub; LIMONGI, Fernando. *Executivo e legislativo na nova ordem constitucional*. Rio de Janeiro: FGV, 2001.

FRANCO, Afonso Arinos de Melo. *Evolução da crise brasileira*. Rio de Janeiro: Topbooks, 2005.

FRANCO, Afonso Arinos de Melo. PILA, Raul. *Presidencialismo ou parlamentarismo?*. Rio de Janeiro: José Olympio, 1958.

GICQUEL, Jean. Chronique institutionnelle élémentaire de la Vª République. *Pouvoirs*, v. 4, p. 77-88, 1982.

GICQUEL, Jean. De la cohabitation. *Pouvoirs*, v. 49, p. 69-79, 1989.

GICQUEL, Jean. La Vª République: primauté présidentielle ou fait majoritaire?. *Pouvoirs*, v.4, p. 124, 1982.

JOBERT, Michel. Le partage du pouvoir exécutif. *Pouvoirs*, n. 4, p. 7-15, 1982.

JULLIARD, Jacques. La tentation du prince-président. *Pouvoirs*, v. 41, p. 27-36, 1987.

KOJA, Friedrich. Le statut juridique et politique du président fédéral autrichien. *Revista da Faculdade de Direito da Universidade de Lisboa*, v. 25, p. 227-246, 1984.

LISBOA, Carolina. *Normas constitucionais não escritas*. Almedina: São Paulo, 2014.

LUCHAIRE, François. Réformer la constitution? C'est inutile. *Pouvoirs*, n. 91, p. 119-127, 1999.

MAINWARING, Scott. Presidentialism, multipartism, and democracy: the difficult combination. *Comparative Political Studies*, v. 26, n. 2, p. 198-228, 1993.

MARTINS, Ives Gandra da Silva. Reforma política e o parlamentarismo. *In*: COSTA, Daniel Castro Gomes da; FONSECA, Reynaldo Soares da; BANHOS, Sérgio Silveira; CARVALHO NETO, Tarcisio Vieira de (Coord.) *Democracia, justiça e cidadania*: desafios e perspectivas – homenagem ao Ministro Luís Roberto Barroso. Belo Horizonte: Fórum, 2020. t. 1: Direito eleitoral, política e democracia.

MAUS, Didier. Le parlament et les cohabitations. *Pouvoirs*, n. 91, p. 71-81, 1999.

MENDES, Gilmar Ferreira. Posfácio. *In*: VICTOR, Sérgio Antônio Ferreira. *Presidencialismo de coalizão*: exame do atual sistema de governo brasileiro. São Paulo: Saraiva, 2017.

MENDES, Gilmar Ferreira; BRANCO, Paulo Gustavo Gonet. *Curso de direito constitucional*. 16. ed. São Paulo: Saraiva, 2021.

MIRANDA, Jorge. *Manual de direito constitucional*. Coimbra: Coimbra, 1988. t. 2.

MIRANDA, Jorge. O referendo e o plebiscito: a experiência portuguesa. *Cuestiones constitucionales*, n. 19, p. 149-171, 2008.

MIRANDA, Jorge. *Teoria do estado e da constituição*. Rio de Janeiro: Forense, 2015.

MORAES, Alexandre de. *Direito Constitucional*. 37. ed. São Paulo: Atlas, 2021.

MORAES, Alexandre de. *Presidencialismo*. 2. ed. São Paulo: Atlas, 2013.

MORAIS, Carlos Blanco de. *O sistema político*: no contexto da erosão da democracia representativa. Coimbra: Almedina, 2017.

MOREIRA, Vital. O equívoco do "semipresidencialismo" (a controvérsia sobre o sistema de governo em Portugal). *In*: GOMES, Ana Cláudia Nascimento; ALBERGARIA, Bruno; CANOTILHO, Mariana Rodrigues (Coord.). *Direito constitucional*: diálogos em homenagem ao 80º aniversário de J.J. Gomes Canotilho. Belo Horizonte: Fórum, 2021.

MOREIRA, Vital. *Variações sobre o semipresidencialismo*. Coimbra: Coimbra, 1993.

NICOLAU. Jairo. *Representantes de quem?*. Os (des)caminhos do seu voto da urna à Câmara dos Deputados. Rio de Janeiro: Zahar, 2017.

NOVAIS, Jorge Reis. *Semipresidencialismo*: Teoria geral e sistema português. Coimbra: Almedina, 2018.

OSORIO, Aline Rezende Peres; SOUZA FILHO, Ademar Borges de. Crise do presidencialismo, *impeachment* e democracia. *In*: COSTA, Daniel Castro Gomes da; FONSECA, Reynaldo Soares da; BANHOS, Sérgio Silveira; CARVALHO NETO, Tarcisio Vieira de (Coord.) *Democracia, justiça e cidadania*: desafios e perspectivas -homenagem ao Ministro Luís Roberto Barroso. Belo Horizonte: Fórum, 2020. t. 1: Direito eleitoral, política e democracia. p. 169-193.

PASQUINO, Gianfranco. Duverger and the study of semi-presidentialism. *French Politics*, v. 3, n. 3, p. 310-322, 2005.

PÉREZ-LIÑÁN, Aníbal. *Presidential impeachment and the new political instability in Latin America*. Cambridge: Cambridge University Press, 2007.

PERRAUDEAU, Eric. Le système des partis sous la Vª République. *Pouvoirs*, n. 4, p. 101-115, 2001.

PEYREFITTE, Alain. Les trois cohabitations. *Pouvoirs*, n. 91, p. 25-31, 1999.

PILATTI, Adriano. *A Constituinte de 1987-1988*: progressistas e conservadores, ordem econômica e regras do jogo. 4. ed. Rio de Janeiro: PUC/Lumen Juris, 2020.

PIVA, Otávio. *Presidencialismo sem coalizão*: a ruptura do modelo de relacionamento entre poderes no governo Collor. Dissertação (Mestrado) – Pontifícia Universidade Católica do Rio Grande do Sul, Porto Alegre, 2010.

PONTHOREAU, Marie-Claire. Le président de la République. *Pouvoirs*, n. 4, p. 33-44, 2001.

PORTELLI, Hugues. Arbitre ou chef de l'opposition?. *Pouvoirs*, n. 91, p. 59-70, 1999.

RANGEL, Paulo. O modelo e a experiência semipresidencial na Constituição de 1976. *In*: GOMES, Ana Cláudia Nascimento; ALBERGARIA, Bruno; CANOTILHO, Mariana Rodrigues (Coord.). *Direito constitucional*: diálogos em homenagem ao 80º aniversário de J.J. Gomes Canotilho. Belo Horizonte: Fórum, 2021. p. 401-461.

REIS, António. O processo de democratização. *In*: REIS, António (Coord.). *Portugal 20 anos de Democracia*, v. 20, p. 19-39, 1994.

SÁNCHEZ, Pedro Fernández. *Os poderes presidenciais sobre a formação e subsistência do governo*: a centralidade do eixo entre o chefe de estado e o chefe de governo no sistema constitucional português. Lisboa: Petrony, 2016.

SANTOS, Fabiano Guilherme Mendes. *O poder legislativo no presidencialismo de coalizão*. Belo Horizonte: UFMG, 2003.

SARTORI, Giovanni. *Engenharia constitucional*. Brasília: Universidade de Brasília, 1996.

SARTORI, Giovanni. Semi-presidentialism. *In*: *Comparative constitutional engineering*. London: Palgrave Macmillan, 1994. p. 121-140.

SCHLEITER, Petra; MORGAN-JONES, Edward. Citizens, presidents and assemblies: The study of semi-presidentialism beyond Duverger and Linz. *British Journal of Political Science*, v. 39, n. 4, p. 871-892, 2009.

SHUGART, Matthew Soberg; CAREY, John. *Presidents and assemblies*: constitutional design and electoral dynamics. Cambridge: Cambridge University Press, 1992.

SILVA, José Afonso da. A constituinte pós-ditadura. *In*: TOFFOLI, José Antônio Dias (Org.). *30 anos da constituição brasileira*: democracia, direitos fundamentais e instituições. São Paulo: Forense, 2018.

SILVA, Virgílio Afonso da. *Direito constitucional brasileiro*. São Paulo: Universidade de São Paulo, 2021.

SILVA, Virgílio Afonso da. Partidos e reforma política. *Revista Brasileira de Direito Público*, v. 11, p. 9-19, 2005.

SOUSA, Marcelo Rebelo de. *O sistema de governo português*. 4. ed. Lisboa: AAFDL, 1992.

STECKEL, Marie-Christine. L'interdiction du cumul des mandats. *La Revue administrative*, v. 53, n. 313, p. 76-89, 2000.

TAILLON, Patrick. Le référendum, angle mort du républicanisme à la française. *Pouvoirs*, v. 175, n. 4, p. 57-68, 2020.

TAVARES, André Ramos. A jurisprudência sobre partidos políticos no Supremo Tribunal Federal: entre eleições, poder econômico e a democracia. *In*: NORONHA, João Otávio de; KIM, Richard Pae (Coord.) *Sistema político e direito eleitoral brasileiros*: estudos em homenagem ao Ministro Dias Toffoli. São Paulo: Atlas, 2016. p. 43-74.

TELLES JÚNIOR, Goffredo da Silva. *O povo e o poder*. 3. ed. São Paulo: Saraiva, 2014.

TOCQUEVILLE, Alexis de. *A democracia na América*. 2. ed. São Paulo: Martins Fontes, 2005.

VESER, Ernst. Semi-presidentialism – duverger's concept: A new political system model. *Journal for Humanities and Social Sciences*, v. 11, n. 1, p. 39-60, 1997.

VICTOR, Sérgio Antônio Ferreira. *Presidencialismo de coalizão*: exame do atual sistema de governo brasileiro. São Paulo: Saraiva, 2017.

Legislação e Jurisprudência

ÁUSTRIA. *Constituição da Áustria*. Disponível em: https://www.ris.bka.gv.at/Dokumente/Erv/ERV_1930_1/ERV_1930_1.html. Acesso em: 13 jun. 2022.

BRASIL. [Constituição (1891)]. *Constituição da República dos Estados Unidos do Brasil de 1891*. Disponível em: http://www.planalto.gov.br/CCivil_03/Constituicao/Constituicao91.htm. Acesso em: 23 ago. 2022.

BRASIL. [Constituição (1967)]. Constituição da República Federativa do Brasil de 1967. http://www.planalto.gov.br/ccivil_03/constituicao/constituicao67.htm. Acesso em: 23 ago. 2022.

BRASIL. [Constituição (1988)]. *Constituição da República Federativa do Brasil de 1988*. Disponível em: http://www.planalto.gov.br/ccivil_03/Constituicao/Constituicao.htm. Acesso em: 23 ago. 2022.

BRASIL. [Constituição (1934)]. *Constituição dos Estados Unidos do Brasil de 1934*. Disponível em: http://www.planalto.gov.br/ccivil_03/constituicao/constituicao34.htm. Acesso em: 23 ago. 2022.

BRASIL. Supremo Tribunal Federal. *ADI 2024 MC*. Rel. Min. Sepúlveda Pertence, Tribunal Pleno, julgado em 27.10.1999, DJ 1.12.2000. Inteiro teor do acórdão disponível em: https://jurisprudencia.stf.jus.br/pages/search?classeNumeroIncidente=%22ADI%202024%22&base=acordaos&sinonimo=true&plural=true&page=1&pageSize=10&sort=_score&sortBy=desc&isAdvanced=true. Acesso em: 1 ago. 2022.

BRASIL. Supremo Tribunal Federal. *ADI 3367 MC*. Rel. Min. Cezar Peluso, Tribunal Pleno, julgado em 13.4.2005, DJ 22 set. 2006. Inteiro teor do acórdão disponível em: https://jurisprudencia.stf.jus.br/pages/search?classeNumeroIncidente=%22ADI%203367%22&base=acordaos&sinonimo=true&plural=true&page=1&pageSize=10&sort=_score&sortBy=desc&isAdvanced=true. Acesso em: 1 ago. 2022.

FRANÇA. *Constituição Francesa de 1958 traduzida ao português*. Disponível em: https://www.conseil-constitutionnel.fr/sites/default/files/as/root/bank_mm/portugais/constitution_portugais.pdf. Acesso em: 20 ago. 2022.

PORTUGAL. *Constituição da República Portuguesa de 1976*. Disponível em: https://www.parlamento.pt/Legislacao/Paginas/ConstituicaoRepublicaPortuguesa.aspx. Acesso em: 20 ago. 2022.

Matérias jornalísticas

ESTADÃO. *A alternativa semipresidencialista*. Disponível em: https://politica.estadao.com.br/blogs/fausto-macedo/a-alternativasemipresidencialista . Acesso em: 29 mar. 2022.

FERREIRA FILHO, Manoel Gonçalves. A alternativa semipresidencialista. *Estadão*, Blog Fausto Macedo, 20 de julho de 2021. Disponível em: https://politica.estadao.com.br/blogs/fausto-macedo/a-alternativasemipresidencialista. Acesso em: 29 mar. 2022

FOLHA DE SÃO PAULO. *Presidenciáveis veem golpe de Lira ao encampar plano do semipresidencialismo*. Disponível em: https://www1.folha.uol.com.br/poder/2022/04/presidenciaveis-veem-golpe-de-lira-ao-encampar-plano-do-semipresidencialismo.shtml&cd=2&hl=pt-BR&ct=clnk&gl=br. Acesso em: 12 set. 2022.

MIGALHAS. *Semipresidencialismo é inconstitucional*. Disponível em: https://www.migalhas.com.br/depeso/364038/semipresidencialismo-e-inconstitucional. Acesso em: 14 set. 2022.

OAB-RJ. *O parlamentarismo e a Constituição*. Disponível em: https://www.oabrj.org.br/tribuna/combate-ao-caixa-2-nova-campanha-oabrj/parlamentarismo-constituicao. Acesso em: 14 set. 2022.

PÚBLICA. *Os pedidos de impeachment de Bolsonaro*. Disponível em: https://apublica.org/impeachment-bolsonaro/quantos-pedidos-de-impeachment-os-ultimos-presidentes-receberam/. Acesso em: 2 set. 2022.

Fontes diversas

AMARAL JÚNIOR, José Levi Mello. *Manifestação proferida na audiência pública do grupo de trabalho da Câmara dos Deputados que trata do sistema semipresidencialista*. YouTube, 11 maio 2022. Disponível em: https://youtu.be/tMwRXY1GBb0?list=TLGGnnOSxW3jobMyNzA5MjAyMg. Acesso em: 27 set. 2022.

AMARAL JÚNIOR, José Levi Mello. *Manifestação proferida no ciclo de debates – conferências Paulo Brossard – acerca da reforma política e democracia: um olhar para o futuro, evento virtual organizado pelo IDP*. YouTube, 14 jun. 2021. A Disponível em: https://youtu.be/tqHcjITGbyU. Acesso em: 19 set. 2022.

AMORIM NETO, Octávio. *Manifestação proferida na audiência pública do Grupo de Trabalho da Câmara dos Deputados que trata do sistema semipresidencialista*. YouTube, 6 abr. 2022. Disponível em: https://youtu.be/9e8Gge5IYP4?list=TLGGIquPCFN2kN8xMjA5MjAyMg. Acesso em: 12 set. 2022.

CHIRAC, Jacques. *Discurso televisivo do presidente da república*. Conselho Constitucional, 6 jul. 2000. Disponível em: https://www.conseil-constitutionnel.fr/referendum-sur-le-quinquennat/allocution-televisee-du-president-de-la-republique. Acesso em: 27 maio 2022.

FERREIRA FILHO, Manoel Gonçalves. *Manifestação exarada no ciclo de debates – conferências Paulo Brossard – acerca da reforma política e democracia: um olhar para o futuro*. YouTube, 14 jun. 2021. Disponível em: https://youtu.be/tqHcjITGbyU. Acesso em: 15 set. 2022.

FERREIRA FILHO, Manoel Gonçalves. *Manifestação proferida na audiência pública do Grupo de Trabalho da Câmara dos Deputados que trata do sistema semipresidencialista*. YouTube, 27 abr. 2022. Disponível em: https://youtu.be/1sauCO2Ui3E?list=TLGGr8zp5q_ROlwxOTA5MjAyMg. Acesso em: 12 maio 2022.

FERREIRA FILHO, Manoel Gonçalves. *Manifestação proferida na reunião do conselho consultivo do Grupo de Trabalho da Câmara dos Deputados que trata do sistema semipresidencialista*. Câmara dos Deputados, maio 2022. Disponível em: https://www.camara.leg.br/evento-legislativo/64979. Acesso em: 12 maio 2022.

FERREIRA FILHO, Manoel Gonçalves. *Seminário virtual organizado pelo IDP*. YouTube, 23 ago. 2021. Disponível em: https://youtu.be/wG5HeG1h4Vg. Acesso em: 16 set. 2022.

GALVÃO, Jorge. *Manifestação proferida na audiência pública do Grupo de Trabalho da Câmara dos Deputados que trata do sistema semipresidencialista*. YouTube, 27 abr. 2022. Disponível em: https://youtu.be/1sauCO2Ui3E?list=TLGGr8zp5q_ROlwxOTA5MjAyMg. Acesso em: 19 set. 2022.

GAULLE, Charles. *Discurso à nação*. Sénat, em 20 set. 1962. Disponível em: https://www.senat.fr/evenement/revision/allocution_20091962.html.

GAULLE, Charles. *Discurso proferido em Bayeux em 1946*. Élysée, 16 jun. 1946. Disponível na versão escrita em: https://www.elysee.fr/la-presidence/le-discours-de-bayeux-194. Ina, 16 jun. 1946. Disponível em vídeo em: https://www.ina.fr/ina-eclaire-actu/video/afe99000039/discours-de-bayeux. Acesso em: 10 maio 2022.

GAULLE, Charles. *Entrevista de imprensa realizada em 31 jan. 1964*. Ina, 31 jan. 1946. Disponível em: https://fresques.ina.fr/de-gaulle/fiche-media/Gaulle00382/conference-de-presse-du-31-janvier-1964.html. Acesso em: 2 maio 2022.

GAULLE, Charles. *Manifestação proferida ao Conselho Consultivo Constitucional em 8 ago. 1958*. Lumni, 8 ago. 1958. Disponível em: https://www.lumni.fr/article/interventions-du-general-de-gaulle-president-du-conseil-en-1958. Acesso em: 29 abr. 2022.

JOBIM, Nelson. *Manifestação proferida na audiência pública do Grupo de Trabalho da Câmara dos Deputados que trata do sistema semipresidencialista*. YouTube, 27 abr. 2022. Disponível em: https://youtu.be/1sauCO2Ui3E?list=TLGGr8zp5q_ROlwxOTA5MjAyMg. Acesso em: 19 set. 2022.

JOBIM, Nelson. *Manifestação proferida na reunião do conselho consultivo do Grupo de Trabalho da Câmara dos Deputados que trata do sistema semipresidencialista*. YouTube, 4 maio 2022. Disponível em: https://youtu.be/eAX9Z5n36t8?list=TLGGVc8OUdsiqu0xOTA5MjAyMg. Acesso em: 19 set. 2022.

MENDES, Gilmar. *Manifestação proferida em debate organizado pelo JOTA*. YouTube, em 4 abr. 2022. Disponível em: https://youtu.be/RnzF-UkvX3g. Acesso em: 12 set. 2022.

MESQUITA, Lara. *Manifestação proferida na audiência pública do Grupo de Trabalho da Câmara dos Deputados que trata do sistema semipresidencialista*. YouTube, 27 abr. 2022. Disponível em: https://youtu.be/1sauCO2Ui3E?list=TLGGr8zp5q_ROlwxOTA5MjAyMg. Acesso em: 19 set. 2022.

MISASI, Enrico. *Manifestação proferida na reunião do conselho consultivo do Grupo de Trabalho da Câmara dos Deputados que trata do sistema semipresidencialista*. YouTube, 13 abr. 2022. Disponível em: https://youtu.be/O79ffobTkgk?list=TLGGUgjiowqgANcxNjA5MjAyMg. Acesso em: 16 set. 2022.

MISASI, Enrico. *Manifestação proferida na reunião do conselho consultivo do Grupo de Trabalho da Câmara dos Deputados que trata do sistema semipresidencialista*. YouTube, 6 jul. 2022. Disponível em: https://youtu.be/CI4bBzlfarI?list=TLGGrvTdAXKgZeYxNjA5MjAyMg. Acesso em: 16 set. 2022.

MITTERRAND, François. *Mensagem de François Mitterrand, Presidente da República, dirigida ao Parlamento, por ocasião da abertura da sessão parlamentar, sobre as respectivas competências do Presidente da República, do Governo e do Parlamento.* Vie Publique, 8 abr. 1986. Disponível em: https://www.vie-publique.fr/discours/138180-message-de-m-francois-mitterrand-president-de-la-republique-adresse. Acesso em: 10 maio 2022.

MONNERVILLE, Gaston. *Discurso proferido no Senado*. Sénat, 9 out. 1962. Disponível em: https://www.senat.fr/evenement/revision/monnerville_09101962.html. Acesso em: 27.5.2022.

MORAIS, Carlos Blanco de. *Manifestação em seminário virtual organizado pelo IDP*. YouTube, em 23 ago. 2021. Disponível em: https://youtu.be/wG5HeG1h4Vg. Acesso em: 19 set. 2022.

RAMOS, Elival da Silva. *Manifestação proferida na reunião do conselho consultivo do Grupo de Trabalho da Câmara dos Deputados que trata do sistema semipresidencialista*. YouTube, 13 abr. 2022. Disponível em: https://youtu.be/O79ffobTkgk?list=TLGGUgjiowqgANcxMjA5MjAyMg. Acesso em: 12 set. 2022.

REYNAUD, Paul. *Discurso proferido na Assembleia Nacional*. Sénat, 4 out. 1962. Disponível em: https://www.senat.fr/evenement/revision/debatan_04101962.html. Acesso em: 27.5.2022.

SARMENTO, Daniel. *Manifestação proferida na audiência pública do Grupo de Trabalho da Câmara dos Deputados que trata do sistema semipresidencialista*. YouTube, 6 abr. 2022. Disponível em: https://youtu.be/9e8Gge5IYP4?list=TLGGIquPCFN2kN8xMjA5MjAyMg. Acesso em: 12 set. 2022.

TEMER, Michel. *Manifestação exarada no ciclo de debates – conferências Paulo Brossard – acerca da reforma política e democracia: um olhar para o futuro, evento virtual organizado pelo IDP*. YouTube, 14 jun. 2021. Disponível em: https://youtu.be/tqHcjITGbyU. Acesso em: 14 set. 2022.

Esta obra foi composta em fonte Palatino Linotype, corpo 10
e impressa em papel Pólen Bold 70g (miolo) e Supremo 250g (capa)
pela Gráfica Star7.